멘토링
인간존중 경영

멘토링 인간존중 경영

류재석 지음

이담 Books

이 책의 전체 개요

이 책은 개인적으로 균형인간으로 개발하여 인격적인 차원에서 존경받는 방법과 조직적으로는 경영자와 구성원 상호 간 신뢰와 존경에 의한 균형경영으로 인간존중 경영을 이루는 방법을 다루었다.

이 책의 내용으로 Part 1에서 인간존중 경영으로 직원만족과 고객만족 경영을 다루었고 Part 2에서는 균형경영으로 인간성과 생산성 경영을 주제로 다루었다. Part 3~5는 인간중심 경영으로, 인간의 다섯 가지 핵심가치, 인간의 다섯 가지 핵심기술, 인간의 다섯 가지 핵심생애를 개발하여 균형인간의 틀을 갖출 수 있도록 했다.

특히 균형인간에서는 경영자가 먼저 인격적으로 존경받고 직원들을 신뢰함으로 행복한 개인과 희망찬 조직을 건설하는 데 배려했다.

I. 서 문

1. 멘토링 인간존중 경영

1) 인간존중 의미

멘토링의 인간존중 의미는 먼저 인격적으로 평등 위치에서 내 인격처럼 남의 인격도 존중해 준다는 데 의미가 있다. 두 번째는 한 사람 철학으로 멘제 한 사람을 다수의 멘토가 지원하여 멘토보다 더 훌륭한 사람으로 키운다는 데 의미를 부여한다. 마지막으로 조직에서 구성원 한 사람 한 사람의 의견과 고객의 의견을 존

중하는 하의상달(Bottom Up) 경영 스타일로 개인의 역량을 결집하여 조직의 인재
경쟁력을 확보하자는 데 의미가 있다.

    (1) 인간의 인격을 존중하는 의미가 있다.
    (2) 한 사람 한 사람을 존중하는 의미가 있다.
    (3) 직원의견을 존중하는 의미가 있다.
    (4) 고객의견을 존중하는 의미가 있다.

2. 인간존중의 필요성

    산업사회의 미덕이었던 소품종 다량생산에서 인간은 부속품으로 전락되었다.
이제 다품종 소량시대를 맞아 치열한 상품 경쟁체제를 도입하면서 구성원 개인의
역량 개발과 결집이 미덕인 시대가 되었다. 기술과 인성을 갖춘 쓸 만한 사람으로
인재경쟁력을 갖추기 위해서는 무엇보다도 인간존중 경영이 뒷받침되어야 한다.

구분	세부내용
인간시대	상품생산 중심에서 상품개발 경쟁시대에 인간중심 경영시대를 맞고 있다. 조직이 살아남기 위해서는 우수인력 확보가 급선무로 인간존중 경영으로 자율, 창의, 도전, 혁신의 주제가 살아 있어야 한다.
역량시대	IT산업시대에 구성원의 두뇌 개발과 역량 결집은 경영의 최우선이 되어야 한다. 여기에는 Bottom Up 경영으로 개인의 의사를 존중하여 전원참여 경영에서 창의분위기와 복지지원으로 직원들의 업무 몰입 분위기를 유도해야 한다.
인격시대	우수직원 이탈로 기술 노하우까지 잃는 기업이 수두룩하다. 기술과 인성을 겸한 균형인간 개발에 인격개발 프로그램이 필수다. 평생직장보다 평생직업을 선호하고 있는 현대 근로자에게 든 사람, 된 사람, 난사람 순서로 개발이 급선무이다. 여기에는 인간존중 의식이 뒷받침되어야 한다.

3. 인간존중 성공전략

    이 책에서는 인간존중 성공전략으로 두 가지 경영전략을 제시하는데 1) 인간중
심 경영, 2) 인간개발 경영이다.
    1) 인간중심 경영: 행복한 젖소가 우유를 많이 생산하고 행복한 직원이 생산성
       을 높인다.
    2) 인간개발 경영: 인격적으로 균형을 갖춘 직원이 업무에 몰입하고 효율성에

기여한다.

4. 21세기는 인간중심 경영

단기간에 고도성장을 이룩한 한국기업 특히 대기업의 성장배경에는 어두운 그늘의 일면이 표출되고 있다. 그것은 현재까지도 구태의연하게 지속되고 있는 비윤리경영이다. 그동안 한국기업이 자랑스럽게 고도성장하여 우수기업(Excellent)으로 세계 10대 경제대국으로 우뚝 섰으나, 훌륭한 기업으로 존경받는 기업(Great)의 대열에는 아직도 개선해야 할 일이 수두룩하다고 볼 수 있다.

관리 중심으로 성과우선 경영의 삼성그룹, 품질 중심으로 역시 성과우선 경영의 현대차 그룹 등 한국기업들이 세계에서 존경받는 기업으로 하루속히 등장할 수 있는 지름길은 이제는 인간존중기업에 최대한 관심을 가지는 것이다.

멘토링 경영은 인간성과 생산성의 균형경영에서 얻어지는 개인 만족감과 조직의 효율성으로 구성원과 조직과 고객의 Win-Win을 지향하는 프로그램이다.

5. 이 책의 출간 목적

1) 올바른 기업가 정신

돈만 챙기는 장사꾼에서 사람도 챙기는 올바른 기업가 정신으로 균형경영의 기본틀을 제시하고 있다.

2) 구성원 참여경영 유도

경영자의 일방적인 Top Down 경영방식에서 구성원들이 참여하는 Bottom Up 경영방식으로 유도하여 한마음 동행으로 경영 공동체구축방법을 제시하고 있다.

3) 직원 역량결집 경영

사장의 One Man Show에서 구성원 전체의 역량결집으로 창조형 자율경영과 복지지원 확대로 경쟁력 있는 인재를 확보하는 모범 경영 방법을 제시하고 있다.

4) 좋은 회사 이미지 구축

지금까지 구성원을 몰아붙이는 고도성장(Excellent Company)경영방법에서 이제는 구성원들에게 만족을 주는 행복한 회사, 훌륭한 회사(Great Company)로 이미지를 개선하는 회사 브랜드 업그레이드 구축방법을 제시하고 있다.

5) 인격적으로 존경받는 경영자

비자금 등 비윤리경영에서 아직도 차가운 국민정서 속에서 인격적으로 존경받지 못하고 있는데 이제는 투명한 윤리경영으로 회사가치를 장기적으로 유지하고 경영자들이 국민들로부터 인격적으로 존경받을 수 있는 방법을 제시하고 있다.

Ⅱ. 이 책의 내용 소개(Contents)

이 책의 내용은 "행복한 젖소가 우유를 많이 생산한다"는 말이 있듯이 멘토링 인간존중 경영은 구성원의 행복감을 통하여 조직의 생산효율성을 확보하고자 함에 있다. 특히 균형인간에서는 경영자가 인격적으로 존경받는 지도자가 되는 자정 프로그램으로 활용될 수 있도록 배려했다.

[인간중심 경영 부문]

Part 1. 인간존중 전략경영

Part 1에서는 인간존중 경영에 관한 개념을 분명히 하여 그동안 경영 현장의 기술과 과업우선의 성과중심 경영에서 먼저 인간을 우선 경영으로 인간성과 생산성의 균형경영을 통한 희망찬 조직건설에 관한 프로그램을 소개하고 있다.

Part 2. 인간존중 균형경영

먼저 균형경영의 주제는 '인간성 바탕 위에 생산성 경영'으로 설정하고 구성원 개인적으로는 만족감, 조직적으로는 효율경영을 목적으로 한다. Part 2에서는 경영 현장에서 다루고자 하는 균형경영의 내용으로 3인의 미래학자, 3인의 경영학자의 소리를 듣고, 모범경영사례로 5군데 회사를 사례로 소개한다. 특히 균형경영 7가지 테마를 선정하여 각 사의 경영이념이나 특성에 맞게 선택하여 활용하기를 기대한다.

[인간개발 경영 부문]

Part 3. 인격개발 가치경영

Part 3에서는 인격부문에서 전문적인 면을 보완하는 과정으로 인간의 정체성(Identity) 확립과 특히 자정(自淨)경영을 위하여 인간 개발의 다섯 가지 핵심가치(Core Worth)를 소개한다. 멘토링의 인간 본질에 관한 개념정리를 분명히 하는 한편 그 순수성을 유지하면서 멘토링기법을 통하여 자기 개발과 조직의 인재경쟁력의 강화 전략으로 삼기 위함이다.

Part 4. 인격개발 기술경영

Part 4에서는 인격부문에서 정서적인 면을 보완하는 과정으로 타인을 배려하고 소속 조직을 위하여 섬김 리더십 기술로 인간의 잠재능력(Potential Power) 중 다섯 가지 핵심기술을 개발하는 학습과정으로써 칭찬기술, 소통기술, 감성기술, 창의기술, 열정기술을 개발한다.

Part 5. 인격개발 생애경영

Part 5에서는 인격부문 중 의지(意志-Will) 면을 보완하는 과정으로 인간의 생애에서 가장 중요한 다섯 가지 요소(Life Element)를 중요도 우선 순서로 진단하는 과정으로 생애 자정(自淨) 진단도구를 소개한다.

Ⅲ. 이 책의 출간 감사(Thanks)

멘토링 코리아 설립 당시(1998. 2. 1.) Bob Biehl 박사(美 멘토링전문가)와 William Gray 교수(加 브리티시 대학)로부터 전화, 이메일, 책자 등의 귀중한 자료를 제공

받은 것에 대하여 진심으로 감사를 드린다.

초창기부터 한국적인 정서에 맞는 올바른 이론 정립과 생산성 확보에 필수적인 실행 프로그램을 개발하는 데 전문연구원으로 동참한 민홍기 박사, 김영회 박사, 최창호 박사, 최명국 박사, 탁충실 위원 그리고 최근에 합류한 김순환 박사, 이제빈 박사, 한광훈 박사, 김해영 박사, 조병용 박사, 김동철 박사, 김성일 군목, 조주영 박사, 안만수 박사, 전종현 위원, 박화현 위원, 문일상 위원에게 감사를 드린다.

멘토링 자격증을 취득하고 전문업체로 멘토링 보급에 파트너십을 하고 있는 김호정 원장(멘토링솔루션), 이용철 원장(한국멘토링코칭센터), 나병선 대표(멘토링코리아컨설팅), 홍은경 소장(핸즈코리아), 이영남 대표(SMI KOREA)와 신정범 목사(큰비전교회), 이순길 목사(수원 소망교회) 등 현장에서 멘토링 보급에 앞장서고 있는 68명 멘토링지도사에게 감사를 드린다.

멘토링 불모지 한국에서 정부기관 도입에 앞장선 노동부 정원호 서기관, 농림수산부 신경순사무관, 지식경제부 김영화 서기관, 행정안전부 이정래서기관, 그리고 교육과학기술부 임용우 팀장, 한국장학재단 이경숙 이사장님께 감사를 드린다.

멘토링은 저자에게 하나님이 25년 만에 기도의 응답으로 주신 선물(Gift)이다. 이에 감사하는 마음으로 멘토링에 열정을 가지고 다이아몬드와 같은 고품질의 프로그램으로 개발하여 1) 하나님께 영광, 2) 조직개발에 기여 그리고 3) 많은 사람에게 유익을 주어(고전 10:31~33) 하나님의 은혜에 보답하고자 한다.

저자의 멘토로서 8년간 저자에게 청교도 삶을 각인시킨(1980~1988) 故 김용기 장로님(가나안농군학교설립자)과 대를 이어 멘토링 관계를 이어 오고 있는 김평일 가나안농군학교교장께 감사를 드린다.

이번 책에서 그동안 저자의 기도의 응원군인 서현교회 김경원 목사님과 성도님들, 그리고 저자의 에너지 근원이 된 아내 임금자를 포함한 가족 류환, 류현, 한현숙, 류경헌, 류나안, 안성훈, 류지영, 안서연 모두에게 감사를 드린다.

마지막으로 어려운 여건 속에서도 기꺼이 출판을 맡아 수고한 한국학술정보㈜ 출판사 임직원들께 심심한 감사를 드린다.

2011. 02. 01.

저자 류재석 드림

목 차

Part 1

인간존중 전략(Strategy)경영

제1장
인간존중 경영의미

1-1. 인간존중 용어 정리

1. 인격(人格: Person)이란?

1) 인격의 뜻

인격은 법률적이고 도덕적인 개념이다. 인격은 의식적이고 이상적인 주체인 인간을 가리킨다. 즉 인격으로서의 인간은 선과 악, 참과 거짓을 구분할 줄 알아야 하며, 자신의 행위나 선택에 대해 설명할 수 있어야 한다. 인격 개념은 오늘날 매우 친숙한 것이 되었다. 인격 존중은 보편적으로 인정되는 덕목이며, 원리적인 측면에서 계속 다듬어져 온 개념이다. 그러나 현대 윤리학자들의 논쟁에서 볼 수 있듯이 인격 개념은 복잡하다. 인격이란 종교적·법률적·철학적 원천들로부터 점점 다양하게 발전해 온 개념이다.

2) 가치로서의 인격

인간이 권리를 가진 주체, 즉 자기 자신에 대한 결정을 내릴 수 있는 주체인 것은 인간이 하나의 인격이기 때문이다. 이 같은 법률적 지위가 모든 사람에게 인식된 것은 1789년 인권 선언을 통해서였다. 인간이 권리상 평등하다면, 그것은 인간들이 모두 동일한 가치를 지니고 있기 때문이다. 인권 선언은 법률적인 의미만이 아니라 도덕적인 의미도 가진다. 인격이 도덕적인 범주가 된 것은 칸트 이후이다. 인격은 결국 권리의 주체일 뿐만 아니라 의무의 대상이기도 하다. 칸트에 따르면 인격은 절대적인 가치를 가지며 그 자체가 목적이다. 다시 말해 인격은 상대적인 가치를 가지고 단순한 수단으로 사용되는 사물과는 다르다. 인격을 절대적으로 존중해야 한다는 원리는 타인을 단순한 수단이 아니라 목적으로 대하라는 정언 명령을 통해서 표현된다.

2. 인류/인간성(人類/人間性: Humanity)이란?

1) 인류의 뜻

동물에 비해 인간이 독특하게 가지는 특성들의 집합이다.

2) 풀이

인간성이라는 개념은 동물성이라는 개념에 대비되어 만들어졌다. 예를 들어 데카르트는 인간과 동물 사이에 단순한 정도 차이가 아닌 본성상의 차이가 존재한다고 주장한다. 오직 인간만이 사유할 수 있다. 즉 의식할 수 있고 언어를 사용할 수 있다. 인류학적·사회학적 관점에서 볼 때, 이 능력은 문화와 역사의 가능성을 확립한다. 콩트는 인류가 문화와 역사를 통해서 ‘산 자들보다는 죽은 자들로 구성된다’고 보았으며, 인류를 특수한 인간들(개인들)을 넘어서는 하나의 집단적 존재로 여겼다. 도덕적 관점에서 볼 때, 사유 능력은 인간존중의 기초가 된다. 결국 인간은 어떤 목적을 표상할 수 있는 존재이며, 나아가 스스로가 하나의 목적이기도 하다. 인간은 우리가 이용할 수 있는 단순한 사물이 아니라 존중해야 할 하나의 인격체이다. 칸트는 『도덕적 형이상학』에서 “당신은 당신의 인격만이 아니라 다른 모든 사람의 인격에 대해서도 언제나 인류를 단순한 수단이 아닌 하나의 목적으로 대해야 한다”고 썼다.

3) 인간성 존중 경영이란?

인간성 존중이라는 말은 요즘엔 흔히 사용되고 있지만 그 말은 무엇을 의미하고 있는 것일까. 입으로 수다스럽게 떠들고 있는 것만으로는 인간성을 존중하고 있다고는 할 수 없지 않을까? 인간성 존중이란 대체 어떻게 하는 것일까?

최근 들어 기업에서뿐만 아니라 특히 인간성 존중이 중요시되게 된 것은 인간성이라는 것에 대한 자각(自覺)의 확립과, 그것에 대해 현실적으로는 인간성이 저해(沮害)되고 있는 경우가 너무 많기 때문이겠지만, 실제로 경영계의 경우는 어떨까? 회사에서는 도의 향상이니 격려니 하는 여러 가지 명목하에 노력과 연구가 거듭되고 있지만, 궁극적으로는 실질적으로 인간성 존중이 거기서 실행되고 있는 것이 아니면 사상(砂上)의 누각에 지나지 않게 된다.

단적으로 말하여 기업 안에서 인간성을 억압하는 것은 근대 경영에서는 생각할 수 없는 일이다. 인도상 의미로서의 인간성 존중은 말할 나위도 없다. 다른 동물에겐 없는 인간만이 지니는 훌륭한 특성을 어떻게 살리느냐 하는 것이 적극적인 의미에서의 인간성 존중이 되지만, 이것은 결과적으로 기업 발전의 밑거름이 되기도 하는 것이다. 그러면 구체적으로 어떤 일을 해야 하는지 살펴보도록 하겠다.

(1) 몸을 움직이는 일에서, 머리를 쓰고 생각하는 것은 인간만이 할 수 있다.
→ 인간은 기계의 대용물이 아니다.
(2) 창조 활동을 장려한다.
→ 더 좋은 것, 보다 새로운 것을 만들어 내는 것은 인간만이 지니는 중요한 특성이다. 제안 제도의 중요성은 여기에 있다.
(3) 능력의 개발 향상을 꾀한다.
→ 인간은 자신의 성장 진보를 끊임없이 바라고 있다. 이것은 인간의 기본적인 욕구의 하나다. 자꾸 공부하여 능력을 발휘할 수 있는 터전을 마련하는 것이 필요하다.
(4) 자주성·자발성(自發性)의 존중
→ 단순히 본능에 따르는 것이 아니라 스스로의 의지, 스스로의 생각으로 주체성을 지니고 행동하는 것도 인간이 가지고 있는 중요한 특성이다. 이것이 억압되면 대번에 싫증과 반감을 일으킨다.

(5) 안전·건강

→ 경영환경적인 측면에서 안전·건강은 말할 필요도 없다

(6) 욕구 충족·불만 해소

→ 생리적인 욕구, 경제적인 욕구, 사회적인 욕구, 자아(自我)의 욕구, 자기실현
의 욕구 등 여러 가지 욕구를 인간은 가지고 있다. 그것이 어떻게, 어느 정
도 충족되는지가 중요한 문제이다.

(7) 인간의 노력과 에너지를 허비(虛費)하지 말라.

→ 귀중한 인간을 기계를 헛돌게 하는 것처럼 헛일을 하게 해서는 안 된다. 이
것이 없이 인간성 존중은 있을 수 없다. 귀중한 인간에게 가치가 낮은 일,
질이 나쁜 일을 시키지 않도록 하는 것이 중요하다.

어떤 회사건 어떤 직장이건 이상과 같은 사항을 확실하게 보다 강력하게 잘 연
구하여 철저하게 실행하는 것이 인간성 존중 실행의 첫 단계이다.

인간성 존중은 고창(高唱)되는 것이 아니라 실행되는 것이어야 하지만, 그러기 위
해 인간성 존중이란 어떤 것이며 무엇을 어떻게 하면 좋은가 하는 것을 자기들의
회사, 자기들의 직장, 그리고 자기 자신의 생활에 비추어 잘 생각해 보기를 바란다.

인간성 존중은 먼저 자기 자신의 존중부터 시작해야 한다. 존중해 준다, 존중을
받는다는 것이 아니라 먼저 스스로의 실행이 근본이다.

1-2. 인간존중 과거·현재·미래

인간존중 그 자체는 너무나 평범한 철학이요, 전혀 새롭지 않다. 그러나 기업경
영 현실 속에서 그것은 큰 의미를 갖는 것이며 대단한 각오를 필요로 한다.

찰리 채플린의 영화 <모던타임즈>의 주인공은 컨베이어 벨트에 붙어서 하루
종일 나사를 돌린다. 오늘도 내일도 스패너를 들고 같은 작업을 반복하는 것이다.

그러다 보니 아예 몸이 굳어 버렸다. 휴식시간에도 우측으로 자꾸 몸이 돌아가
고, 무엇이든지 툭 튀어나온 것만 보면 반사적으로 돌림질을 해댄다. 친구 옷에 달
린 단추를 보아도, 길거리에 지나가는 아주머니의 브래지어 꼭지를 보아도 말이다.

채플린 특유의 재치가 담긴 이 영화는 관객을 웃기면서도 동시에 울려 주고 있다. 영화의 제목이 말하는 현대의 기계화되고 인간이 없어져 버린 '우리들의' 삶을 너무나도 적나라하게 보여 주고 있기 때문이다.

기업은 영리를 추구하는 것이고, 경영(관리)은 사람을 통해 무언가를 성취하는 것이라고 오래전부터 이야기되어 왔다. 그래서 기업경영에서 인간은 한동안 노동상품의 제공자요, 하나의 수단으로 간주되었다. 임금을 구하는 경제동물로 취급되었고 엄격한 통제체계 속에 예속되었다. 모던타임즈의 비극은 바로 여기에 있는 것이다.

산업화 초기에는 말할 것도 없고 20세기에 들어와서도 한동안 그 비극은 없어지지 않았다. 1930년대 초 미국의 서부전기회사 호오손 공장에서 대규모 조사가 실시되고 '인간관계', '인간의 감정', '비공식 조직'의 중요성이 설파되었으나 현실은 쉽게 움직이지 않았다. 그 후 1950년대와 1960년대에 들어 마슬로우의 인간욕구 5단계설이 소개되고 맥그리거의 X-Y이론이 지식사회에 널리 공감대를 형성하고 있었음에도 불구하고 현실은 역시 큰 변화를 보이지 않은 것이다.

그러나 이제 기업에서 인간문제는 윤리적 차원이나 사회적 책임의 관점을 넘어 기업생존의 본질적 차원에서 논의되지 않으면 안 되게 되었다. 일본기업이 급기야 서구기업을 추월한 비결은 무엇인가? 기술, 전략, 아니 그 이전에 인간영역에서의 차이였다. 초우량기업의 조건(In Search of Excellence), 그것은 바로 사람을 통한 고객봉사와 사람을 통한 혁신이었던 것이다.

사회는 바야흐로 산업사회에서 후기산업사회로, 즉 정보와 지식 중심의 사회로 옮아가고 있다. 대량생산, 대량마케팅의 시대에서 소량생산, 다원화시대로 변화되고 있는 것이다. 인간의 창의성, 인간의 열정, 그리고 인간의 비전 창출이 더없이 귀중한 자원이 되고 있다.

많은 기업에서 최근 경영이념을 다시 다듬고 '인간존중'을 높이 외치고 있다. 인간존중 그 자체는 너무나 평범한 철학이요, 전혀 새롭지 않다. 그러나 기업경영의 현실 속에서 그것은 큰 의미를 갖는 것이며 대단한 각오를 필요로 한다. 인간존중은 무엇을 뜻하는가?

인간존중은 첫째, 기업에는 사람, 자본, 기술, 설비 등 여러 요소가 있는데 그중에서 사람이 제일 중요하다는 의미를 담고 있어야 한다. 그래서 인적 자원에 가장 많은 관심을 기울이고 인적 자원의 개발을 위해 가장 많은 투자를 하겠다는 의지가 담겨 있어야 한다. 그러나 그러한 생각만으로는 부족하다. 인간이 무엇인가에 대한 기본시각이 정립되어야 하기 때문이다.

인간존중은 따라서 다음과 같은 의미를 함께 지녀야 한다.

둘째, 사람을 기능인, 지식인으로서가 아니라 종합적 인격체로서 보아야 할 것이다. 기업은 노동현장이다. 따라서 기업 속에서 사람을 볼 때는 그 사람의 노동가치를 중심으로 보기 마련이다. 특히 서구적인 합리주의하에서는 더욱 그렇다. 그러나 사람은 누구나 스스로를 종합적인 개체로 다듬어 하나의 완성품으로 가꾸어 나가려는 강한 욕구(자아실현 욕구)를 지니고 있다. 그 욕구를 무시하고 분석적 시각으로 인간을 다루고 평가하고 대우할 때, 인간은 소외감을 느끼고 삶의 의미를 찾지 못한다.

셋째, 개인차가 존중되어야 한다. 사람을 어떤 고정 틀에 의해 분류해 놓고 틀 속에 들어간 사람들을 같은 부류로 취급해서는 안 될 것이다. 개인마다 능력과 재주가 다를 뿐만 아니라 자기만이 가꾸어 온 가치관이나 자기상(self−concept)이 누구에게나 존재한다. 한 사람 한 사람의 세계관과 자아를 경청하고 대화하여야 할 것이다.

넷째, 사람은 고정된 실체가 아닌 변화하는 과정으로서 이해되어야 한다. 열 달 동안의 긴 시간을 어머니 뱃속에서 보내고 태어나지만, 사람은 태어나 바로 걷지도 못하고 말도 하지 못한다. 한참 동안을 또 자란다. 언제쯤 사람 구실을 할 수 있을까. 발달심리학자들은 인간의 성장은 유아기, 청년기에 그치지 않고 영원히 계속된다고 주장하고 있다. 따라서 'being'의 사고가 아닌 'becoming'의 사고가 필요하다. 사람은 계속 변화하고 자라는 동물이며 무한한 가능성을 지니고 있다. 그러기에 우리는 나쁜 사람을 나쁘다고 말하기보다는 덜된 사람이라고 표현하지 않는가. 끊임없이 성장을 돕는 자세와 계속해서 기대하는 마음, 그것이 인간존중이다.

다섯째, 협력과 팀워크에 대한 강력한 믿음이 있어야 할 것이다. 우리는 전통적으로 인화를 중시한다 하여, 개성을 무시하고 토의를 방해하며 두루뭉술하게 넘어가는 경우가 많다. 그런 인화가 아닌 이질성과 경합보완의 원리에 입각한 팀워크가 존중되어야 할 것이다. 팀워크에 의해 인간의 사회적 욕구가 충족되며 또한 생산적인 인간관계가 형성된다. 나아가서는 여러 사람이 자극을 주고받음으로써 개인의 발전 또한 보장되는 것이다. '더불어 더욱 잘하는' 것이 인간존중의 주요한 과제이다.

여섯째, 인간존중은 평범한 사람의 작은 생각과 작은 재주도 소중히 여기는 데서 비롯된다. 학력이 높고 머리가 좋은 엘리트가 결국 회사를 이끌어 간다는 생각은 위험하기 그지없다. 기업환경은 이제 몇 사람의 분석과 판단으로 극복될 수 없을 정도로 복잡해졌고 또 빨리 변하고 있다. 위에서부터 아래까지 모든 사람의 지혜와 협력이 절대적으로 중요하게 되었다.

그리고 마지막으로 꿈과 보람이 존재하는 일터를 만들어야 한다. 사람은 현실 속에서 살지만 그 현실에서 만족하지 못한다. 보다 더 나은 것을 꿈꾸고 그것이 조금씩 실현될 때 보람을 느낀다. 일터에서 모든 사람의 상상력이 존중되고 꿈을 꿀 수 있는 여유가 있고 또 그것이 하루하루 영글어 가는 것을 볼 수 있어야 할 것이다. 신바람이 바로 여기에서 피어날 것이다.

그런데 그 무엇보다도 중요한 것은 인간존중의 경영이 현실로 나타나게 하는 것이다.

매일매일의 생산활동과 관리제도의 운영에서, 그리고 관리자의 리더십과 동료 간의 인간관계에서 인간존중의 냄새가 물씬 풍겨야 한다.

인간존중의 경영을 실천하는 곳에서는 언어부터 달라야 한다. 생산직과 관리직을 구별하는 언어, 사원들을 도구시하거나 차별하는 언어는 없어져야 한다. 또 인간에 대한 투자가 활발해야 하며 인사나 연수를 담당하는 사람들이 회사의 본업을 담당한다는 사명감을 가져야 하고, 인력관리가 섬세하게 발달되어야 할 것이다.

개인차를 감지하고 있는 인사정보체계가 갖추어져야 하며 장기적인 시각하에 경력관리가 이루어져야 할 것이다. 그리고 원활한 의사소통과 소집단의 활성화가 필요하며 거대한 조직이지만, 제도나 규정에 억눌리지 않고, 개성과 창의성이 발휘될 수 있는 풍토가 만들어져야 한다.

제2장
인간존중의 당위성

2-1. 철학적인 차원에서 검토

1. 인격가치에 대한 존엄성

사람의 인격을 절대적으로 존중해야 한다는 원리는 타인을 단순한 수단이 아니라 목적으로 대하라는 정언 명령을 통해서 표현된다.

인격의 가치와 존엄을 인정한다는 것은 권리에 대한 단순한 긍정을 말하는 것이 아니다. 인격이 자유롭게 행동할 수 없을 때에도 그 인격을 보호하고 존중해야 함을 말한다. 이 같은 긍정은 정당하지만, 동시에 태아의 지위나 안락사에 관한 최초의 논쟁에서 볼 수 있듯이 위험한 윤리적 문제를 제기하기도 한다. 이 점에서 인격가치의 문제는 오늘날에도 그 존엄성에 관한 많은 논의가 필요하다.

2. 인간성에 대한 존중의 개념

인간성이라는 개념은 동물성이라는 개념에 대비되어 만들어졌다. 도덕적 관점에서 볼 때, 사유(思惟)능력은 인간존중의 기초가 된다. 결국 인간은 어떤 목적을 표방할 수 있는 존재이며, 스스로가 하나의 목적이기도 하다. 인간은 우리가 이용할 수 있는 단순한 사물이 아니라, 존중해야 할 하나의 인격체이다.

3. 인본주의에서 존엄성

역사적으로 인본주의는 14세기에 이탈리아에서 등장한 운동으로 중세 교회의 통제에서 인간의 가치와 존엄성, 그리고 우주 안에서 인간이 같이 하는 특권적인 위치를 강조했다.

18세기 계몽주의 철학은 인간에 대한 신뢰를 통해서 그저 그 인간의 행복을 염원하고 인간의 권리를 옹호함으로써 정치적·종교적 반(反)계몽주의와 싸웠으며, 이 점에서 인본주의적 이상과 결합했다. 일반적으로 말해, 인본주의는 인간이 궁극의 가치라는 것, 즉 인간의 존엄성이 존중되어야 하고 모든 정치적·종교적·이데올로기적·경제적 예속으로부터 보호되어야 한다는 것을 강조한다.

2-2. 신체두뇌 구조에서 검토

인간과 다른 동물과의 기본적인 차이는 태어났을 때의 뇌상태에 있다. 다른 동물의 뇌는 침팬지 같은 고등동물에서도 거의 완성되어 태어나지만 인간은 아주 미숙한 상태에서 태어난다. 스위스의 동물학자, 아톨프 호르트만은 "만일 인간이 태어났을 때 침팬지와 똑같이 행동하려면 어머니의 배 안에 또 11개월간 들어가야 된다. 즉 임신 21개월 만에 태어나지 않고는 불가능하다"고 말하고 있다.

쉽게 말하면, 인간의 특징인 '새로운 피질(新皮質)'은 완전히 미개발 상태에서 태어난다. 태어났을 때 인간의 지능은 제로라는 이유가 여기에 있다. 그리고 이것과 관계없이 인간의 뇌 발달은 충실하게 약속되어 있다.

우리 뇌의 '새로운 피질'은 탄생 후부터 급속도로 충실해진다. 그것은 우선 두정(頭頂), 후두연합야(後頭連合野)에 있는 지능의 자리＝정보를 받아들이는 구조부터 충실하기 시작하여 전두연합야의 지혜의 자리＝정보의 종합(사고방식), 조립(창조), 의지결정(의도) 등은 2세 이후부터 서서히 충실하기 시작한다.

태어났을 때, 아기의 두뇌 무게는 약 400g, 이것이 시간이 지남에 따라 점차 커지며 어른 남성은 약 1,400g, 여성은 1,250g이 된다. 이와 같이 뇌가 커지면서 무거워지는 것은 뇌 안의 신경세포 때문이다. 그러나 신경세포는 영구세포, 비분열

세포, 매증식 세포이므로 수량이 증가되는 것도 아니다. 또 하나하나 세포의 부피가 증가되는 것도 아니다.

이들 신경세포는 몸의 다른 세포와는 달리 많은 돌기(突起)가 나와 있고 주위의 신경세포와 얽혀 존재한다. 이 얽힌 상태에 따라 비로소 뇌가 여러 가지 기능을 발휘하는데, 뇌가 발달하여 충실해지고 커진다는 것은 이 돌기가 점차 성장되어 조화롭게 주위의 세포와 얽힌다는 뜻이고 그 때문에 뇌가 무거워지는 것이다.

이와 같은 발달은 '새로운 피질' 안에서 진행되는데 이 '새로운 피질'을 2가지 부분으로 나누어 생각하면 쉽게 이해할 수 있다. 내용을 설명하면, 입력되는 부위(지능의 자리)와 출력되는 부위(지혜의 자리)인데, 지능의 자리가 먼저 충실하기 시작하여 2~3세까지에는 중요한 것이 완성되고, 10세 정도에서 대부분 완성된다.

한편, 지혜의 자리는 2~3세경부터 서서히 얽히는 상관관계가 시작되고 4~7세 정도와 10세 정도의 중요한 3단계를 거쳐 20세 전후하여 대부분 완성되는 것으로 알려져 있다. 이것을 정리하여 설명하면, 신경세포 전체가 얽히는 연결은 전두엽을 제외하고는 20세 전후에 끝나며, 그 이후부터는 하루에 10만 개에서 20만 개의 비율로 신경세포가 사멸된다는 것이다.

무엇을 망각한다는 것은 이와 같이 기능하고 있던 신경세포가 사멸하는 결과에서 나타나는 현상이라고 볼 수 있는데, 지혜의 자리만은 죽을 때까지 쇠퇴하지 않는 것 같다. 인간은 3세경이 되면 그때까지의 모방적 활동에서 탈피하여 스스로 생각하고 새로운 것을 만들며 하려는 의욕이 싹트게 된다. 지혜의 자리에 있는 신경세포와 다른 신경이 연결되기 시작하였기 때문이다.

이것이 4~7세의 취학기가 되면 경쟁심이나 배운 것을 받아들이려는 기분을 갖게 된다. 시간적인 관념도 갖게 되며 약속도 지키게 된다. 여기에서 10세쯤 되면 지혜에서 만들어지는 정신이라는 즐거움과 슬픔, 질투나 시기 등의 정조적(情操的)인 마음이 분명히 나타나게 된다.

그리고 이 지혜의 자리만은 죽을 때까지 쓰면 쓸수록 발달하는 것 같고, 인간성을 존중하는 것은 '두뇌를 훌륭하게 활용하는 것'이고 삶의 보람도 또한 '머리의 슬기로운 활용'에 있다는 것이다.

2-3. 심리학 차원에서 검토

정신분석학자 지그문트 프로이트(1856~1939)의 정신분석이 지향하는 인간상을 한마디로 말해 '마음이 놓여난 사람'이라고 말할 수 있다. 마음이 놓여나는 것이 어려운가? 혹은 중요한가?

프로이트의 정신분석은 내가 '나'로 탄생하기 위해서는 억압을 거치지 않을 수 없고 내가 '나'를 지탱하기 위해서는 수많은 갈등과 타협을 매 순간 거쳐야 한다는 통찰에서 출발한다. '나'를 형성한 억압과 '나'를 유지하려는 힘든 과정을 가림 없는 시선으로 바라보고 솔직하게 이야기할 수 있는 사람이 되기는 쉽지 않다. 이에 관한 프로이트의 가르침을 두 가지만 말해 보고자 한다.

[프로이트의 2가지 가르침]
* 자아성찰의 힘 길러야: 인간, 사회과정에서 만들어져 의식도 구조의 결과에 불과하다.
* 남의 말 들을 줄 알아야: 타자를 이해하려면 사랑이 필요, 대화 통해 상대방의 상처를 치유한다.

◆ 인간은 사회적으로 구성된다

프로이트의 첫 번째 가르침은 자신의 마음을 있는 그대로 들여다보라는 것이다. 정신분석의 요체는 '자아'를 성찰하는 힘을 기르는 데 있다. 예컨대 『꿈의 해석』에서 그는 꿈을 통해 무의식에 접근하려는 사람은 자기 마음에 드는 생각을 무엇이든 있는 그대로 알아차리고 바라봐야 한다는 점을 강조한다.

프로이트의 위대함은 그가 가졌던 자기성찰의 힘에서 나온다. 그의 사고는 당대의 도덕·윤리·철학·종교가 미리 세워 둔 생각에 의존하지 않고 자기성찰을 통해 일궈 낸 것이다. 이런 성찰을 통해 프로이트는 인간 주체가 사회적 과정을 거치면서 만들어지며 어떤 더 큰 구조의 결과 내지는 효과라는 통찰을 갖게 되었다고 말한다. 인간이 생물학적으로 결정되기보다는 사회적으로 구성된다는 생각은 사회에서 주변화된 정체성을 가진 집단들에 그 정체성을 형성하는 과정을 분석하고 정당화하는 길을 열어 주었다. 또한 인간의 의식이 더 큰 구조의 효과에 불과하다는 생각은 이성을 중심으로 정의되어 온 서구의 근대적 자아관을 더욱 넓은 문맥 안에서 재평가하도록 유도해 주었다. 이런 성취는 자신의 내면을 있는 그대로 성찰하는 힘이 없이는 불가능한 것이었다.

◆ 논리보다는 사랑으로 남을 이해

프로이트의 또 다른 교훈은 남의 말을 들을 줄 알아야 한다는 것이다. 여기에서 '남'이란 진정한 타자(他者)다. 즉 애초에 말이 되지 않는 말 혹은 들리지 않는 말을 하는 사람이다. 이런 사람들이 미친 사람으로 분류되어 사회에서 격리되거나 추방되는 역사적 시점에서 프로이트는 이들의 말 아닌 말을 들으려 애썼고 이들의 들리지 않는 말을 듣는 법을 찾아내려 노력했다. 어느 사회에서든 이런 노력이 절실히 필요하기 때문에 프로이트의 정신분석은 단순히 자기를 향한 실천만이 아니라 사회적 실천으로서 중요하다.

프로이트는 '남'의 말을 이해하려면 논리보다는 사랑이 필요하다고 강조한다. 정신분석이 사랑을 통한 치유라는 것이다. 피분석가의 말은 이성의 언어가 아니라 욕망의 언어이기 때문에 나와 남, 사실과 허구, 선과 악, 정상과 비정상, 논리와 비논리의 분별을 넘어서야 들린다. 사랑으로 들어주는 사람이 있음으로써 피분석가의 말은 대화의 문맥 안에 들어온다. 이 문맥 안에서 피분석가는 분석 대상이 아니라 담론 주체로 거듭 태어난다. 자기 담론의 주체로서 피분석가는 스스로 자신의 상처를 아물게 하고 억압에서 놓여날 기회와 힘을 갖게 된다. 이런 대화적 상황을 만들어 내는 일이 정신분석의 실천에서 가장 중요한 과제라고 볼 수 있다.

프로이트의 정신분석은 우리의 마음이 억압에서 놓여날 때까지 이런 대화를 가져야 한다고 믿는다. 이런 대화가 일상 속 어디에서나 일어나는 사회를 꿈꾼다.

따라서 정신분석은 사회적 내면에 바라볼 수 없고 말할 수 없는 결들이 쌓이지 않도록 대화를 통해 그것들을 풀어내려 애쓴다. 예컨대 정신분석은 효율성이나 생산성의 원칙이 밀쳐내고 덮어 버린 사람들까지 되살리려는 인간존중의 노력이다. 정신분석은 이를 위한 끊임없는 대화다. 어떤 위계나 편견에도 귀속되지 않은 채 서로의 마음이 고개를 끄덕이며 온갖 억압에서 놓여날 때까지 계속 이어 나가려는 대화다.

2-4. 부모사랑 차원에서 검토

1. 어린이를 거부하지 말고 응석을 받아 준다

'화이트 박사의 육아서'로 널리 알려진 미국의 발달심리학자 버튼 L. 화이트 박사는 1985년 일본을 방문하여 여러 곳에서 육아에 대한 강연을 한 바가 있다.

화이트 박사에 따르면, 생후 7개월까지의 젖먹이에게는 "자기는 부모와 주위사람들로부터 사랑받으며 귀여움을 받고 있다고 느끼도록 하는 것이 중요하다"고 했다.

여기서 '사랑받는다'는 것은 젖먹이에 대해서는 '기분이 좋다'는 것이다. 젖먹이가 운다는 것은 무엇인가를 요구할 때를 의미한다. 이 점을 이해하고 요구에 응해 주는 것이 젖먹이의 기분을 좋게 만든다고 화이트 박사는 말했다.

그러나 부모들 사이에서는 귀여워하는 도가 지나치면 아이들이 응석받이가 된다는 오해가 있다. 아이들을 너무 귀여워하면 안 된다고 할 수 있는 시기는 어느 정도 판단할 수 있는 나이가 된 다음의 일이며, 그때까지는 최대한 귀여워해 주고 응석을 받아 주어야 한다. 이 시기에는 아무리 귀여워하고 응석을 받아 주어도 지나친 일이 아니다.

어떤 아동심리학자는 '어머니의 무릎 위는 어린이의 마음의 터전'이라고 밝히며, 응석을 받아 주는 것이 얼마나 중요한가를 다음과 같이 말했다.

"어머니와의 스킨십은 어린이의 정서적 안정에 가장 큰 역할을 한다. 그러므로 어머니의 무릎 위는 어린이 마음의 터전이다. 소년기와 사춘기에 여러 가지 문제를 일으키는 어린이는 이런 마음의 터전을 지니지 못하고 있다. 그것은 어머니로부터 방임된 어린이들의 경우에 가장 많은데, 너무 일찍 어린이의 독립심을 키워야겠다고 초조해하는 어머니의 경우에도 볼 수 있다. 즉 어린이가 응석을 부릴 때 그것을 받아 주는 것이 나쁜 버릇이 들게 한다고 생각하기 때문이다.

어린이에게 있어서 최대의 비극은 어린이가 응석을 부리는 것을 싫어하는 어머니의 경우이다. 어린이의 정서는 메마르게 되고, 이로 말미암아 잔학성을 드러내는 경우도 있다."

2. 어린이를 존경하고 예의 바르게 대할 것

『스포크박사의 육아서』로 유명한 미국의 벤저민 스포크 박사는 1979년 오스트리아의 잘츠부르크에서 개최된 세계정신위생연맹 국제회의에서 다음과 같은 취지의 발언을 했다.

"가장 중요한 것은 부모가 어린이를 존경하는 것이라고 생각한다. 어린이는 간혹 가난한 자, 노예, 여성 등과 함께 '종속적'으로 취급되어 호통을 듣고 매를 맞는 대상이었다. 그러나 어린이에 관해 연구하면 할수록 향상되려는 그 이상(理想), 오염되지 않은 선의에는 훌륭한 면이 있다는 사실을 알게 된다. 이들은 어른이 충분히 존경할 만한 대상이다. 부모와 어른이 이들에게 존경하는 마음을 기울여야만 어린이들이 보다 이상적으로 선의의 훌륭한 시민으로 육성되어 나간다. 부모도 어린이로부터 존경받아야 한다. 어린이가 예의에 벗어난 태도를 취할 때는 용인해서는 안 된다. 예의 바르게 대하는 것이 무엇보다도 중요하다."

인간은 타인으로부터 신뢰받고 존경받을 때 그 신뢰와 존경에 보답하려고 한다. 이것이 인간의 진정한 마음이며, 이는 또한 어린이에만 국한된 것이 아니다.

2-5. 신앙적 원리에서 검토

먼저 기독교와 불교의 인간에 대한 개념정리를 살펴보기로 하자. 부처님의 생각과 예수님의 생각은 서로 유사한 점이 많다. 제일 먼저 그 유사성으로 꼽을 수 있는 것이 부처님과 예수님이 스스로의 존재를 설명하는 대목이다. 부처님은 태어나자마자 "천상천하유아독존(天上天下唯我獨尊)"이라고 말했다고 한다. 예수님도 항상 "나는 하나님의 아들이다. 나를 믿는 것은 하나님을 믿는 것이다"라고 말했다. 결국 두 사람 다 같이 자신의 존재에 대해서 자신만만해했다고 볼 수 있다.

따라서 이를 어떻게 해석하느냐에 따라 불교는 무신론적 유심철학(唯心哲學)이요, 기독교는 유일신교라는 두 종교 간의 차이점 문제가 해결될 수 있다. 즉 '유아독존'의 '아(我)'를 부처님이라는 개인에 국한시키지 않고 모든 '인간' 또는 '중생'으로 확대시킬 때, '천상천하유아독존'이란 "모든 중생 또는 인간은 지극히 존귀하다"는 뜻으로 해석된다.

예수 그리스도의 경우도 마찬가지다. 그는 자기만이 하나님의 아들이라고는 절대로 말하지 않았고, 우리 모두가 하나님의 아들이라고 했다. 그렇기 때문에 예수님과 우리는 형제가 되고, 좌우지간 모든 인간은 다 '하나님의 아들'의 권위를 가진 존귀한 존재가 되는 것이다. 그러므로 부처님의 '천상천하유아독존'이나 예수님의 '나는 하나님의 아들이다'라는 말이나, 다 같이 "인간은 지극히 존귀하다"라는 뜻에서는 같은 것이다.

창세기 1장은 하나님이 사람을 '하나님의 형상과 모양으로' 창조하셨다고 말씀하신다. 모든 사람들에게는 위대한 창조주 하나님의 형상이 있다고 하는 것이다. 남녀노소, 가난한 자와 부한 자, 지위가 낮은 자와 높은 자, 흑인과 백인, 정박아에게까지도 하나님의 형상이 있다는 것이다. 따라서 인간은 존엄하고 존귀한 존재이다. 신약에서 예수 그리스도께서는 이것을 명백하게 말씀하고 계신다.

"사람의 목숨이 온 천하보다도 귀하다"(마 16:26). 이만큼 사람이 귀중하다는 것이다. 이것은 여러분들이 특히 조직경영을 하면서 어떻게 사람을 대해야 할지에 대해서 명확히 제시해 주는 중요한 성경적 원리다. 인간을 존중하는 경영활동을 해야 된다는 것이다.

그러면 인간을 존중하는 경영활동은 어떤 식으로 하는 것일까? 예를 들어 현장확인 경영을 한다고 하자. 인간을 존중하지 않는 태도는 일이 어떻게 되는지를 감독하러 가는 것이다. 일이 잘 되는지 안 되는지를 감독하러 가는 태도, 그 속에서 종업원은 자신이 억압당하고 조작당하고 감시당하고 있다는 느낌을 갖게 된다.

그러나 인간을 존중하는 태도로 현장을 방문하는 것은 경영자가 그 종업원에게 관심이 있고 그 종업원이 하는 일이 아주 귀중한 일이라는 것을 종업원으로 하여금 인식하도록 하는 것이다. 그렇게 할 때 종업원은 자발적으로 자신이 하고 있는 일의 중요성과 가치를 깨닫고 열심히 일을 할 수 있다. 이것은 리더십 연구 결과에서도 나타난다. 경영학자들이 과업을 중심으로 한 리더십의 생산성과 관계를 중심으로 한 리더십의 생산성을 살펴보았다. 그랬더니 관계 중심적인 리더십에 있어서 생산성이 높더라는 것이다. 성경적 원리를 과학적으로 증명한 연구결과라고 생각한다.

요즘에는 비기독교인이 경영하는 조직들, 특히 탁월성을 추구하는 많은 기업들이 내세우는 것이 바로 이 인간존중의 경영이다. 예를 들면, GE그룹, 삼성그룹, LG그룹 같은 경우에 '인간의 가치인정', '인간제일주의', '고객을 위한 가치 창조', '인간존중', 슬로건을 내세우고 있다. '종업원 만족 없는 한 고객 만족도 없다.' 그래서 종업원부터 만족시키고 고객을 만족시키려는 그러한 결의들, 이 모두가 인간존중의 경영을 나타내고 있다.

이러한 인간존중의 대상은 사실 종업원과 고객 그 둘에 국한되지 않는다. 조직과 관련된 모든 사람들이 존중되는 방식으로 조직이 운영되어야 한다는 것이다. 최근의 경영학 연구결과나 많은 초일류기업들이 그런 인간존중의 경영을 탁월한 경영을 할 수 있는 원리로 보고 있다.

제3장
인간존중 경영 실제

3-1. 인간존중 경영자 역할

1. 먼저 관심을 보여라

왜냐하면….

누군가가 진지하게 자신에게 관심을 가지고 있다고 생각될 때 사람들은 호의적으로 반응한다. 관심을 갖는다는 것이 그렇다고 상대방이 원하는 것을 다 들어준다는 말은 아니다. 그것은 개인적으로 알아주고, 걱정해 주고 존중하는 마음을 표현하는 것을 의미한다.

사회는 기계의 집합이 아니고 사람들이 호흡을 함께하는 곳이다. 감정이 흐르는 곳이다. 누군가가 자신을 좋아하고, 이해하고, 존경하기를 바라는 것은 인지상정이다. 기계처럼 취급하면, 기계처럼 반응하고, 왕처럼 대우하면 왕처럼 반응이 온다.

기계처럼 취급하더라도 뭔가는 얻어 낼 수 있다고 당신은 생각할지 모른다. 그러나 좀처럼 창조력이나 극적인 개선책을 얻어 내지는 못할 것이다. 겉으로 일을 방해하고, 발전을 저해하게 된다.

건성으로가 아니고 진실로 관심을 보이는 것이 중요하다. 겉으로만 관심을 표시하는 '척'하는 것은 금방 들통이 난다. 그것은 오히려 나쁜 결과를 낳는다. 부하 직원들은 당신의 일거수일투족을 읽고 있고, 전신으로 당신을 감시하고 있다.

2. 헌신을 기대하지 말라

왜냐하면….

직원들도 당신과 똑같이 일에 헌신해 주기를 기대하지 말라. 당신은 경영자이기 때문에 직원들과 다른 시각에서 사물을 보아야 한다. 그렇기 때문에 월급도 더 받고, 명예도 갖게 되는 것이다. 그러나 부하들이 당신만큼 해 주기를 바라는 것은 무리이다. 물론 개중에는 당신만큼 혹은 당신보다 더 헌신적으로 일하는 부하들이 있다. 그러나 그것은 어디까지나 예외일 뿐이다.

사장이 하는 것과 같이 밤늦게까지 남아서 일하고, 일을 밤에 집으로 가져가고, 가정이나 개인생활을 희생해 주기를 바라는 데서 트러블이 생긴다.

경영자와 리더가 솔선수범해야 한다. 그러나 모범을 보이는 것과 부당하게 무리한 요구를 하는 것과는 구별되어야 하는 것이다.

사람들은 즐겁게 일하고, 뭔가를 기여하고 그리고 인간적으로나 금전적으로 인정을 받고 싶어 한다. 그런 다음에는 업무를 떠나 가족이나 친구들과 함께 즐거운 시간을 갖고 싶어 한다. 하루 24시간 육체적으로나 정신적으로 '근무 중'인 것을 원치 않는다.

이러한 사실을 무시하면 이직률이 높아지고, 음으로 양으로 불만이 표출되고, 태업과 파업이 발생하는 것이다.

3. 차이를 존중하라

왜냐하면…

어느 직장이든 남녀노소, 정상인과 장애인, 초보자와 베테랑, 그리고 여러 종족 및 인종의 소집단으로 구성되어 있다. 또 소집단 내에서도 사람들은 개성이 다르고, 성장배경이 다르고, 경험이 다르고, 무수한 차이를 가지고 있게 마련이다.

사람들 간의 차이점을 인정하고 존중해 준 다음에, 공통성을 찾아야 한다. 마치 카펫을 짤 때, 각양각색의 색상이 어울려 호화스럽고 멋있는 작품이 되어 나가듯이 말이다. 색채와 디자인이 제각기 다르지만, 전체적인 아름다움이 거기에서 생긴다. 우리 모두가 똑같지 않기 때문에 각자는 직장에 기여하는 것이다. 그런데 불행히도 어떤 경영자들은 사람들이 각기 다르기 때문에 기여가 아니라 문제를 만든다고 생각한다. 반 잔이 차 있는 유리컵을 보고 어떤 사람은 '반이 차 있다'고 말하는데 어떤 사람은 '반이 비어 있다'고 말하는 것과 마찬가지다.

우리는 개성을 가지고 있기 때문에 사물을 각자 고유한 시각에서 보고, 일하는 방식에 대해 다른 의견을 제시할 수 있는 것이다. 경영자들은 이런 것을 무시하고 하나의 방법으로만 밀고 나가려는 경향이 있다. 당신은 각기 다른 사람들을 달리 다뤄야 한다. A 군에게 사기 올린 방법이 B 군에게도 똑같이 통할 것이라고 생각해서는 안 된다.

차이를 발견해 낼 줄도 알아야 하고, 다양성에 가치를 부여하고 각기 다른 재능을 활용할 수 있어야 한다. 처음에는 어려울지 몰라도 자꾸 이해하려 하면 당신도 곧 달라질 것이다.

4. 감사의 뜻을 표시하라

왜냐하면….

우리는 누군가가 우리가 한 일이나 우리 자신을 인정해 주기를 기대한다. 사무실을 둘러보면 종종 사장으로부터 받은 감사장, 고객에게서 받은 감사의 메모, 오래된 인정서 같은 것이 직원들 앞에 놓여 있는 것을 볼 수 있다. 그들이 인정받고 싶은 욕구를 충족시켜야 한다.

당신의 조직 구성원들에게 감사하라. 그들의 성공과 업적에 찬사를 보내라. 조직원들이 잘 해내고 있다고 말하라. 때로는 일대일로, 때로는 대중들 앞에서, 때로는 구두로, 때로는 글로, 때로는 평범한 방법으로, 그리고 때로는 기발한 방법으로 칭찬을 표시하라. 사람들은 어떤 일에 찬사를 받게 되면 훨씬 그 일을 더 잘하는 경향이 있다. 감사를 표시하는 것이야말로 당신이 무엇을 원하고 있으며, 무엇이 중요하다고 생각하는지를 알려 주는 것이다. 당신으로부터 이런 피드백(feedback)이 없으면, 부하들은 무엇이 중요하고 무엇을 받아들여야 할지를 명확히 알 수가 없다.

사람들이 인정(認定)에 목말라 하고 있다는 것이 여러 연구에서 밝혀지고 있다. 사람들은 잘된 것에 대하여 진정한 칭찬을 받을 때, 내적으로 보상감을 느끼고 성취감을 얻게 된다. 또 이것은 되돌아와서 당신에 대한 존경을 증가시켜 준다. 그래서 칭찬이 만족을 낳고, 만족은 성과를 낳고, 성과는 칭찬을 낳고, 칭찬은 존경을 낳고, 존경은 성취를 낳는 사이클이 반복된다. 사람들은 칭찬받을 만하다 싶으면 일에 뛰어들게 되고, 열심히 하는 분위기가 만들어진다.

5. 무엇을 원하는지 물어보라

왜냐하면….

조직의 효율성을 높이려면 결국 직원들 개인의 능력을 높여야 한다. 부하직원들이 제대로 능력을 발휘하지 못한다면, 당신도 역량을 제대로 발휘할 수 없다. 그것의 비용이 많이 들 것이라고 단정하지 말라. 부하들이 일을 방해하는 것은 대체로 아주 사소한 것이다.

그 일을 담당하고 있는 사람 이외에는 어느 누구도 그 일을 더 효율적으로 하는 방법을 아는 사람은 없다. 따라서 당신은 부하들에게 필요한 것이 무엇인지를 물어보아야 한다. 사무실의 간단한 비품, 정보의 빠른 전달, 경영층에 제기한 질문에 대한 빠른 회신, 신속한 결재, 특수한 요구를 충족시키기 위한 자유근무시간제, 수행 중인 업무에 대한 피드백 등, 그들은 대개 이런 것을 말할 것이다

물론, 좀 더 복잡한 문제를 제기하기도 할 것이다. 구매부서는 공급자 선정과 관련하여 더 많은 재량권을 요구할 수도 있고, 비서는 경영진만이 접근할 수 있는 서류나 문서를 개방해 달라고 말하기도 할 것이다. 이런 경우에는 과연 그들의 요구를 들어줄 때 그만큼의 개선효과가 있을지 좀 시간을 들여 연구하면 된다.

물어보는 것이 중요하다. 직원들이 스스로 알려 주지 않기 때문에 당신이 먼저 나서서 물어보아야 한다. 이렇게 물어보는 것이 가장 값싸게 생산성을 올리는 방법이다.

6. 먼저 충성심을 보여라

왜냐하면….

사람들은 대접받는 만큼 다른 사람을 대접한다. 존중받으면 존중하고, 거만함을 받으면 거만함을 표시하고, 충성을 받으면 충성으로 보답한다.

충성심이란 누군가에게 잘 되도록 해 주고, 좋을 때나 나쁠 때나 모두 충실히 지켜 주는 것을 의미한다. 장기적인 관계를 말하며, 선을 추구하는 것이고, 어려

울 때는 고통을 최소화시키는 것을 의미한다. 사람을 회유하거나 문제를 피하는 것이 아니며, 자신이나 동료를 희생시키는 것도 아니다. 일을 못하는 사람에게 핀잔을 주고 더욱 어렵게 만드는 것은 더더욱 아니다.

고용관계는 결혼과 같다. 신혼여행의 단꿈은 순간이고, 오랫동안에 걸쳐 서로 실망하고 싸우고, 그러면서도 이해하고 양보하고 위해 주어야 하는 것이다. 서로 서로를 만족시켜 가면서 발전하는 것이다. 불편하고 부적합한 것도 많지만 서로 이해하고 사랑하는 데서 위안과 평온을 즐길 수 있는 것이다. 서로를 걱정하기 때문에 뭔가를 이룰 수 있는 것이다.

7. 잘못했을 때는 즉시 시인하라

왜냐하면….

당신이 실수를 저지르고 이를 솔직히 시인하지 않는다면 문제는 심각하다. 인간은 실수하게 마련인데 왜 그 실수를 인정하려 하지 않는 것일까?

잘못했을 때는 솔직히 인정하라. 당신이 잘못을 알아차린 순간 즉시 시인하는 게 중요하다. 그렇게 해야 사람들의 마음을 움직일 수 있다. 신속하게 실수를 인정하지 않으면 당신은 책임을 피하려는 비겁자가 되고 만다. 당사자들에게 신속히 밝히고, 잘못을 시정하기 위해 당신이 할 수 있는 바를 해야 한다. 잘못을 회복시킬 수 없을 경우는 용서를 비는 수밖에 다른 도리가 없다.

실수는 좀처럼 그냥 넘어가지 않는다. 잘못을 숨기려고 한다면 사실은 더 많은 에너지가 필요하고, 결과적으로 더 많은 시간과 불편을 야기한다. 당신이 실수를 시인하면, 사람들은 당신의 성실성과 정직성을 높이 살 것이고 당신을 더욱 신뢰하게 될 것이다.

8. 권한을 주고 일을 시켜라

왜냐하면….

직무에 상응하는 권한을 부여하지 않고 일을 시킨다면 실패를 준비시키는 것이나 다름없다.

이렇게 말한다고 생각해 보자. "영철 씨, 6월 15일까지 이 프로젝트 끝내도록 하지. 아마 당신을 도와주는 사람은 없을 거야. 돈도 더 쓸 수가 없고. 창의력을 이용해 봐. 어느 누구도 당황하게 해서는 안 돼. 만약에 인원과 자금을 추가로 요구한다면 당신을 무능한 사람으로 볼 수밖에 없어."

웃긴다고 할지 모르지만, 이러한 일은 우리 주변에서 비일비재하게 일어나고 있다. 경영자들은 부하들에게 과제를 부여해 주고 책임을 맡긴다. 허나 여러 이유를 달아 그 일에 필요한 권한은 숨겨 놓는다. 경영자들이 마치 자신의 권한을 빼앗긴다고 생각하는지 말이다.

사기가 높을 턱이 없다. 사원들이 자신들은 뻔히 희생자가 된다고 내다보고 있다. 성공하는 경우라고 하더라도 회사에서는 단지 운이 좋아서 그런 것이라고 자신들의 공을 인정해 주지 않을 것이기 때문이다.

3-2. 인간존중 경영 실제

1. 고용보장

고용보장은 회사가 장기적인 안목으로 종업원을 대하고 있음을 알려 주는 신호다. 상호 호혜규범에 따라 종업원들은 열심히 일해 이에 보답하는 경향이 있다. 반대로 만약 경영자가 종업원은 없어도 되는 존재라는 식의 언행을 보인다면 직원에게서 애사심을 기대할 수 없을 것이다. 또 고용보장은 경영자와 종업원 모두에게 교육훈련의 동기를 부여한다.

2. 신중한 인력 선발

고용을 보장하고 인적 사원을 통해 경쟁우위를 확보하기 위해서는 적합한 사람을 적절한 자리에 고용하도록 인력 선발에 신중해야 한다. 엄격한 채용심사를 하는 것은 그 기업에 적합한 인력을 선발한다는 것 외에 선발된 사람에게도 자부심을 주게 될 것이다. 따라서 자신의 작업성과에 대한 기대가 높다는 것을 느끼며 결국 사람을 중요하게 여긴다는 메시지를 받게 되는 것이다.

3. 고임금

우수한 인재를 확보하고자 한다면 보다 많은 임금을 제시하는 편이 유리하다. 고임금을 지불한다는, 사실은 회사가 종업원들을 높이 평가한다는 메시지를 담고 있기도 하다. 기업은 임금이 적을수록 노동비용을 감소시킬 수 있다고 생각한다. 그러나 노동비용이 높다 할지라도 이로 인해 오히려 향상된 서비스와 기술력 및 품질혁신 등을 초래 기업전체의 이익을 향상시킬 수 있다는 점을 중시해야 한다.

4. 인센티브제도

다른 사람들로부터 인정받고 고용이 보장되며 공정한 대우를 받는 것이 돈보다 더 성취동기를 자극하는 요인이 되기도 한다. 만약 종업원의 뛰어난 능력과 노력을 통해 얻어진 회사의 득이 최고 경영자와 주주에게만 돌아간다면 종업원은 불평과 의욕상실 때문에 더 이상 회사를 위해 노력하지 않으려 할 것이다. 이익분배제도는 전체적인 업무성과 향상에 대해 조직 구성원에게 보답하는 제도이다.

5. 종업원 지주제

종업원 지주제에는 두 가지 이점이 있다. 첫째, 종업원들이 근로자인 동시에 회사에 대한 소유권을 갖게 되므로 노사 갈등을 덜 느끼게 된다. 둘째, 종업원 지주제는 기업운영체계나 설비투자 등 회사에 대해 보다 장기적인 견해를 가지며 주식매입, 차입금에 의존한 적대적 기업 매수 등을 방어할 수 있다는 점이다.

6. 정보공유

이익분배제도를 적용하다 보면 정보공유의 필요성을 절감하게 되며 기업 내의 보다 많은 사람들에게 정보를 공개하게 된다. 종업원들이 회사 소유자로서 권한을 가지고 있고, 또 그렇게 대우받기를 원하기 때문이다. 정보공유는 이익분배 및 인력을 통한 경쟁력 확보를 위해 필수 불가결한 요인이다. 회사에 대해 종업원들이 일체감을 갖도록 비용과 관계, 업무성과와 앞으로의 전망 등을 밝혀야 한다.

7. 경영 참여와 권한 부여

종업원들의 경영 참여는 이들의 만족감과 생산성을 모두 향상시킨다. 종업원들에게 권한을 부여하는 자율성은 기존위계적 통제체제에서 각 업무활동의 조화를 이룰 수 있는 체제로의 전환을 수반한다. 즉 직위가 낮더라도 유용한 정보를 많이 갖고 업무성과를 향상시킬 수 있는 종업원들에게 창의성을 발휘할 수 있도록 조직체계를 바꾸는 것을 의미한다.

8. 팀과 작업 재편성

팀제는 감시와 감독의 위계기능 발휘와 자율경영을 동시에 추구할 수 있는 대안이다. 집단의 노력에 대한 보상이 주어지고 그 집단이 작업환경에 대한 자율성 및 통제권을 가지고 신중히 운영된다면 긍정적인 결과를 얻을 수도 있다.

9. 교육훈련과 기술 개발

자율경영, 팀제 그리고 고임금의 경영정책이 성공적으로 실행되기 위해서는 제품과 생산공정을 변화시키고 개선시킬 권한뿐만 아니라 그런 개선을 가능케 하는 기술을 가진 인력이 있어야 한다. 결론적으로 새로운 제도를 정착시키기 위해서는 교육훈련과 기술 개발이 필요하다. 또한 이러한 기술은 교육훈련을 받은 근로자가 그 기술을 활용할 수 있어야만 효력을 발휘한다는 것을 명심해야 한다.

10. 다기능화를 위한 순환근무와 교육훈련

기업에 다양한 업무처리 능력을 가진 인력이 있으면 좋은 점이 많다. 우선, 다양한 업무를 함으로써 보다 흥미롭게 일을 할 수 있다. 또한 업무의 다양성은 사람들의 업무에 대한 태도에 영향을 미치는 중요한 요소이다.

11. 상징적 평등주의

성공적인 기업경영을 위해 의사결정의 분산, 팀제의 활용, 종업원의 적극적인 경영 참여 등을 실행하는 데 있어 큰 장애물 중 하나는 바로 종업원들에게 소외감을 느끼게 하는 상징들이다. 인적 자원을 통해 경쟁우위를 확보한 기업들을 살펴보면 구성원들이 평등하다는 인상을 주는 다양한 형태의 상징적 평등주의 자취를 찾을 수 있다.

12. 임금격차의 축소

팀워크는 공동운명체라는 의식에 의해 조성되며 공동운명체라는 의식은 구성원들이 적절한 보상을 받았을 때 향상된다. 흔히 임금격차의 축소를 계층 간의 문제로 생각하지만(특히 CEO와 다른 계층 간의 축소) 여기에는 수평적인 측면도 있다. 이러한 임금격차의 축소는 기업의 효율성을 증대시키는 데 큰 도움이 될 수 있다.

13. 내부 승진

내부 승진은 지금까지 언급된 모든 경영정책을 실행하는 데 아주 도움이 되는 제도이다. 내부 승진의 가능성은 종업원과 고용주를 서로 묶어 주기 때문에 교육훈련과 기술 개발을 촉진한다. 또한 계층 간의 신뢰를 촉진시키기 때문에 의사결정의 분산, 종업원의 경영 참여와 권한 부여 등을 손쉽게 할 수 있게 된다.

14. 장기적인 안목

인적 자원을 통한 경쟁력 재고방안의 단점은 시간이 많이 걸린다는 점이다. 반면 새로운 종류의 설비를 도입하는 데는 많은 시간이 필요하지 않다. 새로운 제품

기술도 라이선스 협정만 되면 쉽게 얻을 수 있다. 그리고 자본도 협상만 성공한다면 금방 확보할 수 있다. 하지만 인적 자원을 통해 확보된 경쟁력은 다른 방법에 의해 제고된 경쟁력보다 오래 유지되고 경쟁업체가 모방하기가 쉽지 않다. 따라서 이러한 경영정책을 실행하고 효과를 얻기 위해서는 보다 장기적인 안목이 필요하다.

15. 경영정책의 측정

경영을 하는 데 있어서나 직원관리에 있어서나 측정은 매우 중요한 요소이다. 측정에는 몇 가지 기능이 있다. 첫째, 기업이 다양한 정책들을 얼마나 잘 실행하고 있는지에 대한 피드백을 제공한다. 둘째로, 측정은 정책의 효과를 알리는 데 도움을 준다. 사람에게 적용되는 '눈에서 멀어지면 마음도 멀어진다'는 원리가 기업의 목표와 정책에서도 마찬가지로 적용된다.

16. 경영정책을 관장하는 경영철학

마지막으로 언급하고자 하는 것은 이제까지 언급한 경영정책을 포괄할 수 있는 경영철학을 가져야 한다는 것이다. 이러한 철학은 개별 경영정책을 연결하여 하나로 만드는 역할을 하며 당장 이런 정책이 제대로 진척되지 않더라도 직원들이 인내심을 가지고 계속 시도하도록 한다. 또한 회사가 하는 일을 설명하고 타당성을 부여하여 대내외의 협조를 구할 수 있게 한다. 한마디로 말하자면, 어디로 가고 있는지를 모르면 목표를 달성하기 어렵다는 것이다. 어떤 기업에 투자해야 많은 이익을 낼까?

제4장
멘토링 고객존중 경영

4-1. 고객 유지도를 높여 주는 멘토링

예전의 고도성장기는 물건을 만들기만 하면 팔리는 생산자 지향의 시대라고 하여 어느 회사나 매출 지상주의 아래 강매 세일즈도 빈번했던 시대이다.

그러나 1990년대 들어 경기가 장기 불황에 빠져 있는 상황에서는 소비자나 생활자(生活者: 사람다운 생활을 적극적으로 영위하는 사람)를 지향하는 경향이 강해지고 소비자나 생활자의 다양한 욕구를 개별적으로 대응하면서 솔루션(Solution: 고객들의 불만, 욕구 해소) 비즈니스를 전개하는 움직임이 늘어났다.

특히 오늘날 마케팅 전략에서 매출을 중시하는 쪽에서 이익을 중시하는 쪽으로 전환하는 경향이 뚜렷하여 무턱대고 시장 확대나 신규 고객 확보에 대량 투자를 하기보다는 기존의 단골고객을 유지하거나 보호하는 정책을 추진하여 이익률의 개선을 도모하는 고객평등(Customer Equity) 전략을 도입하는 기업이 증가하고 있다.

이것은 "전체 고객의 20%를 차지하는 주요 고객이 회사 이익의 80%를 창출한다"는 '80 대 20 법칙'이 주목받고 기존의 단골고객을 중심으로 한 투자를 우선시하는 고객 유지에 힘을 쓴 결과이다.

게다가 이탈고객을 묶어 두는 비용은 신규고객 확보에 필요한 비용의 5분의 1밖에 되지 않는다는 것이 미국에서의 정설로서 고객 이탈을 5% 감소시키면(다시 말해서 20%의 고객 이탈을 15%로 줄이면) 이익을 두 배로 늘릴 수 있다고 한다. 이러한 결과는 업계에 따라 각각 다르지만 한 크레디트 회사에서는 75%에서 125%의 이익이 증가했다는 보고도 있고 은행에서도 약 85% 매출이 증가했으며, 그 밖에 증가율이 낮은 곳에서도 25~30%의 이익이 증가한 것으로 나타나고 있다. 이러한 결과가 주목을 받아 회사마다 고객의 생산가치에 관한 연구가 진행된 것이다.

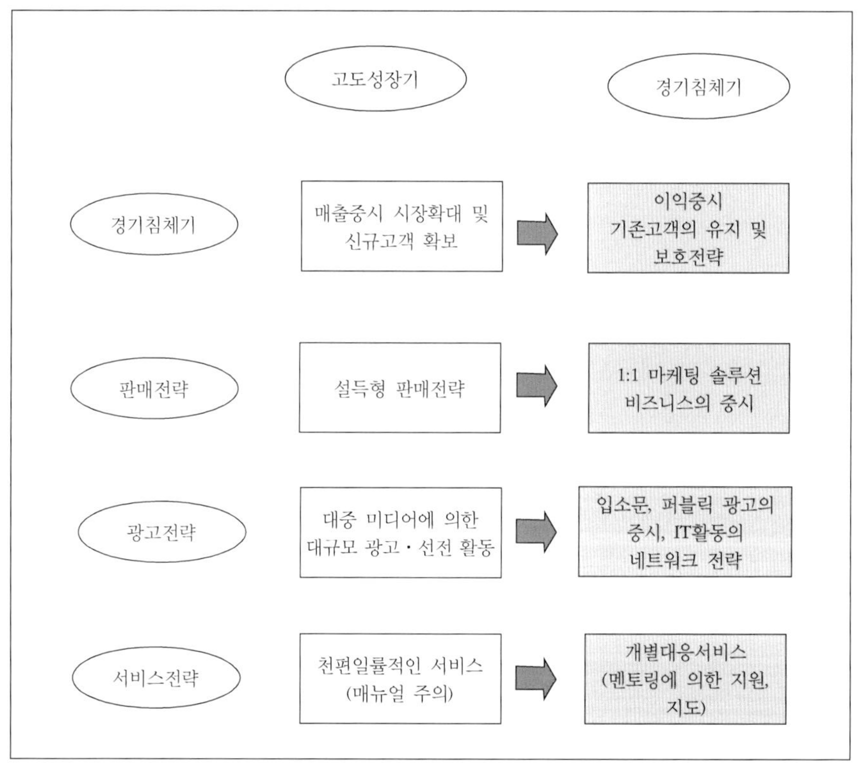

특히 우량 호텔의 레스토랑에서 일어날 수 있는 대화를 가정하여 멘토링 사례를 작성했다. 그중에서 주목해야 할 것은 레스토랑에 일단 예약이 들어오면 과거의 내점(來店) 데이터를 참고하여 지난번의 주문 내용과 취향, 음료수의 종류를 파악하며, TPO[(Time, Place, Occasion): 시간, 장소, 상황에 따라 복장이나 행동, 말을 구별할 필요가 있다는 사고방식]에 맞추어 고객에게 추천하는 것이다.

고객의 취향과 레스토랑의 추천 요리가 맞아떨어지도록 어느 정도 세심한 배려를 할 수 있느냐가 중요하다. 이러한 것을 당연하다는 듯이 행하는 긍지를 각 웨이터들에게 어떻게 심어 줄 것인지가 기본 과제이다. 따라서 멘토링 활동은 어떻게 하면 고객에게 기분 좋은 배려를 해 줌으로써 고객 자신이 훌륭한 서비스를 받고 있다는 느낌이 들 수 있도록 대화를 나눌 수 있을까 하는 데 있다.

■ 서비스의 개요

－고객의 이름을 불러 친밀감을 보여 주며 1 대 1 대응으로 맞이한다.
－전화는 반드시 벨이 3번 울리기 전에 받고 자기 이름을 밝힌다.
－객실이나 레스토랑도 고객의 취향을 잘 기억하고 있다가 그 손님이 다시 찾
　았을 때는 그 데이터를 활용하여 수준 높은 서비스를 제공한다.

■ 사례

다시 찾는 고객에게 달라진 점을 느끼게 해 주는 리츠칼튼호텔의 서비스
리츠칼튼호텔 서비스의 기본 방침은 단골고객이 이 호텔을 다시 찾고 싶은 마음이 들도록 하는 서비스이기 때문에 이용횟수가 적은 손님들에게는 그 내용의 진실감이 별로 느껴지지 않을 것이다.

의견－

중요한 점은 동일한 시선으로 친근감 있고 신뢰가 가는 대화를 할 수 있는가 하는 것이다. 따라서 과거의 데이터를 충분히 활용함으로써 오늘의 내점 목적에 맞춰 고객의 입장에서 선택하고 제안하는 것이 기본이다. 이처럼 신뢰가 가는 대화와 TPO를 명심하자.

■ 의견 제시

웨이터: 김 사장님 내외분, 어서 오십시오.
김사장: 오늘은 결혼 20주년 기념일이어서 아내와 함께 들렀네.
웨이터: 정말 축하드립니다. 그러면 오늘은 특별 메뉴를 서비스 요금으로 모시
　　　고 싶은데, 늘 드시던 양식으로 괜찮으시겠습니까?

김사장: 그러지 뭐, 이 집 스테이크는 일품이니까. 당신은 무엇으로 할 거지?

앞에서와 같이 고객 감소율을 조금만 줄여도 기업 전체의 이익을 크게 높여 준다고 하는 사고방식이 화제를 불러일으켜 그 구조를 분석한 연구 결과가 <Customer Equity>라는 제목을 발표되었다.

그 내용 중에는 고객 가치를 최대화하는 3대 요소로서 가치평등(Value Equity)과 상표평등(Brand Equity), 고객유지평등(Retention Equity) 3가지를 들고 있다. 그중 고객유지평등(Retention Equity)은 제품이나 서비스 내용의 객관적·주관적 평가와는 상관없이 고집하는 경향을 보이며 이러한 추세에 크게 영향을 미치는 것이 고객과의 관계성으로 고객 밀착도라고 할 수 있다.

이 고객 유지도를 높여 주는 데는 다음과 같은 다섯 가지 프로그램이 있다.

① 포인트 제도로 대표되는 고객충성도 프로그램
② 백화점의 VIP 카드로 대표되는 특별 할인 서비스
③ 친근감 있는 이벤트나 프로그램과 연계한 화합(Affinity) 프로그램
④ 할리데이비슨으로 대표되는 소비자그룹을 형성하는 공동체 프로그램
⑤ 아마존닷컴에서 볼 수 있는 고객의 기호 특성을 반영한 서비스를 제공하는
　 지식 축적(knowledge Building) 프로그램

그러나 이러한 각종 특별 할인이나 세일보다 더 효과적인 것이 비금전적 이익으로 다음과 같은 것들이 있다.

① 고객으로서 자기 이름이 불리는 것
② 판매원에게 정중하게 대접받는 것
③ 고객 불만에 대해 신속하게 대응해 주는 것

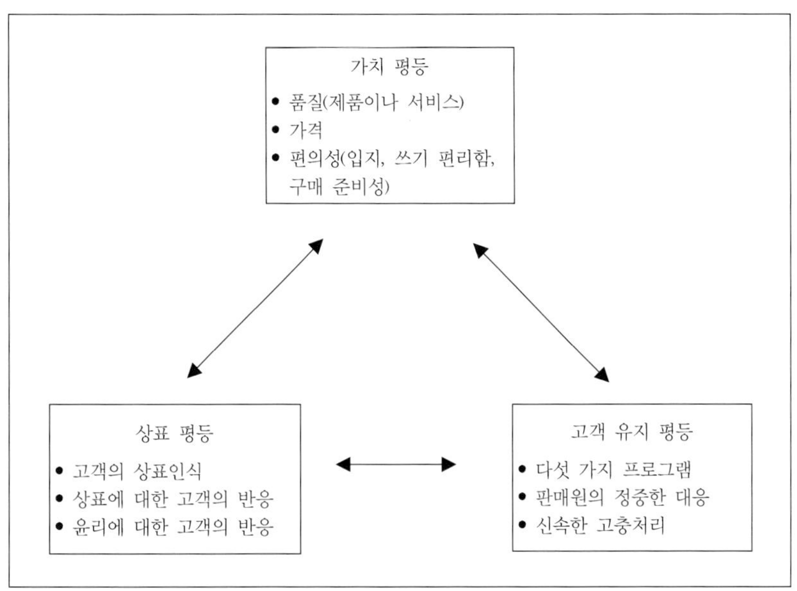

고객만족으로 이익률 증대를 이룬 전형적인 성공 사례가 사우스웨스트항공이다. 그런데 사우스웨스트항공이 성공할 수 있었던 최대의 요인은 사람에 대한 투자였다. 신뢰할 수 있는 서비스를 창조해 내기 위해 현장의 관리직이 직원들을 격려하고 지도하면서 철저하게 이야기해 주며 회사가 직원들의 성장을 도와준 것이다.

수많은 항공회사가 관리직 수를 줄이고 있는 데 반해 사우스웨스트항공에서는 관리직 전원이 플레잉 매니저(Playing Manager)로서 다른 직원들과 함께 일을 하면서 지원활동을 하고 있다.

이 회사는 인재의 채용과 훈련에 다른 어느 항공회사보다 많은 투자를 하고 있다.

말하자면 사람을 중시하는 기업 풍토가 고객에 대한 우정 어린 서비스를 가능하게 한다는 것이다. 따라서 멘토링은 사람을 중시하는 기업 풍토의 조성에 크게 공헌한다. 사우스웨스트항공을 비롯하여 성공한 기업들의 기업 발전 사이클을 나타내 보면 다음과 같다.

① 채용과 선택
② 직원만족

③ 고객만족과 고객충성도 향상

④ 이익 증대와 매출 증대

⑤ 주가상승과 주주만족

⑥ 증자와 기업의 성장

　기업풍토상 관리직이 직원에게 경의를 표하는 습관이 있으면 직원은 자연히 고객에게나 후배에게도 이와 같은 태도로 대하게 된다.

　하루 비행시간이 업계 평균인 8.6시간을 훨씬 초과한 11.5시간이고 사원 일인 당 대응 고객 수가 업계 최고인 2,400명(2위가 1,200명)이나 되는데도 불구하고 이 직률은 연간 7%에 지나지 않는다. 노동조건이 가혹한데도 안정성이 업계 1위이 며 이익률 또한 단연 톱을 자랑하고 있다.

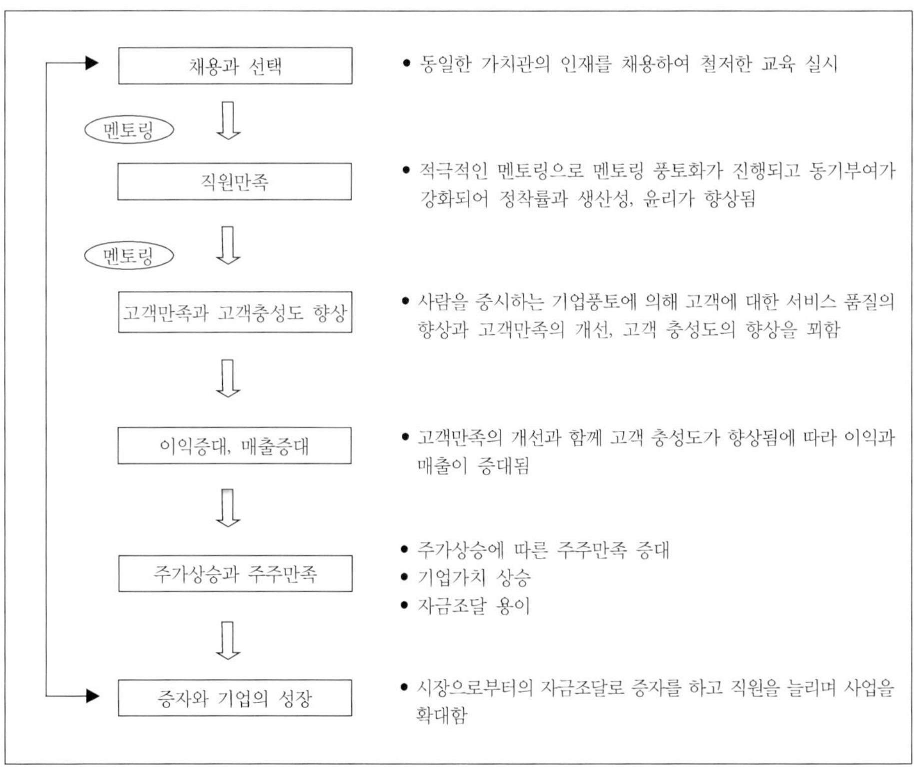

4-2. 효과적인 세일즈 멘토링

한때 강매형태의 판매경쟁이 과열됐던 적도 있지만 소비자들의 판단능력 향상과 정보의 범람으로 인해 이러한 판매에 대해 취사선택을 할 수 있는 능력이 향상된 요즘은 고객의 욕구를 정확히 파악한 다음 솔루션 비즈니스에 착수해야 한다.

따라서 고객만족을 실현시키기 위해서는 자사 표준상품을 떠안기거나 재고품을 강매하는 것에서 탈피하여 고객의 다양한 욕구를 이해한 다음 문제 해결에 대한 대응을 시험해 볼 필요가 있다.

또 매출 증대를 목표로 하기 위해서는 고객만족을 추구하는 동시에 고객에 대한 세일즈 멘토링이 기본인데, 이러한 세일즈 멘토링의 기본 과정은 다음과 같다.

① 신뢰관계 수립
② 방향성 명확화
③ 선택방법 제시
④ 불안감 해소
⑤ 상담 정리
⑥ 단골고객 유지

세일즈 멘토링은 경청하는 자세로 고객의 욕구를 이끌어 내는 것으로부터 시작한다. 아울러 세일즈 멘토링은 경영기술이 아니라 세일즈가 잘 진행되도록 하기 위한 지원활동이며 지속적인 고객만족을 약속받는 시스템 구축이라고 할 수 있다. 무조건 강매할 것이 아니라 구입 후의 성과에 대한 이미지를 충분히 부여함으로써 현실과의 갭(Gap)을 줄여 나가는 것이다.

중요한 점은 단 한 번의 주문이 아니라 지속적인 단골고객으로 삼는 것으로 그렇게 하기 위해서는 고객의 불안감을 해소해 주면서 어떻게 하면 고객의 신뢰감을 얻을 수 있을까에 대해 최우선 과제로 연구해 나갈 필요가 있다.

상황 1. 효과가 낮은 멘토링 사례 - 한 가전제품 매장에서

점원: 손님 뭘 찾으십니까?

손님: 지금 있는 비디오 상태가 좋지 않아서 바꿔 볼까 해서요.

점원: 메이커는 지정하고 계십니까?

손님: 특별히 그런 건 없어요.

점원: 싼 걸 찾으신다면 이 비디오는 세일 중이라서 싸게 살 수 있어요.

손님: 가격은 상당히 싼데 물건은 괜찮나요? S사의 것은 고장이 많아서 전에 고
생을 했거든요.

점원: 요즘은 전부 잘 만드니까 걱정하실 필요 없어요.

손님: 집에 디지털 캠코더가 있는데 편집할 수 있었으면 좋겠는데.

점원: 이 더블비디오는 어떻습니까? 두 대가 한 대로 만들어져 간단히 편집할
수 있죠.

손님: 하지만 이 비디오로 편집하면 화질이 떨어지지 않아요?

점원: 원래 디지털 캠코더로 찍은 거라 상관없어요, 손님.

손님: 이 더블비디오 얼마나 하죠?

점원: 이건 세일 제품이 아니라서 120만 원입니다.

손님: 그냥 비디오는 5~60만 원 정도인데 120만 원이나 해요?

점원: 제품이 몇 대 나오지 않아서 어쩔 수 없네요.

손님: 그럼, 다음에 살게요.

세일즈 대하는 고객에게 어떻게 신뢰감을 심어 준 것인가가 중요하다. 위의 대
화에서 점원의 태도에 신뢰감을 느끼셨습니까? 위와 같이 될 대로 되라는 식의
인상을 주는 고객대응으로는 고객에게 신뢰감을 주기가 어렵겠지요. 중요한 점은
점원이 과연 고객의 입장에서 질문하고 대답하는가 하는 것이다.

이 선택이 잘 되었는지에 대해 고객의 입장에서 생각해 주는 것이 필요하다.
그럼 다음 사례를 참고하기 바란다. 이와 같이 점포의 형편을 주장하기만 하느냐,
고객의 입장에 서서 대화를 하느냐에 따라 세일즈의 결과는 크게 달라진다.

상황 2. 효과적인 멘토링 사례

점원: 손님, 뭘 찾으십니까?

손님: 지금 있는 비디오 상태가 좋지 않아서 바꿔 볼까 해서요.

점원: 주로 어느 용도로 쓰시죠?

손님: 집을 비울 때 녹화를 하거나 편집을 하기도 하고 그 밖에도 여러 가지로 쓰죠.

점원: 손님께서는 캠코더를 가지고 계시나요?

손님: 디지털 캠코더가 있는데요.

점원: 그러시면 여기 더블비디오가 있습니다. 이걸로 간단하게 편집할 수 있지요.

손님: 그거 좋은데요. 장소도 차지하지 않고. 하지만 원래 디지털로 찍은 건데, 비디오로 만들기는 아까운데.

점원: 가지고 계신 디지털 캠코더 편집도 가능하니까, 디지털 그대로 화면을 유지할 수 있어요. 그리고 손님께서는 장기 출장이 많지는 않으세요? 최대 26시간 녹화가 가능한 제품이 최근 나왔는데 하드디스크를 증설하면 53시간까지 녹화가 가능하죠.

손님: 대단하네요. 53시간이라니! 하긴 난 해외 출장이 잦아서 테이프 하나로는 불편하더라고요.

점원: 그럼 딱 좋은 제품이 있는데, 바로 최근에 발매된 하드디스크 레코더에요. 이 한 대로 디지털로 녹화한 영상에서 필요한 부분만 발췌하여 테이프에 편집할 수도 있고요. 게다가 되감기를 할 필요가 없어 편리하죠.

손님: 되감기를 할 필요가 없다는 게 마음에 드네요. 그러면 테이프 마모도 없겠죠. 하드디스크니까요.

점원: 과연, 말씀대로에요, 손님.

손님: 그럼, 얼마까지 해 주실 수 있죠?

점원: 오늘은 특별 서비스로 100만 원에 드리겠습니다. 어떠세요?

손님: 그럼 이걸로 살게요.

4-3. 세일즈 멘토링은 개별 대응이 원칙

세일즈 멘토링의 원칙은 고객의 업계나 사용예정자, 사용목적, 구매결정자, 그리고 그 행동 스타일에 따라 개별 대응을 함으로써 효과적인 수주활동으로 이어진다. 세일즈 멘토링의 개별 대응 포인트를 정리해 보면 다음과 같다.

① 업계별 대응고객의 업계와 서비스 내용마다 요구사항도 달라지므로 그러한 특수사항을 가능한 검토항목에 넣어 대응한다.
② 사용예정자
  상품이나 서비스의 사용예정자를 명확히 해서 그 사용목적을 검토항목에 넣습니다.
③ 사용목적
  특히 업무용으로 사용될 경우에는 내구성과 정밀도, 서비스 방법을 감안한다.
④ 발주 결정자
  발주 시점에서의 결정자는 누구이며 어느 부문에 관해 권한이 있는지 고려한다.
⑤ 상대방의 행동 스타일
  교섭자 창구의 행동 스타일을 고려하면서 효과적으로 대응해 가는 것도 유효한 방법이다. 이 경우에는 성격 대응 기법인 린치핀게임(도서-[인간경영게임] 참고)을 활용하면 효과적이다.

참고로 세일즈 시점에서 행동 스타일별 개별 대응사례를 소개한다.

D 타입 고객 (주도형)	F 타입 고객 (우호형)	C 타입 고객 (관리형)	A 타입 고객 (분석형)
사교적인 인사는 짧게 줄이고 바로 용건으로 들어가 현재 안고 있는 문제점과 개선 희망사항을 물어보고, 이번에 관심 있는 상품과 서비스의 도입목적과 사용 예정자를 확인하면서 그 욕구에 적합한 상품이나 서비스의 예를 문제 해결책으로 제시하여 그 상품이나 서비스를 사용함으로써 생기는 성과나 효과를 중심으로 요령 있게 설명한다. 또 업계에서의 높은 평가를 덧붙여 주면 설득력이 높아지며, 선택안을 반드시 제시해 주면서 상대방에게 고르도록 해 주는 것이 효과적이다. 그 판단이 적절하다는 코멘트를 덧붙여 주면 더욱 자신감을 갖게 되어 주문에 한 발짝 더 다가서게 될 것이다.	가능한 친밀한 어조로 현재 일어난 문제의 해결책으로 어느 상품이나 서비스가 적합한지를 설명한다. 특히 제품이 어느 부문에서 필요로 하며 다른 부문에서는 어떤지를 얘기해 줄 필요가 있다. 이 상품과 서비스를 구입함으로써 어떤 사회적·사내적 영향이 생기며 그 영향력이 얼마나 높아질까에 대해 설명한다. 그 상품과 서비스는 다른 부문이나 유력 회사에서도 사용하고 있으며 만족해한다는 점을 강조한다. 또한 상대방의 기분을 이해한다는 듯한 표현을 많이 사용하면서 번거롭지 않으면서 보기에도 좋고 좋은 평가를 받을 게 틀림없다고 안심시켜 준다. 아울러 빠른 말투로 도움을 주고 싶다는 뜻을 전하면서 계속적으로 연락을 취하겠다고 약속한다.	여망사항을 사전에 확인하며 그 해결책으로 적당한 품질의 서비스를 제공할 수 있다는 걸 나타내 주고 그 납입 실적을 자료로 제출한다. 또 상대방이 자료를 잘 살펴보면 감탄할 만큼 세심한 대응에 힘쓴다. 합리적이고 논리적인 대화에 힘쓰며 업계에서의 신뢰성과 높은 생산성을 강조한다. 한편 서비스상의 주고받는 내용은 문서로 남겨서 신뢰성을 보여 주고 한번 약속한 것은 반드시 이행하여 실적을 만든다. 또한 앞으로 계속해서 기대할 수 있다는 느낌을 주면서 각종 정보 제공에 협력하고 지속적인 거래가 유리한다는 인상을 준다.	성실한 이미지를 강하게 내비치며 온화한 분위기로 대한다. 현재 난처해하는 점을 물어 그 어려운 상황에 공감하면서 대응책으로 적절한 해결책을 제시한다. 일은 항상 착실하게 처리하여 많은 고객에게 신뢰받고 있다는 점을 강조함으로써 상대방에게 안도감을 준다. 또한 상대방의 개인적인 배려에도 귀를 기울여 적극 협조하는 자세를 보여 준다. 발주할 경우에는 성의를 가지고 협력하겠다는 점을 얘기해 준다.

4-4. 고객 유지를 실현시키는 멘토링

이미 소개한 대로 재구입률을 높이기 위해서는 고객불만 발생 시 신속한 대응이 중요하다. 고객의 불만에 신속하고 정확하게 대응한다면 82% 이상 재구입이 기대된다. 다시 말해 이렇게 함으로써 비약적인 이익률 향상이 기대되는 것이다.

예를 들어 홈 데포에서는 각 그룹이 자기 성장의 적극적인 이유로 다음과 같은 것을 예로 든다.

① 채용 기준은 종래의 교육이나 지식, 경험보다는 자세가 전향적이고 성격이 밝거나 기업이 지향하는 가치관과 일치함.

② 애사정신(愛社精神)을 중시하고 사업가 정신과 당사자 의식을 배양함.

③ 실적 향상을 최우선시하고 철저한 권한을 부여함.

④ 실적이 오른 직원에게는 부문에 관계없이 항상 새로운 도전을 요구함.

⑤ 경영자 스스로 멘토로서 직원을 지원하고 지도하는 것을 사명으로 생각하며 충실한 훈련 교육을 실시함.

앞서 소개한 사우스웨스트항공이나 리츠칼튼 호텔에서도 이와 마찬가지의 대응을 이행하여 우수한 서비스의 실현과 함께 직원들의 의식을 높여 주고 우수한 인재를 유지하는 데 효과를 발휘하고 있다. 우수한 서비스를 계속 진행하기 위해서는 이러한 기업의 사례를 연구하면 많은 힌트를 얻을 수 있다.

사우스웨스트항공이나 홈 데포와 같이 이익률과 성장률에서 뛰어난 성적을 거두고 있는 미국 서비스산업에서 공통된 특징을 분석해 보면 다음 도표의 다섯 가지를 들 수 있다.

판단의 관점	영향을 미치는 환경 요인과 그 대책	실시 기업
① 사명 　기업 가치관 　긍지 부여	멘토링 지적 풍토(知的風土)	● 리츠칼튼호텔 ● 사우스웨스트항공 ● 홈 데포 ● 노드스터럼
② 성과와 평가	인센티브 계획	● 노드스터럼
③ 사업가 정신	스톡옵션	● 홈 데포 ● 사우스웨스트항공 ● UPS
④ 경력 확대	멘토링 지적 풍토	● 홈 데포
⑤ 인지와 긍지 부여	멘토링 지적 풍토	● 리츠칼튼호텔 ● 사우스웨스트항공 ● 노드스터럼

제5장
멘토링 인간존중 전략

5-1. 인간존중 경영전략 5

어떤 조직이든 그 조직을 경영하는 방법도 중요하지만 그 조직이나 방법을 살리는 것은 역시 사람이다. 아무리 완비된 조직을 만들고 새로운 기법을 도입한다고 해도 그것을 활용할 사람이 똑바르지 못하면 성과도 오르지 않고 따라서 조직의 사명을 다할 수 없게 된다. 조직이 사회에 공헌하면서 스스로 융성·발전할 수 있느냐는 사람에게 달려 있다. 그러므로 조직 운영에 있어서도 먼저 무엇보다도 사람을 구하고 사람을 길러야만 한다.

그렇다면 어떻게 하면 훌륭한 사람을 육성할 수 있을 것인가인데 여기에는 구체적으로 여러 가지 방법이 있을 것이다.

기업의 인적 자원은 다른 자원과 달리 그의 관리에 있어서 경제적인 측면의 효율성(생산성＝Productivity)과 인간적인 측면(인간성＝Humanity) 만족성 두 가지 목적이 동시에 달성되도록 특히 유의하여야 한다.

즉 경영의 성과를 도출시킬 수 있는 합리성과 구성원의 욕구를 충족시킬 수 있는 만족성이 동시에 추구되지 않으면 안 된다. 현실적으로 조직 합리성의 추구는 구성원의 만족성을 저해하는 경우가 자주 발생하고 그 반대로 구성원의 만족성 추구는 조직의 합리성 추구를 무시하는 경우를 종종 볼 수 있다. 아래 다섯 가지는 CEO가 갖추어야 할 구성원 인간존중 경영 다섯 가지 전략이다.

1. 인간성(Humanity) 경영인가?

먼저 이에 대비되는 단어로 Productivity(생산성)를 들 수 있다. 이 말은 지금까지 우리의 산업현장에서 생산성을 위주로 한 경영방침에서 조직의 구성원들이 생산 수단의 역할을 해 왔다는 의미이다.

그러나 21세기 오늘의 상황에서 이러한 물적 위주의 경영은 경영 내(內)·외(外) 적 환경에서 심한 도전을 받게 되므로 부득이 방향전환을 하지 않을 수 없는 상황에 직면했다.

이러한 시점에서 가장 비중 있게 애용할 수 있는 단어로 저자는 Humanity(인간성) 경영을 멘토링 인재 개발 전략의 방향으로 선정한 것이다.

먼저 한 사람 한 사람이 인간성이라는 분모(分母)에―경영자도, 기술자도, 정치가도, 교육자도, 군인도, 목회자도―기능적인 부문을 분자(分子)로 올려놓자는 것이다.

좀 더 구체적으로 거론하자면 멘토링의 인재 개발 프로그램은 각 조직에 Humanity (인간성) 80%, Productivity(생산성) 20%로 적용할 수 있도록 멘토링 프로그램을 체계화했다는 것을 의미한다. 독자의 이해를 돕기 위하여 현재 경영현장에서 다루고 있는 인사관리 업무는 그대로 진행을 원칙으로 한 것이며 위의 수치는 멘토링 시스템이 적용되는 목표 분야에서만 국한하고 있음을 밝혀 둔다.

2. 투웨이(Two-way) 경영인가?

One-way(일방)경영과 대비되는 단어이다. 일방경영은 사장이나 일부 지도자들이 경영의 업무를 독점하여 일방적으로 처리하는 것을 의미한다. 이는 사원들을 신뢰하지 못하는 데서 오는 점도 있고 경영자 자신이 만능박사라는 자기도취에서 오는 수도 있다. 아무래도 고도성장에서는 단시간 내에 다량의 물량을 생산하여야 하기 때문에 시간에 쫓기다 보면 그럴 수도 있음직하다.

그러나 어떤 경우에서든지 경영자의 일방처리는 전 사원의 역량을 모아 시너지 효과를 거둬야 할 때에 결과적으로 많은 두뇌를 잃는 우(愚)를 범하는 것이다. 반면 Two-way 경영은 일정 업무를 적절히 부서장이나 멘토 사원에게 위임함으로써 사원들로부터 경영의 신뢰를 얻을 수 있고 사원으로서 자부심과 애사심을 쉽게 얻을 수 있다.

멘토링은 경영자의 정규업무에서 다루기 어려운 특수업무(개인일, 가정일, 취미, 특기생활, 동호회 활동 등)를 멘토에게 위임하는 것으로 회사에서 동기부여 등 관심을 갖고 후원하면 사장과 멘토와의 큰 시너지 효과를 얻을 수 있을 것이다.

3. 고객관계관리(C.R.M) 경영인가?

영어로는 Customer Relation Management의 약자로 '고객관계관리'기법이다. 이는 회사(Company)의 생산중심의 경영체계를 마케팅, 즉 고객중심의 체계로 전환하고자 하는 기법으로 고객과의 관계를, 먼저 고객의 인적 사항이나 그간 거래 사항을 자료(Data Base)화한 후에 그 자료에 의하여 고객의 취향에 맞게 1:1로 마케팅을 하자는 것이다. 이 CRM은 한 회사가 한 고객이 원하는 한 상품을 서비스해 줌으로써 고객의 만족을 얻어내므로 재구매의 효과를 얻을 수 있는 것이다.

결국 한 고객을 챙기는 1:1 마케팅을 말한다. 멘토링에서는 바로 이 고객관리기법인 CRM을 그대로 내부 사원고객에게 적용해 보자는 것이다. 왜냐하면 1:1 기법은 그 원조가 멘토링이기 때문에 너무나도 자연스럽게 도입이 가능한 것이다. 결국 한 사원을 챙기는 1:1 멘토링인 것이다.

사원들도 개개인의 인적사항, 개인성격, 재능, 특기, 취미, 노하우, 기술, 자격, 학위 등의 자료 등을 멘토링 활동에 적용하고 멘토(Mentor)와 멘제(Menger)를 연결하여 그 활동을 지원해 주면 만족을 얻어 내는 데는 어렵지 않을 것이다.

4. 높은 인성(High Touch)경영인가?

이는 High Tech라는 첨단지식(High Technology)에 대비되는 단어로 오늘날 과학문명의 발달로 인하여 사람의 기술이나 지식, 즉 과업은 너무 앞서 가는데 그에 대비해서 사람끼리 관계, 즉 상호 인성(Touch)도 고도로 깊어져야(High) 균형 있는 사회를 이룬다는 뜻이다.

특히 사람의 속성상 지적(知的) 부문, 즉 좌측 뇌에 교육을 집중하면 의식화(意

識化)되어서 우리가 원치 않는 문제가 발생되는데 타인을 비판하고, 정죄하고, 자기중심적이 되어서 조직의 분위기를 깨는 데 일조(一助)한다는 것이다. 오늘날 우리의 정규교육 현실과 기업의 교육 프로그램은 이러한 현상(現狀)을 급속도로 확산하는 주역(主役)을 담당하고 있다고 해도 과언은 아니다.

반면 멘토링 시스템은 이러한 이념이나 논리로 의식화되어 있는 상황에서 새로운 틀(New Paradigm)로서 경영의 현장에서 인간적인 배려로 업무촉진을 해 보자는 것이다. 다수를 관리하고 집단 교육하는 데서 오는 문제점을 멘토링에서는 1:1로 관계를 맺어 생활현장에서 개인적인 교제로 감정, 희로애락, 상담, 고백, 나눔 등으로 하이테크(Hightech)를 보완할 수 있는 최적의 하이터치(High Touch) 기법으로 활용해 보자는 것이다.

5. 마음 얻는 리더십(Mindship) 경영인가?

한마디로 사람의 마음(Mind)을 얻어 내는 리더십(Leadership)을 의미한다. 그러면 대비되는 용어는 무엇이 있을까? 저자는 궁리 끝에 바디십(Bodyship)을 선택했다.

좀 더 설명을 더 붙인다면 직장에 취업할 때 누구나 제일 먼저 작성하는 서류가 '근로 계약서'이다. 여기에는 중요한 사항으로 근로 시간이 있는데 일반적으로 하루에 8시간의 근로 조건을 제시하고 있다. 이 8시간의 개념은 하루에 노동력 즉 보이는 몸(Body) 신체를 그 시간만큼 제공한다는 의미가 담겨 있다. 극단적으로 말한다면 몸으로 8시간만 채우면 되는 것이다.

바로 여기에 경영자의 지혜로운 리더십이 발휘되어야 한다. 몸만 얻는 바디십(Bodyship)의 경영자와 마음까지 얻는 마인드십(Mindship) 경영자의 경영성과는 어떠할까? 바로 멘토링은 마인드십(Mindship)을 원하는 경영자에게 멘토(Mentor)로 하여금 그 사명을 자연스럽게 이룰 수 있는 계기가 될 것이다.

5-2. 인간존중지수 체크리스트

(인간존중지수＝Human Respect Index＝HRI)

1. HRI의 명칭어원

인간존중지수의 어원은 조직에서 경영자의 인간존중 경영환경을 체크하는 차원에서 인간존중지수(Human Respect Index＝HRI)를 진단도구로 활용하는 데서 유래한 것이다.

2. HRI의 목적

1) 조직에서 인간존중의 환경 조성 여부를 인간존중지수(HRI)로 파악하고
2) 강점과 약점을 파악하여 멘토링 목표 Projects를 설정하는 데 참고하며
3) 조직의 3Win 성공전략으로 '21세기 인적 경쟁력'을 갖추는 자료로 활용한다.

3. HRI의 적용방법

제도적 멘토링에서 우선적으로 접근 대상이 어느 영역에 멘토링을 도입할 것인가이다. 그러하기 위해서는 조직현장에서 인간존중에 관한 현황 파악이 제대로 이루어져야 한다.

1) 오늘날 대부분 리더들은 '경천애인', '인재제일', '인간중심'의 경영이념을 말하고 있지만 경영현장에는 인간존중에 관한 실행 프로그램은 찾기 힘들다.
2) 멘토링은 각 조직마다 하이테크 부작용으로 인하여 상실된 인간성을 회복하기 위한 인간존중 실행 프로그램이다. 아울러 인간성 바탕 위에 생산성 효과를 얻고자 하는 것을 목표로 삼고 있다.
3) 멘토링을 도입하기 전에 먼저 환경분석 기법으로 인간존중지수측정을 실시할 것을 권한다. 실시 후에는 아래 3가지 효과를 거둘 수 있을 것이다.

① 효과 1: 멘토링을 우선적으로 도입해야 할 분야를 알게 된다.
② 효과 2: 경영자가 측정자료로 인간존중 경영을 체계적으로 실행이 가능하다.
③ 효과 3: 멘토/멘제 등 참여자들이 자부심과 책임감과 회사 충성도가 높아진다.

인간존중지수(HRI) 측정도구		
지수 목표 인재전략분야	측정분야별 착안점	인간존중지수표 만점 중－(득점)
① Humanity 전략 ② Twoway 전략 ③ C.R.M 전략 ④ High Touch 전략 ⑤ Mindship 전략	한 사람 가치중시 경영인가? 신뢰와 위임쌍방 경영인가? 고객과 사원만족 경영인가? 생활의 현장인성 경영인가? 사원의 마음 얻는 경영인가?	만점 20점( ) 만점 20점( ) 만점 20점( ) 만점 20점( ) 만점 20점( ) 합계( )

탁월 81~100	우수 61~80	보통 41~60	미흡 21~40	부족 0~20

4. 인간존중 진단도구

1) 본 점검표는 각 회사의 절대평가이기 때문에 설문에는 어느 것이 맞고, 틀리다고 할 필요는 없다. 측정자가 자사의 지금까지 인재경영의 흐름을 사실대로 측정하면 된다.

2) 이 측정표 작성자는 회사의 전체를 알 수 있는 관리, 인사, 교육, 기획 등의 초급 관리자 중 선발자와 경영간부급에서 선발자로 구분하여 평가하고 그 결과를 비교 분석한다.

3) 다음의 각 설문을 읽고 2점 만점에 실제 점수를 아래 공란에 기록하라.

탁월	우수	보통	미흡	부족
2	1.5	1	0.5	0

주제	번호	진단설문도구	점수
인간성경영 Humanity	1	우리 조직은 구성원을 위한 포용력이 넓다.	
	2	한 사람의 가치를 업무보다 더 중시한다.	
	3	먼저 적성에 맞게 보직 배치를 한다.	
	4	구성원들이 회사의 비전이나 목표를 뚜렷이 알고 있다.	
신뢰경영 Twoway	5	구성원들을 신뢰하여 위임전결이 확대되어 있다.	
	6	부서 간 업무/상하 간 대화가 잘 이뤄지고 있다.	
	7	경영층의 언행일치로 구성원들에게 신뢰도가 높다.	
	8	새 방침 시행 전에 구성원들에게 알려 공감대가 이뤄진다.	
	9	우리 조직의 제품이나 서비스 품질은 우수하다.	

주제	번호	진단설문도구	점수
만족경영 CRM	10	구성원들의 전문성을 위하여 적극 투자한다.	
	11	구성원 개인별 자료 파일(Data Base)로 인사 관리한다.	
	12	경영자가 사원들에게 약속한 내용은 틀림없이 지킨다.	
감성경영 High Touch	13	구성원들이 특별히 독서를 많이 하는 편이다.	
	14	구성원들의 성격유형과 취미나 특기개발 되어 있다.	
	15	가족적인 분위기와 팀워크가 중요시되어 있다.	
	16	업무 이외의 인간적인 배려와 개인생활도 지원해 준다.	
마음경영 Mindship	17	고충 처리 등 슬럼프에 빠진 구성원을 바로 챙겨 준다.	
	18	공로상·모범상·우수상 등 표창을 받은 구성원이 많다.	
	19	구성원들이 일한 만큼 대우를 받아 만족도가 높다.	
	20	우리 조직은 책망보다 칭찬을 훨씬 많이 한다.	
합계		간부급 평균( ) 멘토그룹평균( )	

5-3. 인간존중지수 시각화 작성

HRI 측정표에서 다섯 가지 주제별로 각 지수(점수)를 먼저 확인하고서 다음 단계로 들어간다. 아래 별을 보면 각 꼭지별로 5칸씩 나눠 있음을 발견할 것이다. 그러면 각 지수별의 만점은 한 꼭지당 20점임으로 한 칸에 4점씩 배점하여 실득 점수를 가지고 큰 원 속에서 오각형(실제 득점지수)을 그리면 소속회사의 인간존중지수 시각화(視覺化)가 된다.

<실행사례>
차병원 49.9, 한전남동발전 66.2, 삼성세크론 46.2, 농림부 48.1, 우정사업본부 47.1.
*노동부 36.3~54(노동부는 8개월 후에 54로 향상)

□ 작 성 자 A:
□ 작 성 자 B:
□ 작 성 일 자:

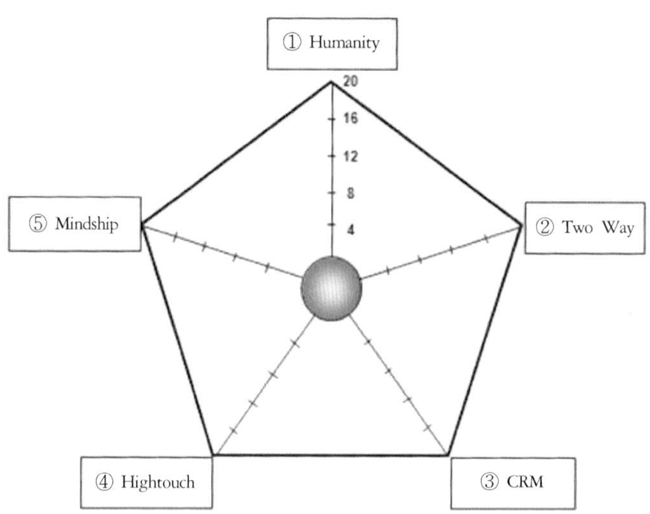

5-4. 인간존중지수 대안방법

직장명:　　　　　　　부서:　　　　　　　직위:　　　　　　성명:

영역	Humanity	Twoway	C.R.M.	Hightouch	Mindship	합계
점수						

*우리 조직의 좋은 점은 무엇인가?

1.

2.

3.

4.

5.

* 우리 조직의 문제점은 무엇인가?

1.

2.

3.

4.

5.

* 우리 조직이 더 좋은 조직으로 되기 위한 대안책은 무엇인가?

1.

2.

3.

4.

5.

Part 2

인간존중 균형(Balance)경영

제1장

균형경영에 관한 미래학자 소리

1-1. 앨빈 토플러(Alvin Toffler, 미국)

[향후 다섯 가지 2050년 예측]

출생: 1928년 10월 3일 (미국)
학력: 뉴욕대학교 학사
경력: 코넬대학 초빙교수
    1959~1961 '미래(未來)'지의 부편집자
    백악관 담당 정치, 노동 문제 기자
    1949 중서부 공업지대 용접공

20세기 최고의 미래학자로 평가되는 앨빈 토플러. 올해는 그가 저술한『미래의 충격(Future Shock)』이 출판된 지 꼭 40주년이 되는 해다.

그는 자신의 저서에서 당시 너무나도 생소했던 유전자 복제, 홈스쿨링 등을 언급하며 충격에 빠트렸으며 '권력이동', '디지털혁명' 등 미래의 대변화를 예고한 저서들로 세상에 놀라움을 선사하기도 했다.

토플러 협회(Toffler Associates) 소속 미래학자들이 앨빈 토플러의 저서『미래의 충격』출판 40주년을 맞아 '40년 뒤 일어날 40가지'(40 FOR THE NEXT 40)라는 제목의 미래 전망 보고서를 내놨다.

앨빈 토플러는 디지털·통신·사회·기업·기술 등의 혁명에 관한 예리한 전망으로 현재를 살아가는 인류가 다가올 미래를 준비하는 데 많은 공헌을 했기에 최근 토플러 협회가 내놓은 미래 전망 보고서가 세계인의 눈길을 끌고 있다.

토플러 협회는 ‘40년 뒤 일어날 40가지’ 전망 보고서에서 미래의 변화를 크게 정치, 기술, 사회, 경제, 환경 5개 분야로 나누어 전망했다. 20세기의 전통적 생활 방식과 21세기의 첨단의 기술이 혼재되어 있는 40년 뒤, 우리가 살아갈 세상의 모습은 어떠할까? 지금부터 2050년의 오늘을 들여다보자.

■ 정치: 새로운 리더들의 등장… 다극화된 힘의 균형

“다분화 사회로 인한 안보 위기”

향후 3년 이내에 80여 개국에서 대통령 선거가 열려 새로운 물결의 정치적 리더들이 대거 등장하게 될 것이다. 전 세계적으로는 여성 지도자들의 비율이 예측하기 힘들 정도로 증가할 것으로 보인다. 다양한 종교계의 정치적 영향력도 크게 신장될 전망이다.

브라질, 중국, 인도의 경제는 미국과 유럽의 영향권에서 차차 벗어나며, 초국가적 성격의 NGO·종교단체·사기업 등 비국가 단체들의 힘이 국가권력을 넘어서게 돼 궁극적으로는 20세기와는 전혀 다른 국제 정치 판도를 형성하게 될 것이다.

정치적 불안정, 경제적 불공평, 젊은 층의 실직, 늘어나는 이민과 같은 현상이 사회적으로 증가해 사회와 안보를 위협하게 될 것이다. 비합리적인 소수 지도자들에 의해 통치되는 중동이나 북한·이란은 여전히 주요한 안보문제로 남아 있을 것이다.

■ 기술: 첨단화된 네트워크… 새로운 방식의 하드웨어 출현

개방되어 있고 협력적인 네트워크의 출현은 궁극적으로 기업들을 상생하게 만들고 폐쇄적인 경영을 불가능하게 만들 것이다.

기술의 혁신이 이루어지는 미래에는 기업들 간의 공통의 문제를 해결하는 ‘문제 해결사’의 임무를 띤 기업이 성공하게 될 것이다.

지구촌은 ‘페타바이트(peta byte) 세계’로 진입하게 되며 정보의 포화 상태에 이르게 된다. 휴대폰과 같은 모든 생활용품에 화학·생물학·핵융합·방사능·가상 관련 센서들이 탑재될 것이다. 기술 혁신으로 자료 수집 속도는 상상을 초월하게 되면서 불필요한 정보가 쌓이게 되는 부작용이 나타나게 된다.

기술 혁신은 공간의 개념을 허물어 버리고 직장인들은 공간적 제약 없이 어디서나 근무하며 첨단 보안 장비들의 증가로 사생활 유출이 심각해질 것이다. 빠른 기

술적 진보로 인해 질병을 포착하고 치료하는 방식도 획기적으로 향상될 것이다.

■ 사회: 인구 급증… 에너지 경쟁 치열

시카고, 워싱턴, 샌프란시스코, 댈러스 등은 뉴욕처럼 거대 도시가 될 것이며 갑작스런 인구의 폭발적 증가로 물과 에너지, 음식 등이 부족해지는 현상을 불러올 것이다. 길어진 수명 때문에 사람들은 현재 대비 2.5배의 예산을 의료비 명목으로 지출하며 2050년에는 약 38억 달러가 노후 의료 예산에 투입될 전망이다.

온라인 소셜네트워킹으로 인해 기업들은 국경을 넘어 거대한 조직으로 커지며 자원이 부족한 개발도상국들도 이를 통해 부를 축적할 수 있게 될 것이다. 또한 정보의 공유가 보다 긴밀해짐에 따라 기업들의 부정부패는 줄어들 것이다.

제한된 에너지를 둘러싼 국가 간의 경쟁이 치열해지며 에너지를 가진 국가가 국제 정치무대에서 힘을 행사하게 될 것이다.

■ 환경: 기후변화와 천연에너지 자원이 세상을 바꿀 것

진화된 수질정화시스템의 구축으로 저개발 국가에 보다 깨끗한 물 공급이 이루어지고 질병을 줄이는 데 도움을 줄 것이다.

기후변화가 사회 전반에 큰 영향을 주고 모든 산업분야는 기후변화에 크게 의존하게 된다. 해수면의 급격한 상승은 지구 면적을 크게 줄이고 중국이 자국에 매장된 천연자원을 독점하게 되면서 국가 간 충돌의 원인이 될 것이다.

1-2. 기 소르망(프랑스 Guy Sorman)

[한국을 위한 12가지 제언]

출생: 1944년 3월 10일(프랑스)
학력: 프랑스국립행정학교
경력: 1995 프랑스 총리실 정책
　　　수뇌부격인 전망위원회 위원장
　　　프랑스 파리정치학교 초빙교수
　　　러시아 모스크바대학교
　　　중국 대외경제무역대학 출강

"한국을 매력적인 투자처로 만들려면 법규의 투명성을 제고하고 경제적 효율성과 노동법규·복지의 밸런스를 찾아야 합니다."

서울경제신문 창간 50주년을 기념하기 위해 7일 서울포럼에 참석한 기 소르망 파리 정치대 교수는 '보다 나은 대한민국을 위한 12가지 제언'이라는 주제의 기조연설에서 한국이 선진 일류국가로 발전하기 위한 처방으로 제시했다.

1. 자부심을 가질 것
2. 한국의 국가브랜드 창출
3. 해외시장 다양화
4. 자신의 분야에서 최고가 될 것
5. 생산성 증대
6. 문화자원 활용
7. 교육의 세계화
8. 법치주의 강화
9. 예산·재정정책 건전화
10. 이민정책 수립
11. 미래형 도시 개발
12. 이웃을 알 것 등을 제언했다.

이 같은 처방을 실행하기 위한 구체적 전략으로 소르망 교수는 한국을 상징하는 국가적 상징물(아이콘) 구축을 통해 한국을 세계에 보다 많이 알리고, 운송·건설·바이오기술 등 한국이 강점을 지닌 분야에 보다 주력해야 한다고 조언했다. 특히 노동력 제고를 위해 스위스 모델과 같은 이민정책을 수립하는 일이 무엇보다 필요하다고 강조했다.

◇ 이민정책은 미래의 일부: 대학은 세계에 열린 문화를 가져야 한다. 외국에서 학생을 유치하고 세계 석학을 불러들이는 작업도 할 수 있을 것이다. 또 외국인 투자가 유치를 위해 법규를 투명하게 하고 보다 유연한 노동시장을 갖춰야 한다. 이를 위해 경제적 효율성과 노동법규·복지의 균형을 찾아야 하는데 미국의 경험

이나 유럽 복지모델을 따르기보다는 한국이 제3의 방안을 모색해 그 사이에서 접점을 찾아내기 바란다. 이민정책 수립은 미래 한국사회를 위해 무엇보다 중요하다. 노동시장의 탄력성과 복지비용 증가 등 외국인 이주의 장단점을 감안할 때 유럽, 특히 스위스 모델을 눈여겨볼 필요가 있다.

성장하고 있는 한국의 도시계획·건축·디자인은 놓쳐서는 안 될 기회다. 서울·부산·인천 등 한국의 주요 도시들이 지속 가능한 개발과 환경 등의 분야에서 찾는 돌파구는 중국·남미·아프리카 등의 벤치마킹 모델이 돼야 하는 분야다.

■ 강점 분야에서 혁신·생산성 더해야: 경제적 성공을 위해서는 특정 분야에서 전문화되고 비교우위를 갖는 것이 중요하다. 한국은 자동차·조선 등 운송과 건설·정보기술(IT)·바이오기술(BT)에서 강점을 지녔다. 이 자산에 생산성과 혁신을 더하면 성공으로 갈 수 있다.

한국이 근면성에도 불구하고 미국·유럽·일본 등에 비해 생산성이 상대적으로 낮은 원인은 유교문화에 뿌리를 둔 전제적이고 억압적인 환경에 있다. 즉 생산성 하락은 기술적 문제가 아니라 문화적 요소로 해석돼야 한다. 물론 문화적 혁명이나 사회 구조망의 해체가 필요하다는 것은 아니다. 업무환경에서 유교적·전제적 문화를 지양하고 열린 마음으로 토론에 참여해 문화적 진화를 이뤄야 한다.

한편 한국이 중국·일본 등 소수 국가에 좌우되는 것은 위험한 전략이다. 외부 시장과의 소통을 다양화해야 한다. 미국과의 군사적 동맹 유지와 일본과의 동반자 관계 구축, 중국과의 관계 정립 등 안전한 시스템을 갖추기 위한 이웃과의 신뢰도 경제 성장을 보장하는 요인이다.

■ '대한민국' 브랜드 적극 알려야: 한국은 괄목할 만한 경제적·정치적 발전을 이룬 성공 스토리를 지닌 국가라는 자부심을 가져야 한다. 그리고 이 성공 스토리를 한국의 젊은 세대, 전 세계와 공유해야 한다. 정부는 해외에 한국을 알리기 위한 홍보활동을 체계적으로 강화하는 한편 서울에 한국역사박물관을 건립할 것을 제안한다.

이와 관련한 국가브랜드 창출도 필요하다. '메이드 인 USA'와 같은 이미지를 갖는 것은 시장에서의 비교우위를 의미하는 매우 중요한 일이다. 한국 민간기업들이 구축한 선진 브랜드를 '한국'이라는 국가브랜드와 연결시키고 미국의 '자유의 여신상' 같은 국가적 상징물을 만드는 일도 대안이 될 것이다.

문화자원을 알리고 적극 활용하는 것도 필요하다. 특히 깨끗하고 안전한 환경은 적극적으로 알려야 할 경제적 자산이다. 국립중앙박물관도 한국이 관광국가로 발돋움하기 위한 전략도구로 활용할 수 있을 것이다. 그렇게 되면 한국의 문화는 최대 수출산업으로 탈바꿈할 수 있다.

1-3. 자크 아탈리(Jacques Attali, 프랑스)

[향후 10년과 생존전략 7]

<table>
<tr><td>출생: 1943년(알제리)
학력: 파리소르본느대학교 대학원 경제학 박사
경력: 국제빈민구제기구 '플래닛 파이낸스' 회장
　　　아탈리아 소시에 대표
　　　프랑스 정부 국정 자문</td></tr>
</table>

앨빈토플러: "자크 아탈리는 재기와 상상력, 추진력을 겸비한 세계 유례를 찾기 힘든 지식인이다."

프랑스가 자랑하는 세계적 지성 자크 아탈리(Jacques Attali)는 "유목민이나 강제 이주자, 불법 이민자, 경제 난민, 정치 망명자 그리고 오늘날 도처에 산재해 있는 가장 헐벗은 사람들이 이미 오래전부터 그래 왔두이, 앞으로 닥칠 사회 변동에 대비해서 어느 도시, 어느 나라에서나 살 수 있고, 어떤 언어도 필요하다면 배울 수 있고, 무슨 일이라도 할 수 있다는 각오가 되어 있어야 한다"고 말했다. 다가올 변화와 위기들을 전망하고 그 위기를 기회로 만드는 전략을 제시했다.

아탈리는 1980년대부터 공산주의의 약화, 테러리즘의 위협 등 국제 정세에 대한 미래 전망뿐만 아니라, 기후의 이상 변동과 금융 거품 현상, 휴대폰과 인터넷 만능시대 등 사회 전반에 걸친 예측을 해 왔다. 미테랑 프랑스 전 대통령의 특별 보좌관을 거쳐, 유럽부흥개발은행(EBRD) 초대 총재를 지냈으며 1998년 이후 빈민

퇴치를 목적으로 하는 국제조직 '플래닛 파이낸스'의 회장으로 활동하고 있다.

그런 아탈리가 예견한 향후 10년간의 주요한 변화는 무엇일까. 우선, 인구의 팽창. 세계 인구는 현재 70억 명에서 80억 명으로 늘어날 것이다. 증가하는 인구의 대다수는 아프리카에서 태어나게 될 것이며, 인도의 인구 또한 중국을 넘어서게 될 것이다. 또 10억 명이 넘는 농촌 인구가 도시로 이주할 것이며, 세계 인구의 3분의 2가량이 도시에 거주하게 될 것이다. 이에 따라 상수도 시설과 식량 등에 대한 새로운 수요가 폭발적으로 증가하게 된다. 현재의 위기는 비약적인 도약을 이루게 될 신기술들인 나노·바이오·정보·인지과학(NBIC)의 개발을 촉구하고 있다.

이 신기술들은 에너지 관련 산업, 목축업, 의료 분야, 제조업 공정 등을 획기적으로 바꿔 놓을 것이다. 한편, 1주당, 1년당 근무시간은 점점 더 짧아지지만, 평생 일을 해야 하는 식으로 노동연한은 늘어나게 될 것이다. 가격에 가해지는 압박과 기업의 불안정성 때문에, 장래에 대한 불안은 점점 더 확산되고 위협적이 될 것이다. 그 결과, 취업으로 인한 스트레스는 전례 없이 가중될 것이다.

그는 한국에 관한 지적으로 "한국은 큰 잠재력을 지닌 나라다. 전통을 유지하면서 고도의 신기술을 진보시킨 한국은 큰 힘을 가지고 있다. 신기술의 중심에 서 있다. 지정학적으로도 한국은 러시아와 중국, 일본의 중심에서 큰 역할을 할 수 있다. 이들 나라와 어떻게 연결하는가에 따라 한국의 미래는 달라진다. 전통과 현대성을 조화시키면서 생산적이고 창조적인 신기술을 발전시킨다면 대단한 미래를 보장받을 수 있다. 네트워크를 이용한 가치 생산도 기대할 수 있을 것이다"라고 말했다.

[위기를 기회로 바꾸는 7가지 전략]
그렇다면 새로운 10년 이런 변화에서 살아남기 위해서 필요한 전략은 무엇인가? '1) 개인이 살아남기 위하여, 2) 기업이 살아남기 위하여, 3) 국가가 살아남기 위하여, 4) 인류가 살아남기 위하여'라는 4가지 주제에 각기 7가지 원칙을 소개한다.

1. 개인이 살아남기 위하여

1) 자긍심의 원칙

즉 자신을 중요하게 여겨야 한다. 끊임없이 자신을 성장시키고 개혁하여 자신이 가진 최고의 능력을 끌어내며, 자신이 현재 아는 것과 할 수 있는 것에 만족하지 않고, 쉼 없이 더 나은 존재 이유를 만들어 가야 함을 의미한다.

2) 전력투구의 원칙

'시간의 밀도를 높이는 것'을 뜻하며 매 순간을 마지막 순간인 것처럼 최대한 충만하게 살라는 얘기다. 이를 위해 적어도 20년 정도 되는 기간의 인생계획을 마련해 놓아야 한다.

3) 감정이입의 원칙

다른 사람을 자신이 원하는 방식으로 보지 말고 있는 그대로 보아야 한다는 뜻이다. "감정이입은 적(敵)을 알게 하며, 따라서 적에 대한 두려움을 없애 준다." 또 동지를 구분해 주며 네트워크 형성을 도와준다.

4) 탄력성의 원칙

아무리 대비한다고 해도 위험은 언제고 현실화될 수 있으므로, 충격을 견디는 힘을 기르는 것이 중요하다.

5) 창의성의 원칙

충격을 견디는 탄력성이 제대로 기능하지 않는 경우라면 위협을 어쩔 수 없는 현실로 받아들이고, 이를 다시 튀어 오를 기회로 바꾸는 창의적인 자세가 필요하다.

6) 유비쿼터스의 원칙

하나의 정체성만으로 만족하지 않고, 위험을 피하기 위해서는 지금까지의 자신이 아닌 다른 사람으로 변할 수도 있어야 한다.

7) 혁명적 사고의 원칙

"앞에서 기술한 원칙 중 그 어느 것도 생존을 보장해 주기에 역부족이라면 어쩔 수 없이 기존의 모든 질서를 흔들기로, 모든 규칙을 전복시키기로 결심해야 한다."

2. 기업이 살아남기 위하여

1) 가치관을 정립한다

기업은 특별히 자신이 수행하고 있는 사명의 가치를 끊임없이 점검하고, 자신이 파트너들을 대하는 방식, 특히 사회 전체를 대하는 방식을 확인해 보아야 한다. 또한 어떤 면에서 자신이 개인과 국가, 인류 전체의 생존을 돕고 있는지 명확하게 밝힐 수 있어야 한다.

2) 시간에 가치를 부여한다

기업에 있어서도 시간은 자신이나 파트너들을 위해서 가장 소중한 가치라고 할 수 있다. 모든 기업은 모든 생명체와 마찬가지로, 지속성이라는 관점에서 스스로를 생각할 수 있을 때에만 살아남을 수 있다.

3) 상대방의 입장에 서서 위협을 구별한다

적을 알고 동지를 규합할 수 있는 기업만이 살아남을 수 있다. 그러기 위해서는 내부 또는 외부 파트너의 입장에서 생각하여 그들의 반응을 미리 예측하고 '철저한 안전'과 동맹 네트워크를 확보하는 능력을 필요로 한다.

4) 탄력성의 원칙

아무리 대비한다고 해도 위험은 언제고 현실화될 수 있으므로, 충격을 견디는 힘을 기르는 것이 중요하다.

5) 창의성의 원칙

충격을 견디는 탄력성이 제대로 기능하지 않는 경우라면 위협을 어쩔 수 없는
현실로 받아들이고, 이를 다시 튀어 오를 기회로 바꾸는 창의적인 자세가 필요하다.

6) 유비쿼터스의 원칙

하나의 정체성만으로 만족하지 않고, 위험을 피하기 위해서는 지금까지의 자신
이 아닌 다른 사람으로 변할 수도 있어야 한다.

7) 혁명적 사고의 원칙

"앞에서 기술한 원칙 중 그 어느 것도 생존을 보장해 주기에 역부족이라면 어
쩔 수 없이 기존의 모든 질서를 흔들기로, 모든 규칙을 전복시키기로 결심해야 한다."

3. 국가가 살아남기 위하여

1) 스스로를 존중한다

위협이 될 수 있는 모든 것과 맞서서 생존할 수 있는 첫 번째 조건은, 포기하지
않고 자신의 중요성에 대한 믿음을 저버리지 않으며, 존재 이유를 확신하는 것이다.

2) 시간의 중요성을 전달한다

하나의 나라는 미래에 닥칠 위기에 대비하기 위해, 긴 시간의 흐름 속에 자신
이 여사아 존재 이유를 투영함으로써만 삼아남을 수 있다.

3) 감정이입을 효과적으로 구사한다

동맹이 될 수 있는 파트너와 적이 될 우려가 있는 파트너를 구분하고, 적들이
자신에게 어떤 종류의 장애가 될 수 있는지를 파악한 후, 그들의 행위와 반응을
예측할 수 있어야 한다.

4) 위기 대응책을 제때에 구비한다

위기의 시대에 살아남기 위해서, 최대한 오래 버티는 데 필요한 중복적인 기제, 다양한 수단을 비치해 두어야 한다. 모든 나라는 에너지 자원, 농업 생산품, 물, 미래의 신기술 개발에 필수적인 원자재 등을 확보할 수 있는 방안을 마련해 두어야 한다.

5) 경쟁자를 협력자로 탈바꿈시킨다

오늘날, 각종 위협 중에서도 특히 자원의 희귀성에 대응하기 위해서 각국은 NBIC(나노·바이오·정보·인지과학) 기술을 토대로 기술 혁신을 이루어 내야 하며, 전쟁을 일으켜 패배하기보다는 가능하다면 경쟁자를 '보완자'로 탈바꿈시킴으로써 전쟁을 일으키지 않을 수 있어야 한다.

6) 다양한 문화와 사상을 열린 마음으로 대한다

국가와 관련하여 유비쿼터스의 원칙을 적용하기란 솔직히 매우 어려운 일이다. 그러므로 이는 다른 문화, 다른 사상을 열린 마음으로 대하는 자세를 전제로 하며, 그러한 것들로부터 끊임없이 배우고 자신의 문화와 사상만을 당연한 것으로 여기는 태도를 재고하는 것을 의미한다.

7) 중대한 위기에는 저항할 수 있다

심각한 위기에 봉착하게 될 경우, 그것이 국가 또는 민족·언어·문화의 존속을 위협받을 정도의 중대한 위기라고 판단되면, 각각의 나라들은 다른 나라들이 정해놓은 규칙을 준수할 필요 없이 중대한 행동 결정을 내려야 한다.

4. 인류가 살아남기 위하여

1) 인류의 권리를 정의하고 존중한다

스스로에 대한 진정한 의미의 자각이 없으며, 스스로의 명확한 존재 이유를 알지 못하는 인류는 스스로를 존중할 수도 없다. 서로를 증오해서는 안 되고 스스로의 영속에 중요성을 부여하며, 스스로를 매우 소중한 존재로 간주해야 한다.

2) 시간을 잘 활용한다

인류는 장기적인 관점에서 인류를 위협할 수 있는 것들을 자각하고, 이에 대비해야 한다. 그러기 위해서는 수천 년에 달하는 시간 동안 극복해 온 다양한 시련에 대해 알고, 100년 후 인류가 어떤 모습을 하고 있을지를 감안한 장기적인 계획을 수립해야 한다.

3) 동맹을 통해 위기를 분석한다

인류는 이제 다른 부류의 생명체들을 제대로 알고 이들을 동맹으로 만들며, 이들을 통해서 인류를 파멸로 이끌 우려가 있는 위협 요소들을 탐지해 낼 수 있는 방안을 마련해야 한다.

4) 위협 요소들에 대비한다

예측 가능한 위기에 대비해서 행동 강령을 마련하고, 예측할 수 없는 위기에 대비해서는 경고 장치를 가동시켜야 한다. 특히 공기, 물, 에너지, 농경지 등 이들 세계 차원의 공공 재화의 탄력성은 인류의 생존을 위해 필수적이다.

5) 새로운 생활방식을 고안한다

인류는 자신에게 가해지는 위협을 기회로 바꿀 수 있어야 한다. 지금부터라도 당장 먹고 마시며, 숨을 쉬고 공간을 점유하며 사는 새로운 방식에 대해서 진지하게 성찰해 보아야 한다.

6) 동시에 도처에 존재한다

인류는 지금까지 해 온 것보다 훨씬 대담한 전략을 세울 필요가 있다. 가령 삶의 터전으로 삼을 만한 다른 별을 찾아 우주로 떠난다거나, 이제까지와는 전혀 다른 삶의 조건에 적응하기 위해 스스로의 유전자를 변형시킴으로써 '더 낫게 살 수 있도록' 해야 한다.

7) 혁명적으로 생각한다

우리는 앞으로 닥칠 수도 있는 모든 위기와 맞설 수 있는 긴급 대책을 구상해야 하며, 생존 원칙들을 전 지구적인 차원에서 실천에 옮길 수 있는 방안을 논의해야 할 것이다. 이것이 진정한 의미에서의 현실이 되기 위해서는 인류가 현재 자멸의 길을 가고 있다는 인식, 이에 불복하는 자들의 무리가 봉기해야 한다는 인식이 밑받침되어야 한다.

제2장
균형경영에 관한 경영학자 소리

2-1. 피터 드러커(Peter Drucker, 미국)

[개인의 목표와 조직의 목표관리]

출생: 1909년 11월 19일(오스트리아)
사망: 2005년 11월 11일
학력: 프랑크푸르트대학교대학원 법학 박사
경력: 1971 드러커 경영대학원 사회과학부 석좌교수
     1950~1971 미국 뉴욕대학교 경영학부 교수
     1947 마셜 플랜 고문
     1943 제너럴 모터스(GM) 컨설턴트

[저서: 변화 리더의 조건]

이 책에서는 급변하는 경영환경 속에서 기업이 계속 성장하고 발전하기 위해서는 경영자들이 스스로 변화를 만들어 내고 이끌어 가면서 미래를 창조해야 한다는 것을 강조하고 있다. 또한 변화를 이끌어 가기 위해 경영자들이 무엇을 해야 하고, 왜 해야 하는지, 그리고 어떻게 해야 하는지에 대한 이론적인 지식과 실무를 동시에 제시하고 있다.

1. 경영의 본질

1) 왜 경영이 중요한가

경영이란 현대사회의 기본적인 시대정신을 반영하고 있는 것으로서 모든 조직의 운영에 있어 없어서는 안 될 중요한 요소가 되었다. 1950년대 이후 미국이 지속적으로 경제번영을 누리는 것은 우수한 경영자의 능력과 더불어 끊임없이 성과를 향상시키려는 노력이 있었기 때문이다.

2) 경영의 기능과 의미

경영은 경제적인 성과 달성을 위한 관리적 기능과 그 성과에 대한 책임인 사회적 기능을 수행하기 위해 존재한다. 관리적 기능은 1920년대와 1930년대 사이에 제조업에서 기업의 성과 달성을 위하여 대두되었고, 사회적 기능은 제2차 대전 이후부터 성과에 대한 책임을 인식하면서부터 시작되었다.

아울러 경영이란 다음과 같은 의미의 원칙을 가진다.

첫째, 인간에 관한 것으로 서로 다른 사람들로 하여금 공동의 성과를 올릴 수 있도록 하는 것이다.

둘째, 다양한 특성을 가진 사람들로 하여금 공동의 목표를 달성하도록 통합하는 것이다.

셋째, 공동의 비전을 갖도록 명확해야 하며 포괄적이어야 한다.

넷째, 교육훈련을 통해 조직과 구성원들에게 새로운 기회와 변화를 주어야 한다.

다섯째, 커뮤니케이션과 개인의 책임을 바탕으로 조직화해야 한다.

여섯째, 성과는 측정되고 평가되어야 하며, 끊임없이 개선되어야 한다.

일곱째, 기업을 둘러싼 고객만족을 추구해야 한다.

2. 경영의 과제

1) 경영의 세 가지 과업

- 조직의 성과 달성이라는 특수한 목적과 사명을 달성해야 한다.
- 조직의 진정한 자원인 구성원의 성취감을 통해 조직의 생산성을 높인다.
- 조직이 사회에 미치는 영향과 책임, 즉 사회적 책임에 큰 관심을 가져야 한다.

2) 목표를 구체화하라

기업의 목적은 고객을 창조하는 것이라고 정의할 수 있으며, 항상 고객을 중심으로 출발해야 한다. 따라서 모든 기업에는 마케팅과 혁신에 대한 목표가 있어야 하며 반드시 경영활동으로 연결되어야 한다. 기업의 목적과 사명에 대한 정의 그리고 사업에 대한 정의가 내려지고 나면 그것은 반드시 구체적인 목표들로 표현되어야 한다.

그렇지 않으면 아무리 훌륭한 정의라 할지라도 결코 실현되지 못할 것이다. 아울러 목표는 우리의 현재사업, 미래사업, 그리고 이에 대한 명확한 고객의 정의로부터 출발되어야 하며, 구체적인 행동기준을 가지고 있어야 하고 조직의 모든 자원과 노력을 한곳으로 결집시킬 수 있어야 한다. 아울러 목표는 한 가지가 아닌 여러 가지여야 하며 기업의 성패에 영향을 줄 수 있는 모든 부문에 필요하다.

이에 따라 마케팅, 혁신, 인적 자원, 재정자원, 물적 자원, 생산성, 사회적 책임, 이익에 대한 목표가 반드시 설정되어야 하며, 이러한 목표는 구체적이고 측정 가능해야 한다.

3) 기업이론을 정립하라

IBM, GM 등도 위기를 겪는 경우를 종종 볼 수 있다. 이러한 위기는 일을 잘못 수행했거나 그릇된 일을 수행했기 때문만은 아니다. 대부분의 경우 올바른 일을 했더라도 성과가 없었다는 것이다. 이것은 조직을 설립하고 운영하는 데 기초가 되었던 가정과 이론들이 현실에 더 이상 맞지 않다는 것이다.

이에 따라 어떤 조직이든 성공을 하려면 기업이론이 반드시 필요하며, 기업이론이 효과를 발휘하기 위해서는 환경과 사명, 그리고 핵심역량의 가정이 현실과 부합해야 하며, 또한 이러한 가정들은 상호 부합되어야 한다. 기업이론은 조직 구성원들에게 공유되어야 하며 끊임없이 재검토되어야 한다.

이를 위해서 조직 내에 기업이론을 체계적으로 모니터하고 재검토할 수 있는 장치가 필요하며, 이를 통해 진부해진 기업이론을 재조명하고, 정책 및 관행을 바꾸는 작업을 수행해야 한다. 즉 조직의 행동을 새로운 현실과 사명에 맞게 새로운 기업이론으로 정립하고, 새로운 핵심역량을 개발하고 습득해야 한다.

4) 비영리 조직에서 배우는 교훈

오늘날 비영리조직의 특성은 조직의 사명과 그 사명을 완수로부터 출발하며, 이사회 운영에 있어 효율성이 기업과는 차이가 있고, 자원봉사자들의 성취 욕구를 통한 자기만족을 극대화시키며, 무보수이지만 어려운 사명을 수행하기 위한 체계적인 교육과 훈련을 지속적으로 반복함으로써 높은 성과를 보여 주고 있다.

이러한 비영리조직의 분명한 사명과 그 사명의 완수, 신중한 인력채용, 끊임없는 학습과 훈련, 목표관리, 자기통제, 책임에 걸맞은 높은 성과수준 및 성과의 결과에 대한 책임 등은 기업들에게 많은 경고를 주고 있다.

3. 경영의 책임

1) 성과를 올리고 부를 창출하라

미국에서와 같이 연기금이 기업의 새로운 소유 세력으로 등장함으로써 기업의 경영자들에게 책임을 요구하게 되었고, 그 책임을 묻기 위한 제도적 장치들도 요구하게 되었다. 이로써 경영의 책임에 관한 변화를 가속화시켰다.

이에 대하여 1950년대 GE의 CEO인 Ralph Cordiner는 이해관계자들이 최선의 균형을 이룬 이익을 위한 수탁자로서의 책임을 주장했으나, 이것은 책임구조를 외면하는 것이었다. 결과적으로 1970년대 후반에 몰아닥친 적대적 인수합병에 의해 이러한 기업들은 줄줄이 도산하게 되었다.

오늘날 미국 대기업의 CEO들은 주주가치의 극대화를 위해 경영한다고 말한다.

물론 Cordiner의 주장에 비해 현실적이지만, 지나치게 단기적 자본이득에 국한되는 단점이 있다.

이에 따라 미국의 대기업들은 부의 창출 능력을 극대화하고 성과와 결과를 창출하는 데 있어 책임을 지는 방향에 초점을 두고 있다.

2) 사회적 책임을 이행하라

조직은 사회적인 환경 속에서만 존재가 가능하며, 여러 사회문제들로부터 영향을 받을 수밖에 없다. 따라서 조직은 각자 사회에 특정의 공헌을 위해 존재한다고 정의할 수 있다. 아울러 조직 자신에 미치는 사회적 영향에 대해서도 책임을 가진다.

경영자는 조직이 사회에 미치는 영향을 파악한 후에 그 문제를 가장 이상적으로 해소해야 하며 때로는 새로운 사업기회로 전환하는 계기를 가져야 한다.

그러나 기업에 있어 경영자의 책임은 조직 자체의 성과를 향상시켜야 하는 책임이 있는 만큼 조직의 능력과 권한을 초과하는 사회적 책임을 부담할 필요는 없다. 결국 조직이 수행해야 할 최대의 사회적 책임은 자기 능력에 맞는 역할을 제대로 수행하는 것이다.

4. 경영의 기초 지식

1) 경영의 새로운 패러다임

경영과 같은 사회과학의 패러다임을 형성하는 것은 현실에 대한 가정이며, 이러한 가정들의 변화는 한층 더 중요하다. 경영에 관한 연구가 시작된 1930년대 이래 경영의 패러다임에 대한 연구가 많이 진행되어 왔지만 새로운 패러다임의 기초는 다음과 같아야 한다.

"경영은 조직 외부에 결과를 창출하기 위해 존재한다. 경영은 조직이 창출해야 할 결과가 무엇인지 명확히 하고, 다음에는 그 결과를 창출하기 위해 조직의 자원들을 조직화해야 한다. 경영은 어떠한 조직으로 하여금 자신의 외부에 결과를 창출할 수 있도록 해 주는 하나의 기관이다."

2) 부를 창출하기 위한 정보

기업은 어디까지나 부를 창출하기 위해 경영되어야 한다. 이를 위해 경영자가 의사 결정을 내릴 때에는 기초정보(재무비율 등), 생산성 정보(EVA, 벤치마킹), 역량에 관한 정보(핵심역량), 자본과 인재의 배분에 관한 정보(자원의 효율적 배분)가 필요하다.

그러나 상기의 내부정보는 기업 경영의 전술에 불과하다. 전략을 수립하기 위해서는 시장, 고객, 금융, 글로벌 경제 등 외부환경에 대한 조직적인 확보가 필요하며, 무엇보다도 중요한 것은 내외부 정보를 하나의 시스템으로 통합하여 활용해야 한다.

3) 목표관리와 자기관리

오늘날 기업에 필요한 것은 모든 구성원들에게 공동의 비전을 제시하고 노력을 한데 모을 수 있는 경영원리, 즉 개인의 목적과 기업의 번영을 조화시키는 것이다. 이러한 경영원리를 실천할 수 있는 유일한 원칙은 목표관리와 자기관리에 의한 경영이다.

각 부문의 경영자들은 회사 전체의 장·단기 목표달성을 위해 사업의 모든 영역에서 자신이 공헌해야 할 사항이 무엇인지를 분명히 제시해야 한다.

아울러 목표의 설정은 상향적 의사소통을 바탕으로 상위자 및 하위자가 모두 참여하여 수립하여야 한다.

목표관리 경영의 가장 큰 장점은 경영자로 하여금 자기 자신의 성과를 스스로 관리하게 해 주는 점이다. 경영자는 자신이 창출한 성과와 결과를 스스로 목표와 비교해야 하며, 이러한 측정 기준은 분명하고 단순해야 하며 또한 합리적이어야 한다.

4) 인사관리 기본원칙

경영에 있어 인사관리의 중요성은 아무리 강조해도 지나침이 없다. 인사관리에 의해 조직을 효율적으로 통제할 수 있으며 성과를 최대로 이끌 수 있다. 즉 인사관리는 경영자의 능력, 가치관 및 직무수행 능력의 척도가 된다.

따라서 인사관리에 실패하지 않기 위해서는 직무의 내용에 대해 철저하게 생각하고, 잠재적 자격을 갖춘 여러 명의 후보 군을 가지고 있어야 하며, 후보자의 약점보다는 강점을 우선적으로 고려하며, 후보자들의 과거 동료들로부터 의견을 청취하는 한편, 새로 임명된 사람의 직무 이해도, 직무수행 능력의 검증이 필요하다.

5) 가족기업의 경영

가족기업의 경우 가족기업과 소유주인 가족들은 살아남기 위해 각자가 기업에 헌신해야 한다. 만일 가족기업이 그 가족 구성원을 위해 일한다면 기업도 가족도 더 이상 존속할 수가 없다. 즉 가족기업의 경영에 있어서 중심은 가족이 아닌 기업이 되어야 한다.

일반기업과 달리 가족기업이 번영을 누리기 위해서는 무능한 가족에게 일을 시키지 말 것, 최고 경영층에 외부인을 한 사람 이상 둘 것, 전문 분야에 외부 전문가를 두되 회사경영에 완전한 자격을 줄 것, 가족 구성원에게 경영을 승계할 경우 반드시 외부 중재인의 도움을 받을 것 등 네 가지 원칙을 둘 필요가 있다.

5. 기업가 정신의 경영

1) 스스로 미래를 창조하라

기업을 경영하는 사람이 현재의 주어진 성과에 안주하는 태만한 관리인 이상이 되기 위해서는 반드시 미래를 창조하는 과업에 대해서 책임을 져야 한다. 이를 위해서 경영자는 이미 일어난 미래를 파악하는 한편, 스스로 미래 만들기에 주력해야 한다.

이미 일어난 미래에는 잠재적인 기회가 있다. 현재의 주요한 인구통계학적 변화, 지식변화, 국내외 시장변화, 산업구조 변화, 회사 내부 변화가 발생한 후 10~20년 후에는 반드시 이에 따른 기회가 생긴다는 점이다.

아울러 경영자는 기업가적인 자질 및 혁신과 창조적인 상상력을 바탕으로 미래의 비전을 수립하여 실천함으로써 미래를 창조하는 과업에 대한 책임을 다할 수 있다고 본다.

2) 기업가 정신과 혁신

이 시대에 성공과 번영을 원하는 기업이라면 반드시 기업가적인 경영시스템을 구축해야 한다. 조직 전반에 대해 혁신의 의욕을 불러일으킬 수 있는 정책을 도입하고 기업가 정신과 혁신의 경영자세를 확립해야 한다.

이에 따라 경영자는 기업가적인 새로운 사업은 기존사업과 분리하여 추진하며, 새로운 사업에서 핵심적인 역할을 할 사람은 조직 내에서 상당한 지위에 있는 사람으로 구성해야 하는 등의 혁신적 조직구조를 구축해야 한다. 아울러 이러한 기업가적인 사업의 경영활동은 기존사업과 다른 평가기준을 적용해야 한다.

3) 벤처기업의 성공조건

벤처기업이 아무리 우수한 아이디어와 기술, 제품 및 풍부한 자금을 확보한다고 해도 하나의 기업으로서 철저하게 경영되지 않으면 결국 살아남기 어렵다. 즉 사업초기에는 시장에 초점을 두고 시장지향적인 활동을 해야 하며, 성장단계에는 재무계획 특히 현금흐름과 미래 자본수요에 대한 계획을 가져야 하며, 항상 이에 대응해야 한다. 다음 단계에서는 최고 경영자를 보좌하는 팀을 두어서 효율적으로 경영자를 보좌해야 하며 이는 빠를수록 좋다.

창업자인 기업가 자신이 자신의 역할과 책임을 인식하고 일의 범위 그리고 다른 사람들과의 관계 등에 대하여 결정을 내릴 수 있어야 한다. 더불어 창업자는 외부 전문가의 객관적인 조언에 관심을 가져야 한다.

4) 기업가 전략이란 무엇인가

기업가 정신은 기업가 전략을 필요로 한다. 기업가 전략은 철저하게 고객지향적 마케팅의 관점에서 출발해야 하며 다음과 같은 네 가지 기업가 전략이 있다

① 전면전략: 시장을 지배하려는 목적으로 목표를 정확히 전면적으로 공격한다.

② 게릴라 전략: 경쟁자가 없는 분야를 공격하여 시장을 지배하려는 전략으로

    －창조적 모방전략: 경쟁자의 성공전략을 모방하여 시장의 주도권 확보

    －기업가적 유도전략: 기업별로 고집하는 전략을 대신하는 차별적 전략

③ 틈새전략: 한정된 영역에서 독점을 얻는 전략으로 톨게이트 전략, 전문기술

전략, 전문시장 전략이 있다.

④ 고객창조전략: 제품, 시장, 산업의 경제적 특성을 바꾸어 시장의 주도권을 확보하는 전략

5) 경영에의 시사점

국내의 기업들은 조직 내부 환경 및 외부환경으로부터 많은 변화를 요구받고 있는 실정이다. 특히 과거 성장 중심이라는 경영환경의 패러다임이 이제는 성장이 아닌 기업의 가치와 효율성을 중시하는 새로운 패러다임으로 빠르게 변화하고 있다. 이 과정에서 성장의 그늘에 감추어진 국내 기업들은 체질변화를 강력하게 요구받고 있는 현실이다.

이에 따라 21세기에서도 지속적인 번영을 추구하는 기업으로 발전하기 위해서는 변화하는 시대에 걸맞은 기업이론의 재정립과 기업가 정신의 재조명이 필요하다. 그동안 쌓아 온 기업문화를 토대로 자기 기업에 맞는 이론을 정립하고 실천해 나감으로써 조직의 성과를 극대화하고, 여기서 얻어지는 부를 통해 사회적 책임을 이행하고 미래를 창조해 나가야 할 것이다.

이러한 지속적인 변화를 이끌어 가기 위해서는 급변하는 환경에 쫓아가는 것이 아니라 변화를 적극적으로 수용하고, 자기의 것으로 만들어 가려는 자세가 필요하다. 이를 위해서는 경영자뿐만 아니라 구성원 모두가 변화의 리더가 되지 않으면 안 된다. 이런 의미에서 이 책은 큰 도움이 될 수 있을 것이다.

2 2. 제프리 페퍼(Jeffrey Pfeffer, 미국)

[인간성 경영/생산성 경영]

스탠포드 대학교 경영대학원 조직행동학 석좌 교수인 제프리 페퍼는 카네기멜론 대학교를 졸업하고 스탠포드 대학교에서 경영학 석·박사 학위를 받았다. 일리노이 대학교와 UC 버클리 대학교에서 경영학 교수를, 하버드대학교 경영대학원의 교환교수를 지냈다. 저명 학술지의 편집위원으로 활동했으며 <BUSINESS 2.0>에 매달 칼럼을 연재하고 있다.

[저서: 사람이 경쟁력이다]

페퍼 교수는 "현재 전 세계 많은 기업 및 국가의 지도자들은 길을 잃고 방황하고 있다"고 지적한 뒤 "이는 성장률과 이익률 등 단지 숫자에만 매몰됐기 때문"이라고 말했다. 그는 "총생산 증가율만으로는 한 기업을 제대로 알 수 없다"며 "더 이상 이런 지표들만 가지고 중요한 경영상의 판단을 하는 것은 위험하다"고 말했다. 숫자 위주의 경영 방식으로는 '협소한 판단'밖에 내릴 수 없다는 것이 그의 지적이다.

페퍼 교수는 또 "미래 경영자들은 숫자에 앞서 사람을 먼저 살펴봐야 한다"고 조언했다. 그는 "인간의 지속 가능성이 미래 경영환경에 가장 큰 변수로 떠올랐다"며 "사람이야말로 기업과 국가의 지속 성장 가능성을 측정할 수 있는 가장 좋은 척도"라고 설명했다. 페퍼 교수는 '사람경영'을 위해서는 자율적인 업무 환경을 조성하는 것이 가장 시급하다고 지적했다. 그는 "근무의 자율성에 대한 통제가 직원의 창의성을 말살하는 가장 부정적인 요소"라고 말했다. 특히 "이제 모든 기업과 국가는 '구성원 웰빙 보고서'를 만들어야 한다"고 설명했다.

"창의성 유도하는 사회적 분위기가 '내일의 인재' 만든다."

회사에 위기가 닥치면 경영진은 구조조정을 우선 떠올린다. 하지만 '인재경영의 대가'로 불리는 제프리 페퍼 미국 스탠퍼드대 경영대학원 석좌교수의 주장은 달랐다. 페퍼 교수는 '내일의 직장에는 어제의 인재가 필요없다'는 주제의 세션에서 "회사가 인재를 충분히 활용하기 위해서는 인위적인 인력 구조조정을 자제해야 한다"고 강조했다. 대신 직원들의 창의성을 최대한 끌어내기 위한 분위기를 만들어 이들이 자신의 능력을 최대한 발휘토록 해야 한다고 지적했다.

그는 "최근 여론조사에 따르면 대부분의 직장인이 직장에 대한 불신으로 경제 위기가 끝나면 이직하겠다고 답했다"며 "해고의 위험이 높은 상황에서 사람들이 일을 열심히 하지 않는 것은 당연하다"고 분석했다.

■ 직원의 충성도를 높여라

페퍼 교수는 현재 경제 상황을 '절망과 희망의 콤비네이션'이라고 진단했다. 미국 등에서 계속 정리해고가 진행되면서 사람들이 불안을 느끼고 있지만 직장을 따뜻하게 할 방법이 충분히 있다는 게 그의 설명이다.

그는 직장인의 절망이 회사 경쟁력을 떨어뜨린다고 강조했다. 최근 갤럽 조사에 따르면 직장인의 19%는 회사 이익을 줄이는 활동을 하고 있으며 무려 71%는 '시계만 본다'고 답했다. 컨설팅 회사인 머서가 영국인을 대상으로 조사한 결과, 오직 40%만이 '상사에게 복종한다'고 응답했다. 2007년 HR 컨설팅기업 타워스 왓슨의 조사에 따르면 9만 명의 회사원 중 21%만 일에 집중하는 것으로 나타났다. 이는 고용 불안정성 때문이라고 페퍼 교수는 주장했다. 그는 "미국 100대 기업 중 17개 기업만이 해고를 안 했다"며 "미국에서 가장 좋은 실적을 내는 항공사인 사우스웨스트는 9·11테러 이후에도 한 사람의 직원도 자르지 않았다"고 설명했다. 그는 "해고를 하면 '우리는 당신을 돌봐 주지 않는다'는 메시지가 전달되기 때문에 회사에 대한 충성도가 떨어질 수밖에 없다"고 덧붙였다.

페퍼 교수는 "글로벌 경제위기 이후 기업들이 사람들을 해고하는 데 너무 서두르는 것 같다"며 "이들은 평소 사람이 가장 중요한 자산이라고 말했지만 그들의 말과 행동은 일치하지 않았다"고 지적했다. 그는 "해고로 기업의 비용이 실제로 줄지 않았고 단지 그렇게 느껴지는 것일 뿐"이라고 덧붙였다.

■ 기업 내 분권화 필요

페퍼 교수는 기업 내 '분권화(decentralization)'의 필요성도 역설했다. 기업 내 일 처리과정과 정보의 중앙화가 효율성을 떨어뜨린다는 것. 그는 "스페인 프로축구 프리메라리가의 FC 바르셀로나와 레알 마드리드 모두 세계적인 선수가 모여 있지만 바르셀로나가 더 좋은 성적을 내는 것은 구단이 선수들 간 차이를 두지 않고 함께 전략을 짜기 때문"이라고 분석했다. 분권화는 직원들의 '주인의식'도 높인다. 정보가 공유되고 서로 네트워크가 이뤄져 있기 때문에 어떤 일이든 합심해 문제를 해결한다. 창의적인 아이디어도 사내 자유로운 분위기에서 생겨난다. 조금 괴상한 아이디어라고 여겨지는 아이템, 예를 들어 '누가 작은 화면으로 TV를 볼까'라는 이상한 생각은 결국 히트를 쳤다.

■ 일자리 창출 적극 나서야

페퍼 교수는 한국 경제 문제에 대한 조언도 아끼지 않았다. 최근 이명박 대통령의 '일자리 창출이 국정 최고 목표'라는 발언에 대해 그는 "정부가 기업의 일자리 문제에 충분히 관어할 수 있다"며 "환율도 정부가 개입하는 상황 아닌가"라고 반문했다. 최근 국내 기업들이 정년을 늘리고 임금피크제를 실시하거나 희망퇴직을 받는 등 상반된 고용정책을 쓰고 있는 것에 대해서는 "직원에게 각 제도의 필요성을 설명해 그들이 충분히 알고 결정할 수 있도록 해야 한다"며 "어떤 방법이 더 효과적이라고 할 수 없으며 주어진 상황에 따라 다르게 적용해야 하고 어떤 제도가 비용을 아낄 것인지 철저히 고민해야 한다"고 말했다. 최근 삼성그룹의 임원 대상 스트레스 테스트 의무화에 대해서는 인재 개발을 위해 반드시 필요한 조치라고 평가했다.

2-3. 이나모리 가즈오(일본 교토식 경영)

[전원참여경영 사례]

출생: 1932년 1월 21일 일본
학력: 가고시마 대학 공학부를 졸업
경력: 1959년 교세라그룹
　　　 1984년 다이니덴덴을 설립
　　　 1984년 재단법인 이나모리 재단 설립
수상: 1998년 백남준이 교토 상을 수상
저서: 아메바 경영, 카르마 경영, 소호카의 꿈, 성공을 향한 정열, 이나모리 가즈오의 철학 스탠포드

[저서: 아메바 경영]

CEO 이나모리 가즈오 교세라그룹 명예회장이 70이 넘은 나이에 최초로 공개한 자신의 경영바이블, 『아메바 경영』이 번역 출간되었다. 끝없이 분열하는 아메바처럼 거대한 기업을 독립채산이 가능한 조직으로 계속 나누어 사원들의 전원참가 경영이 가능하도록 이끌고, '이나모리즘'이라는 독특한 경영철학과 열정으로 교세라를 세계 최고의 세라믹 회사로 만든 이나모리 명예회장의 경험과 철학을 만날 수 있는 책이다. 이 책은 자서전식 경영방침이 아닌 조직행위론, 관리회계와 같은 케이스 스터디가 들어 있어서 경영자는 물론 조직 만들기에 고민하고 있는 관리자와 직원들, 특히 인사·경리 담당자들의 필독서다.

1. 경영철학

인간으로서 바른길이 무엇인지 생각하며 행동하고 경영하라. 공명정대하고 성실하게 최선을 다하라. 경영자는 인격자이어야 한다.

2. 회사목적

능력보다 사람 됨됨이(품성)를 중시하고 말단부터 사장까지 한마음으로 회사의 목적을 직원의 행복에 두고 있다.

3. 아메바 경영

이나모리 가즈오 교세라 명예회장이 1960년대부터 시작한 혁신 경영 기법. 회사조직을 비즈니스가 성립되는 최소단위로 잘라 독립채산제를 실시토록 하는 것이다. 단세포 원생동물인 아메바처럼 소집단이 제각각 생존토록 한다는 의미에서 붙여진 이름이다. 아메바 경영은 자연스러운 동기에서 탄생했다. "처음에 28명이던 사원 수가 5년도 안 돼 100명, 200명으로 불어나자 혼자서는 관리가 어려웠다. 20~30명씩 소집단을 만들고, 리더를 정해 관리시키면 어떨까 생각했다. 그게 아메바 경영의 출발점이다. 최소 5명에서 수십 명까지 속한 교세라의 아메바들은 하나의 소기업처럼 움직인다. 아메바끼리는 외부 기업과 마찬가지로 엄격한 가격을 정해 거래한다. 따라서 아메바별로 매월 매출과 비용 등 영업손익이 계산된다. 이를 아메바 소속원의 노동 시간으로 나눈 '시간당 채산성'까지 뽑는다. 그러다 보니 각 아메바가 매출은 최대로 올리고 비용은 최소로 억제하기 위해 노력한다. 이 과정에서 직원들 한 명 한 명이 경영자 의식을 가진다는 게 아메바 경영의 큰 장점이다."

1) 전략기획 조직직영 방법

세계적인 저성장기조 속에서 지속적으로 성장을 이어 가고 있는 일본 교토 지역기업들의 내성 요인을 확인하고 싶어 하는 한국기업이 늘고 있다. 특히 교토기업의 대표 격인 교세라 그룹은 아메바 경영이라는 독창적 경영 철학과 관리 기법을 통해 앞서 나가고 있다. KMAC(한국능률협회컨설팅)는 교세라의 아메바 경영을 집중 탐구할 수 있는 글로벌 연수 프로그램을 운영하고 있다.

일본교세라그룹 이나모리 가즈오 전 회장은 아메바 경영을 탄생시켜 교세라의 탁월하고 독특한 성장을 견인했다. 초기 교세라는 한때 제품개발, 생산, 영업 등 경영관리의 한계를 드러냈다. 이 당시 이나모리 가즈오 회장의 고민은 '늘어나는 조직과 조직원을 혼자 관리하는 데 한계가 있으니 소집단 조직으로 나누면 어떨까', '소집단을 소집단 리더에게 맡겨 관리하면 어떨까', '어차피 회사를 소집단으로 나눈다면 조직을 독립 채산으로 할 수 없을까'였다.

이와 함께 '직원들의 참여 의식을 높이고 의욕을 이끌어 낼 수 있는 좋은 방법은 없을까', '변화무쌍한 기업 환경에 신속히 대응하기 위한 조직의 형태는 뭘까'도 고민거리였다.

이나모리 회장이 이런 한계를 극복하기 위해 탄생시킨 것이 아메바 경영이며, 이는 교세라의 급성장을 가능하게 한 원동력이 됐다. 아메바 경영이란 회사를 소집단으로 잘게 나누고 그 조직을 독립채산으로 운영하는 방식이다.

각 조직의 책임과 성과를 세부적으로 파악하고, 구성원들의 주인의식을 높여 주는 효율적인 조직관리방식인 것이다. 교세라에는 약 3,000여 개 아메바조직이 있다. 아메바 경영은 조직경영 실태를 파악하는 데 유리해 어느 부문에서 개선이 필요한지, 어느 부문에 더 힘을 쏟을 것인지 쉽게 찾을 수 있다. 아메바 경영의 구성요소는 크게 '부문별 독립채산제도'와 '전원참가경영'으로 나뉜다. 부문별 독립채산제도는 사내매매제도, 시간당채산표를 통해 이뤄지고 있고, 전원참가경영은 대가족주의, 경영이념공유, 회사정보공개를 통해 이뤄 내고 있다.

2) 시간당 채산관리로 책임경영

부문별 독립채산제도는 기업 내에서 일정한 사업부문을 독립시켜 경영하고 결산하는 것이다. 사내 매매제도는 매출을 최대화하고 경비를 최소화하는 것으로, 일례로 제조공정상에서도 원료 부문과 성형 부문 사이에 거래가 이뤄진다. 원료 부문에서 하나의 원료를 성형 부문에 매매할 경우, 원료 부문에서는 판매로 인한 수입이 되고 성형 부문에서는 구입으로 인한 지출이 된다. 이를 통해 시장의 흐름에 유연하게 대응할 수 있게 된다.

3) 시간당 채산표는 무엇일까

이는 누구나 이해할 수 있고 작성할 수 있게 만든 채산표를 통해 관리하고 책임경영을 실현하는 것이다. 시간당 채산은 총부가가치(매출－경비)를 총 노동 시간으로 나눠서 산출한다. 시간당 채산관리에서 필요한 것은 과거의 숫자가 아닌 살아 있는 현재의 숫자다. 3개월 전에 출하된 제품의 제조원가는 의미가 없다. 제품을 판매할 때 가격은 원가와는 관계없이 시장에서 정해지기 때문에 몇 개월 전의 원가자료를 바탕으로 경영하다가는 하루가 다르게 바뀌는 시장가격에 대응하지 못하기 때문이다.

또 회사의 모든 아메바는 현재의 시장가격을 기준으로 채산을 관리해야 한다. 시장 가격의 변화에 유연하게 대응하면서도 항상 우위를 지켜야만 목표로 하는 부가가치나 이익을 확보할 수 있다. 이런 의미에서 시장 가격의 변동이 아메바 간 매매가격에 즉시 반영돼 회사 전체가 시장의 변화에 적시 대응할 수 있다. 아메바 경영을 실현하기 위해서는 부문별 채산관리 실천 매뉴얼이 있다.

이 매뉴얼에 따라 연간계획, 월간관리, 일일관리가 이뤄진다. 연간계획은 회사, 사업부, 각 아메바가 엄밀한 시뮬레이션 반복 후 작성된다. 월간 관리는 시간당 채산표에 의거해 월간단위로 당월 대책이 적절했는지, 입안한 대로 대책을 실시했는지를 파악하고 재반영한다. 일일관리는 하루하루의 업무 진척 상황을 전원이 파악하고 시스템에서 계산됨으로써 리더는 이를 확인하고 구성원들과 공유할 수 있다.

4) 전원참가 경영 구현

아메바 경영에서 중요한 것이 전원참가 경영이다. 사원들이 더 이상 단순한 노동자가 아닌 함께 일하는 파트너라는 사명감을 줘 기업 발전에 장애가 되는 노사 대립을 해소할 수 있다. 대가족주의에 기반을 두어 '전 사원의 물심양면에 걸친 행복을 추구함과 동시에 인류, 사회의 진보 발전에 공헌한다'는 경영이념을 공유하고 있다.

또 회사 경영 실태, 회사의 문제점까지 전 사원에 공개함으로써 구성원들에게 경영자 마인드를 심어 주고 있다.

아메바 조직의 구성원칙은 ▲ 아메바는 독립채산조직으로 성립돼 상호 간 수입과 지출이 발생, ▲ 하나의 아메바 조직은 하나의 비즈니스로 완결되는 단위, ▲ 회사 전체의 목적과 방침에 어긋나지 않는 범위 내에서 분할할 것, ▲ 채산 단위가 확실하지 않은 조직은 더 세분화하고 낭비가 발생하는 조직은 통합, ▲ 조직을 고정화하지 않고 사업 전개에 따라 자유롭게 분할하거나 통합하는 것이다.

5) 아메바 경영의 오해와 진실

아메바 경영도 다른 경영의 방법들처럼 발전을 지속해 가고 있다. 많은 사람들이 아메바 경영에 대해 의구심을 갖는 사항을 질문과 대답으로 엮어 봤다.

(1) 아메바 간 이해 대립으로 많은 갈등이 발생한다?

아메바들이 회사 전체의 이익이 아닌 부문 이익 극대화에 집중할 수 있다는 우려다. 하지만 교세라에서는 '무엇이 바른길인가'를 판단기준으로 부문 이기주의 해소를 도모하고, 갈등이 발생한 아메바들의 상위 리더가 공정한 판단력으로 중재를 시도한다.

(2) 채산실적이 아무리 좋아도 금전적 보수제도는 취하지 않는다?

거액의 승급이나 상여금은 사람의 마음을 중시하는 교세라 철학에 부합하지 않는 것은 사실이다. 하지만 채산실적은 장기적으로 보면 처우에 반영되고, 동료들 사이의 칭찬과 감사라는 정신적 영예를 부여하고 있다.

(3) 낭비가 되는 경비를 완전히 없애는 근육질 경영을 해야 한다?

근육질 경영이란 이익을 낳지 않는 재고나 설비는 일체 가지지 않은 것을 의미한다. 아메바 경영에서는 장기 부진 재고를 신속히 처리해 재고 자산을 슬림화한다. 그 원칙은 생산성 향상과 경영효율을 항상 비교해 투자 의사결정을 하고 있다는 점이다. 또 재고의 획기적 축소를 통한 경제적 효과를 도모하며 필요한 것을 필요한 때 구입하는 것을 원칙으로 한다.

(4) 노무비는 경비가 아니다?

아메바 경영에서 사람은 비용이 아니라 부가가치를 낳는 원천으로 생각한다. 독립채산 시에도 노무비는 비용으로 계산하지 않는다. 대신 아메바 총 노동 시간 개념을 반영해 채산성을 계산한다. 총 노동 시간이라는 정시간, 잔업시간, 부내 공통시간, 간접 공통시간으로 구성된다. 단 파트타이머는 시간이 아닌 경비로 산정한다.

제3장
균형경영에 관한 모범경영 사례

3-1. 듀폰(Dupont, 미국)

회사	듀폰(Dupont, 미국)
CEO	찰스 홀리데이(Charles O. Holliday)
균형	직원만족/고객만족

듀폰코리아 자료제공

듀폰(Dupont)은 인류의 보다 나은 삶과 안전하고 건강한 생활을 위하여 지속 가능한 솔루션 개발에 앞장서는 종합과학회사다. 1802년 화약회사에서 시작한 듀폰은 설립 후 백 년이 지난 1920년부터 화학물질과 에너지 산업분야에 진출하였고, 오늘날에는 과학 솔루션에 기반을 두고 식품과 영양, 의류, 안전과 보호, 건축, 전자, 운송 등의 산업 분야에서 삶에 진정한 변화를 이루어 왔다.

여러분의 일상생활 터전 모든 곳에 듀폰의 기술과 정신을 쉽게 찾을 수 있다. 듀폰은 변화에 적응하는 능력과 끊임없는 과학적 탐구의 정신으로 가장 혁신적인 회사로 성장하였으며, 계속적인 변화와 혁신, 발견 속에서도 듀폰의 기업 이념인 안전 및 보건, 환경보호, 윤리준수, 인간존중을 지켜 왔다.

1. 회사개요

1) 회사명칭: 듀폰 E. I. du Pont de Nemours and Company
2) 창립: 1802년
3) 본사: 미국 델라웨어 주 월밍턴
4) 회장: Charles O Holiday. Jr/Ellen J kullman
5) 산업분야: 농업, 영양, 전자, 통신, 안전과 보호, 생활용품과 건축, 수송
6) 종업원: 60,000명

2. 기업이념

안전, 환경보호, 윤리, 인간존중, '재해율 95% 감소, 오염물질 배출량 97% 감소, 생산성 45% 증가, 1인당 수익률 3배 증가'다. 미국 웨스트버지니아 주의 전원도시 벨에 위치한 듀폰의 화학 공장이 1987년부터 5년간의 경영 실험을 통해 이룩해 낸 성과들이다. 딕 놀스 전 사장은 당시로서는 획기적인 인간존중의 경영수칙을 도입했다.

'직원들이 회사에 헌신하겠다는 의지만 갖게 되면 그 회사는 자발적인 에너지로 넘치게 된다'는 소신의 놀스 전 사장은 직원들에게 옳다고 생각할 때 언제든 그들 스스로 결정을 내리도록 장려했다.

실제로 이 공장 환경팀의 한 말단 직원은 공장 굴뚝에서 배출된 수증기를 오염물질로 착각하고 오보한 방송사의 담당자들에게 회사를 견학시키기로 '스스로 결정을 내리고' 실행에 옮긴 일도 있었다.

놀스 전 사장은 "화학 산업에서 대중들과 대화한다는 것은 매우 민감하고 어려운 일이다. 대개는 문제가 될 만한 것들을 아주 비밀스럽게 관계자나 법률가에게 들고 가서 대중 앞에서 무슨 말을 해야 할지 자문을 구한다. 하지만 벨에서는 결코 그렇게 하지 않았다"고 회상했다.

그러면서 "나는 복잡계 과학이 있다는 것을 모른 상태에서 그 핵심원리 한 가지를 우연히 발견했다. 그 원리는 진실한 자세로 인간관계에 관심을 기울이면 그 조직은 적응과 변화의 능력이 극대화되며 자신의 일과 자기 자신에 대한 사람들의 자세도 향상된다는 것이었다"고 덧붙였다.

3. 인간존중전략

1) 안전

'세계에서 가장 안전한 일터'라는 명성을 얻고 있는 듀폰은, 현재 미국 전체 산업계 평균보다 약 50배, 화학업계 평균보다는 약 10배나 우수한 안전 기록을 보유하고 있다. 이는 최고 경영자 회의에서도 항상 안전에 관한 사항을 제일 먼저 토의하고, 철저한 안전지침을 마련하여 직원뿐 아니라 그 가족과 고객에까지 준수하게 함으로써 안전을 생활화한 결과로 얻어진 것이다.

'모든 안전사고와 직업병은 사전에 예방할 수 있다'는 것이 듀폰이 갖고 있는 안전에 대한 태도다. 특히 지난 1970년 이후부터는 타 사업장을 대상으로 안전·환경컨설팅 서비스(SEMS)를 운영해 전 세계 산업전반의 안전관리 수준 향상에 이바지해 왔다. 그간 세계적으로 약 1천여 개 회사들이 듀폰의 공정안전관리 서비스를 제공받았으며, 그 결과 재해율을 3년 만에 평균 64% 감소시키는 놀라운 실적을 거둘 수 있었다.

2) 환경

1938년 최고경영자회의에서 환경보호를 위한 결의안을 채택하고, 세계 최초로 공해 방지 전담 엔지니어를 임명함으로써 산업계에서 환경보호의 선도적 위치를 굳히기 시작한 듀폰은, 전 세계에서 환경적으로 가장 훌륭한 기업이 되고자 한다.

Chief Executive Officer(CEO)가 곧 Chief Environmental & Safety Officer로 통하는 듀폰에서는, 1966년 최고 경영자를 의장으로 하는 환경위원회를 발족한 이래, 환경보호 프로그램의 방향 설정과 정책수립을 전사적 차원에서 수행해 오고 있다. 그 결과 1980년대 말부터 유엔 산하기구인 세계환경센터, 미국 중앙정부 및 환경청을 비롯한 세계 유수의 환경기구로부터 공로를 인정받아 많은 상을 수상해 왔다.

이러한 기업이념의 실천을 적극 권장하고 강화하기 위해, 듀폰은 1990년부터 전 세계 직원들을 대상으로 사내 안전·보건·환경 우수상(Safety, Health & Environmental Excellence Awards)을 제정하여 우수한 실적을 보인 개인이나 팀에게 시상하고 있다. 최근 한 걸음 더 나아가 모든 산업재해, 질병, 사고 및 각종 폐기물을 '0'으로 줄인다는 '제로(zero) 목표'를 대내외적으로 공표하고, 전 세계 70개국의 93,000여 직원들이 이를 실행에 옮기고 있다.

3) 윤리

"듀폰은 세계적으로 존경받는 기업시민이 되기 위하여, 최고 수준의 윤리규범에 맞춰 근면하고 성실하게 업무활동을 수행해 나간다." - '기업임무선언' 중에서

듀폰은 사회적·문화적 배경이 다른 세계 여러 나라에서 활동하고 있으며, 성공적으로 사업을 수행하기 위해 혁신적이고 유연한 방법들을 꾸준히 모색하여 실천하고 있다. 하지만 어떠한 환경 속에서도 듀폰의 소중한 명성을 유지할 수 있도록, 높은 윤리적 수준에 맞춰 업무를 수행한다는 원칙에는 예외를 두지 않는다. 윤리규범의 준수는 장기적인 성공을 위한 필수적인 요소가 되기 때문이다.

4) 인간존중

세계 여러 나라의 다양한 풍습과 문화를 존중하는 듀폰은, 모든 직원들을 공정하고 정당하게 대우하며, 평등한 기회를 부여함으로써, 직원 개개인의 공헌이 높이 인정받고 존중되어 훌륭한 회사의 구성원으로서 성장할 수 있도록 돕고 있다. 나아가 듀폰은 직원 개개인이 회사에서뿐만 아니라 가정에서, 또 지역사회에서 한 구성원으로서 행하여야 할 역할과 책임이 있음을 이해하고, 이를 조화롭게 이끌어 나갈 수 있는 업무환경을 조성함으로써 개인의 잠재력을 십분 발휘할 수 있는 환경을 조성하고자 노력하고 있다.

"위대한 세계적 회사는 인재를 소중히 함으로써, 만들 수 있다"는 듀폰의 경영이념에서처럼, 직원 존중은 인사관리의 핵심이 되고 있다.

급여, 복지, 업적평가 그리고 경력개발 등에 있어서도 듀폰은 공정하고, 정당하고, 일관성 있게 직원을 대우하고 있다. 급여 및 복지에 있어서는 직무 비교가 가능하고, 듀폰과 유사한 사업 운영을 하는 정상급의 회사로 구성된 동종업계 내에서 지속적인 경쟁력을 유지하도록 하고 있다. 듀폰은 직무 평가에 의한 직무의 가치를 결정하며, 직무 성과 측정에 의하여 급여 및 승진을 결정하고 있다.

사업단위조직 중심의 인사를 신뢰를 바탕으로 진행하고, 개인과 부서의 성취를

높이는 데 도움이 되도록 하고 있다.

듀폰은 해외 연수 및 사내 교육, 해외 파견 근무, 그리고 사외 전문기관 위탁 교육 등을 통해 인재 양성에도 힘쓰고 있으며, 훌륭한 인재를 선발하고 공정하게 대우하며, 스스로 자질을 개발케 하여 평생직장이 될 수 있도록 최선의 노력을 기울이고 있다.

또한, 주 5일 근무제를 실시하며, 자율 복장제, 출퇴근 자율 시간제를 실시하여 보다 자유롭고 편리한 근무환경을 조성하고 있다.

또한, EAP(Employee Assistance Program, 직원상담프로그램)을 통하여, 현대 사회에서 살아가면서 부딪히는 수많은 문제들로부터 어려움을 당할 수 있는 직원에게 정신적/정서적인 도움을 제공하고 있다.

듀폰의 직원과 직원의 배우자라면 누구나 직장 생활은 물론 개인적인 문제까지도 털어놓고 전문적인 상담 서비스를 받을 수 있다. 물론 상담 내용은 철저히 비밀이 보장되어 있으며, 많은 직원들이 듀폰의 직원 상담 프로그램을 통하여, 개인과 조직의 생활에서 더욱 즐겁고, 행복한 삶을 살아가고 있다.

5) 사원들을 위한 복지제도

- 식사 및 통근비지원제도
- 퇴직금제도 및 퇴직금중간정산제도
- 휴가 및 미사용 휴가 보상제도
- 주택자금융자제도
- 자녀교육비지원제도
- 사원교육비지원제도
- 건강지원제도 및 콘도미니엄지원제도
- 토요휴무제도
- 자율출퇴근시간제도
- 듀폰 셰어즈(Shares) 프로그램(스톡옵션, 부정기적)
- 각종 경조사 지원제도
- 정기 건강 검진제도
- 각종 보험제도(의료보험제도, 산재보험제도, 고용보험제도, 단체정기생명보

험제도, 여행상해보험제도 등)
- 국민연금제도
- 기념일 선물(근속기념, 안전근무, 추석명절)제도
- 각종 사내행사제도
- 직원상담지원제도

4. 결론

전 세계 다른 사업장에서와 마찬가지로 (유)듀폰은 한국에서 고아원 등을 포함한 여러 자선단체에 회사 차원에서뿐만 아니라 직원들도 자발적으로 참여하여 지역사회 발전에 보탬이 되고자 노력하고 있다.

2002년에는 한국경제신문사와 엘테크신뢰경영연구소 주관인 '한경－레버링 훌륭한 일터상'을 수상했고, 노동부, 대한 상공회의소 및 한국일보사 공동 주최한 남녀고용 평등에서 '인력활용 및 직업능력 개발' 부문에서 우수기업으로 선정되었다. 또한 2009년에는 휴잇에서 제정하는 '2009 한국 최고의 직장'으로 선정되기도 하였다.

3－2. 재포스(zappos, 미국)

회사	재포스(zappos, 미국)
CEO	토니 셰(Tony Hsieh)
균형	고객행복 생산성향상

조선일보 미국 박수진 기자 취재

7시간 28분

어떤 회사의 콜센터 직원이 고객 한 사람과 7시간 28분간 전화 통화를 했다면 그 직원은 어떻게 될까? 아마 다음 날 상사에게 불려가 따끔한 주의를 듣는 건 물론 심지어 근무 태만으로 징계를 받을지도 모른다.

하지만 미국 인터넷 쇼핑업체인 재포스(zappos.com)에서는 사정이 다르다. 이 직원은 '우수 직원'으로 칭찬을 받고, 사무실에 사진이 걸린다. 이 회사의 CEO(최고

경영자) 토니 셰(Tony Hsieh)는 기자에게 대수롭지 않다는 듯 말했다. "뭐 때문에 그렇게 오래 이야기했는지는 모르지만, 고객을 위해 최선을 다한 좋은 직원이죠."

1999년 설립된 재포스는 미국의 온라인 신발·의류 판매회사다. 특히 온라인 신발 판매는 미국 1위다.

설립 이듬해 160만 달러(18억 원)에 불과했던 이 회사의 매출은 연평균 100%씩 늘어 10년 만에 12억 달러(약 1조 3,000억 원)를 돌파했고, 올 1분기에도 전년 동기 대비 15% 성장했다. 하지만 이 회사는 스스로를 '최고의 온라인 판매 기업'이라고 부르지 않는다. 대신 '최고의 서비스 기업'이라고 부른다.

이달 초 기자가 미국 라스베이거스에 있는 재포스 본사를 방문했을 때는 월요일 오전 9시였다. 이 회사가 '고객 충성팀(Customer Loyalty Team)'이라고 부르는 2층 콜센터에 들어섰을 때 상담원인 제시(Jessie)는 한 남성 고객과 통화 중이었다.

"저는 제시입니다. 뭘 도와드릴까요?"

"주말에 뉴욕에 있는 결혼식에 가야 하는데, 제 양복에 어떤 구두가 어울릴까요?"

"어떤 양복을 입고 가실지 결정하셨어요?"

제시는 마치 친구와 이야기하듯 이 남자와 20분 가까이 통화를 이어 갔다. 남자는 "고마워요. 생각해 볼게요"라며 전화를 끊었다. 주문도 하지 않은 채 말이다. 긴 시간을 들여 상담하고도 신발을 팔지 못하면 실망스럽지 않으냐고 하자 그녀는 환하게 웃었다.

"회사가 저한테 기대하는 건 당장 제품 하나를 팔기 위해 고객을 몰아붙이는 게 아니거든요. 고객을 감동시키고 평생 가는 관계를 만드는 거죠. 이분이 원하는 신발을 못 찾아 실망했을까 걱정이네요."

사무실 한쪽 화이트보드에는 고객의 통화 대기 시간, 주문 건수 등이 적혀 있긴 했다. 하지만 이는 회사 전체 통계일 뿐이다. 재포스는 대부분의 콜센터들처럼 상담원의 시간당 업무 처리 건수로 상담원의 능력을 평가하지 않는다. 보통 콜센터에 있는, 고객에게 속사포처럼 쏟아 낼 문장을 적어 놓은 매뉴얼도 재포스에는 없다. 직원은 각자의 개성에 따라 인사를 하고, 농담을 하며, 어제 야구 경기에 대해 고객과 이야기할 수 있다. 상담원이 상사나 사내 품질보증팀의 주의를 받을 때는 고객 만족도가 낮을 때뿐이다. 심지어 이 회사는 고객이 찾는 제품의 재고가 없을 경우 다른 회사 사이트 3곳 이상을 뒤져서 제품을 안내해 준다.

"고객을 기업에 맞추지 말고 기업을 고객에 맞춰라."

재포스의 경영원칙을 한 문장으로 표현하자면 이렇게 정리할 수 있다. 그렇기 때문에 고객을 위해서라면 운영의 비효율도 기꺼이 감수한다. 예를 들어 재포스는 켄터키 주 루이빌에 있는 물류 창고를 하루 24시간, 365일 가동한다. 기자가 찾았을 때도 아파트 5층 높이, 미식축구 경기장 17개 규모의 창고에서는 컨베이어 벨트를 따라 제품 상자가 끊임없이 움직이고 있었다.

이곳에서 일하는 앤디 헤이즈(Hayes) 씨는 "고객 주문을 일정량 모았다가 창고 직원들이 한꺼번에 재고 상품을 수거해 운송하는 게 창고 운영 측면에서는 효율적이지만, 재포스에서는 효율보다 중요한 게 고객 만족"이라고 말했다. "고객들이 전날 오후 늦게 주문하더라도 다음 오전 '행복과 함께 포장돼 있음(packed with happiness)'이라고 적힌 재포스 상자에서 제품을 꺼내 볼 수 있도록 직원들을 4개 조로 나눠 24시간 일하고 있습니다."

재포스의 고객은 제품을 산 뒤 1년 이내에는 언제든 환불과 반품을 할 수 있다. 반품 배송 비용도 전액 회사가 부담한다. 그래서 배송된 신발 가운데 30%가량이 반품되지만, 이 회사는 '마케팅 비용의 일부'라며 개의치 않는다.

기업의 사명이 소비자에게 행복을 전달하는 데 있다는 재포스의 기업원칙에 미국 소비자들은 열광한다. 기자가 본사를 방문하기 전날 재포스로 우편으로 배달된 감사 카드만 178장이었다. "어제 저녁 8시에 주문했는데, 오늘 오전 11시에 현관에 신발이 놓여 있지 뭐예요. 어떻게 이런 마법 같은 일이 가능한 거죠?" "재포스가 항공사를 차렸으면 좋겠어요." "재포스가 IRS(미국 국세청) 업무를 대행해 주세요."

이 회사의 고객 서비스는 최근 몇 년 새 미국 기업들의 연구 대상이 되고 있다.

많을 때는 하루 200명이 이 회사를 둘러보기 위해 찾는다. 기자가 찾았을 때도 뉴욕의 한 인터넷 업체 직원들이 견학을 하고 있었다. 하지만 CEO 토니 셰는 멋진 표현을 써가며 자신의 성과를 자랑하는 부류의 사람이 아니었다.

"우리 목표는 고객과 직원 그리고 협력업체 모두를 행복하게 만드는 겁니다. 소비자를 행복하게 하고, 직원들이 행복한 기업이 돈을 벌어요. 이건 제가 처음 한 이야기도 아니에요. 다만 우린 그걸 실천하고 있을 뿐입니다."

스님처럼 머리를 민 올해 36살의 이 대만계 미국 이민 2세 기업인은 마치 철학자처럼 나지막하게 말을 이어 갔다. 이 튀는 회사에서 그는 가장 조용하고 수줍은 남자처럼 보였다.

기자가 어렵사리 미 켄터키 주(州) 루이빌에 있는 재포스 물류창고에서 토니 셰(Tony Hsieh)를 만나기로 한 날짜는 5일 오전 10시. 하지만 전날 저녁 기자를 태운 비행기가 라스베이거스 맥카렌 공항 활주로에서 3시간 동안 발이 묶였고, 갈아탈 비행기를 놓쳐 부랴부랴 약속 시각을 미룰 수밖에 없었다. 마음을 졸이며 택시를 타고 창고에 도착해 보니 그는 책을 잔뜩 쌓아 놓은 한 회의실에 서 있었다. 자신이 써서 현재 뉴욕타임스 비즈니스부문 베스트셀러 1위에 올라 있는 책『딜리버링 해피니스(Delivering Happiness』였다.

그는 기자를 보자 "이거 어쩌죠. 저녁에 있을 파티 때 직원 모두에게 책을 나눠 줄 건데 서명할 게 좀 많네요. 서명하면서 인터뷰하는 건 곤란하겠죠?"

켄터키 물류창고 직원이 몇 명이냐고 물었다. "1,400명 정도요." 기자는 약속 시간을 한 번 미뤄 미안한 마음에 "기다리겠다"고 했다. 그때부터 그는 3시간 동안 한 번도 자리에 앉지 않고 선 채로 책에 서명을 마친 뒤에야 기자 앞으로 왔다. "라스베이거스 본사에 가서 또 저만큼 서명해야 돼요."

■ 고객을 위해 경쟁사를 안내해 준다

하버드 비즈니스 리뷰(Harvard Business Review)는 지난 7월호에서 재포스를 '고객을 위해 극단까지 간(going extremes for customers)' 회사라고 표현했다. 고객이 원하는 제품 재고가 없을 경우 경쟁업체를 친절하게 안내해 주는 것이나 '구매일로부터 30일'이던 무료 반품 기한을 고객 요구에 따라 365일로 늘린 전략이 그런 예이다. 하지만 재포스란 이름을 대중에 확실히 알린 것은 크고 작은 '서비스 전설'들이다.

예를 들어 늦은 밤 피자를 먹고 싶었던 사람들이 혹시나 하는 마음에 재포스 콜센터에 전화를 해 도움을 요청하자 상담원이 근처에 문을 연 피자 가게 5곳의 전화번호를 찾아 알려 줬다는 이야기 말이다. 기업에 대한 고객의 충성도를 나타내는 순고객추천지수(NPS: Net Promotion Score)에서 미국 기업 가운데 최상위권인 구글·아마존 등이 60~70%대인 데 비해 재포스는 최근 조사에서 91%를 기록했다.

토니 셰는 다이어트 콜라를 한 모금 들이킨 뒤 이야기를 시작했다. "처음 회사는 샌프란시스코에 있었습니다. 그때도 콜센터가 있었지만 다른 회사들처럼 임시직이었고 직원도 10~15명 정도였습니다. 샌프란시스코에서는 좋은 상담 직원을 채용하기도 어려웠죠. 결국 좋은 직원을 뽑기 위해 2004년 라스베이거스로 본사를 옮겼습니다. 그때부터 콜센터를 고객 충성팀이라고 부릅니다. 모든 임직원은 입사 후 40시간을 의무적으로 거기서 일합니다."

하지만 이런 투자가 곧바로 수익으로 이어지는 건 아니다. 기자가 라스베이거스 본사를 찾았을 때 화이트보드에 '2.89%'라는 숫자가 눈에 띄었다. 10월치 전화 상담 대비 구매 건수였다. 전화를 100통 받으면 겨우 3통이 직접 구매로 이어진다는 뜻이다. 대부분의 소비자는 전화가 아닌 인터넷으로 물건을 산다.

—고객 서비스도 좋지만, 콜센터 운영의 효율성에 대해 걱정하지 않습니까?
"별로요. 우리 목표는 '평생 고객'을 만드는 겁니다."

—인터넷 소매업체가 전화 상담에 투자하는 이유가 있습니까? 요즘 대세는 트위터 같은 소셜 미디어 아닌가요?
"별로 매력적으로 들리진 않겠지만, 전화는 최고의 브랜딩(branding) 도구입니다. 다른 방해를 받지 않고 한 고객과 5~10분간 이야기할 수 있습니다. 그건 낭비가 아니라 좋은 투자죠. 더구나 인터넷으로만 주문하는 고객이라도 평생에 한 번은 전화를 할 가능성이 큽니다. 반품 문제건, 다른 궁금한 점이 있건 말이죠. 저도 트위터 팬이에요. 회사 차원의 공식 페이스북 계정도 있습니다. 하지만 소셜 미디어는 그저 회사를 더 인간적인 곳으로 만들고 회사 문화를 고객들에게 알리기 위한 도구일 뿐이에요."

—현실적으로 모든 고객을 감동시키기는 쉽지 않습니다. 고객이 험한 이야기를 하거나 막무가내로 떼를 쓸 경우 직원에게는 어떻게 행동하라고 지시합니까?
"모든 판단은 상담 직원이 알아서 내립니다. 어떤 고객들은 우리 직원들에게 심하게 대하는 경우가 있는데, 그런 고객은 계정을 삭제합니다. 물론 그런 고객이 자주 있는 건 아니에요."

—상담 매뉴얼도 없는데, 직원들에게 맡기면 업무의 일관성이 떨어지지 않을까요?
"직원들은 우리가 함께 정한 10가지 핵심가치 안에서 판단하면 됩니다. 우리는 직원을 뽑을 때도, 성과를 평가할 때도 이 가치에 따라 행동했느냐를 가장 먼저 따지죠."

재포스는 신입 직원에게 4주간의 교육을 한 뒤 그만두는 사람에게 수당 이외에 2,000달러의 보너스를 준다. 자신이 재포스 가치를 수행할 자신이 없다고 생각하는 사람이라면 정중히 나가 달라는 부탁이다. 토니 셰는 "실제 이 보너스를 챙기고 그만두는 사람은 2~3% 정도"라고 했다.

■ 직원이 결정하게 하고, 그들에게 놓인 장애물을 없애 주고, 그리고 옆으로 물러서 있어라

－경제위기 이후 많은 온라인 소매기업이 '낮은 가격'을 내세우고 있습니다. 이코노미스트(Economist)는 경기 침체로 고객들이 가격에 민감해질수록 좋은 서비스를 제공하는 대신 물건을 제값에 파는 재포스 모델이 어려움에 처할 수 있다는 기사를 쓰기도 했는데요.

"그분들이 사업하시면 되겠네요(웃음). 우리는 계속 성장하고 있어요. 그런 비판이라면 '이 데이터를 보시라'고 말씀드릴 수밖에 없네요. 온라인 기업들이 저마다 전략을 가지고 있겠지만, 재포스 정도 규모의 기업이 올 1분기 15% 매출이 늘었고, 그런 성장세를 매년 이어 가고 있다는 이야기를 들어 본 적이 없어요."

재포스의 판매 가격은 오프라인 매장보다는 싸지만, 경쟁 사이트들에 비해서는 비슷하거나 비싼 편이다. 당초 경쟁사보다 가격이 비쌀 경우 차액의 110%를 보상해 주는 '최저가격보상제'를 실시했지만 2008년 2월 이 정책을 폐지했다. 낮은 가격보다는 고객 서비스에 집중하겠다는 이유였다.

2009년 7월 22일 재포스는 미국 경제계를 또 한 번 깜짝 놀라게 했다. 온라인 상거래 업계의 거인 '아마존'이 재포스를 인수한 것이다. 이 소식은 두 가지 점에서 충격적이었다. 하나는 인수 금액이다. 12억 달러는 아마존이 지금까지 했던 인수합병(M&A) 중 최고가였다. 또 하나는 아마존이 재포스에 독자 경영을 약속했다는 점이다. 『아마존은 왜 최고가에 자포스를 인수했나』('자포스'는 책의 표기에 따름)를 쓴 컨설턴트 이시즈카 시노부는 "아마존이 사들인 것은 세계 최대의 인터넷 상거래 기업(아마존)도 부러워할, 감동적인 고객서비스와 직원·고객의 행복을 목표로 하는 재포스의 기업문화"라고 분석했다.

－인수 이후 제프 베조스(아마존 CEO)와도 회사 운영을 상의하나요?

"사실 그를 보는 건 3개월에 한 번 열리는 이사회에서가 전부예요. 이사회가 2시간쯤 열리는데, 그 자리에는 우리 말고도 10명이 있으니까 사실 거의 말할 기회가 없죠. 인수 후 달라진 게 있다면 상장기업의 일부가 됐기 때문에 예전처럼 매출 같은 재무상황을 자유롭게 말씀드릴 수 없다는 정도예요. 바뀐 건 그거 딱 하나예요."

─재포스와 재포스의 문화를 사랑한다면서 왜 회사를 아마존에 팔았습니까? 당신도 아마존이 재포스를 인수하겠다고 처음 제안했을 때(2005년) 부정적이었죠?

"재포스를 더 성장시키고 싶었어요. 사실 아마존과 합병한 이후 더 많은 자유가 생겼습니다. 아마존이라는 큰 회사 아래 있기 때문에 지금은 예전처럼 현금 흐름에 대해 걱정할 필요 없이 고객을 기쁘게 하자는 장기 목표에 집중할 수 있어요. 아마존은 그런 목표를 이해하는 긴 사고를 가진 사람들(long─term thinker)이에요. 반면 투자자들로 구성된 과거 재포스 이사진들은 단기적 목표만 생각하는 사람들(short─term thinker)이었고요."

─당신이 생각하는 경영이란 뭔가요?

"모르겠어요. 사실 저는 경영(management)이란 단어를 쓰는 걸 안 좋아하거든요. 저희 회사에선 저를 포함한 경영진을 '원숭이들'이라고 불러요. 회사 냄새가 덜 나잖아요. 그래도 굳이 정의해 보자면 저한테는 다른 사람들이 가능한 한 많이 결정하게 해 주고, 그들 앞에 놓인 장애물을 없애 주고, 옆으로 비켜서 있는 겁니다."

─지금 재포스 CEO로서 당신의 역할은 뭔가요?

"직원들이 창의적이고 그들 자신의 색깔을 지키며 새로운 아이디어를 내고 그걸 실행할 수 있게 만드는 일이요. 사실 많은 기업에서 관료제나 관료적인 사고방식이 나타나기 마련입니다. CEO로서 제 역할은 매번 그런 게 보일 때마다 그걸 제거하는 일입니다."

─기업가가 되고 싶어 하는 젊은이들이게 조언한다면.

"자기가 열정을 가지고 할 수 있는 일을 찾으라는 겁니다. 앞으로 10년간 돈을 한 푼도 벌지 못하더라도 말이죠. 열정을 따라야지 돈이 판단의 근거가 되어서는 안 됩니다. 그리고 기업문화에 대해 늘 생각하세요."

─당신이 해야 할 목록에 이제 뭐가 남았나요?

"글쎄요. 많은 분이 요청하시는 것처럼 재포스 항공사를 차려 볼까요?"

3-3. 버진 그룹(Virgin Group, 영국)

회사	버진 그룹(Virgin Group, 영국)
CEO	리처드 브랜슨(Richard Charles Nicholas Branson)
균형	Fun경영/창의경영

매일경제 장대환회장 인터뷰 자료

리처드 브랜슨. 그는 작은 레코드 가게에서 시작해 영국의 대표 기업이 된 버진 그룹의 CEO다. 괴짜 행동으로 화제를 만들어 내고 이를 다시 마케팅으로 연결해 내는 창의적인 사업가이다. 그는 비즈니스 성공을 위해서 자신이 하는 일을 즐겨야 하며, 시장에서 두드러지면서도 일하는 사람들이 자랑스러워할 만한 뭔가를 만들어 내야 하고, 스스로 좋은 리더가 되어야 하며, 사람들의 눈에 자주 나타나 소통해야 한다고 이야기한다.

[버진그룹 회장 리처드 브랜슨이 말하는 비즈니스 성공을 위한 다섯 가지 비밀]

No.1: Enjoy What You Are Doing.

No.2: Create Something That Stands Out.

No.3: Create Something That Everybody Who Works for You is Really Proud of.

No.4: Be a Good Leader.

No.5: Be Visible.

위의 다섯 가지 비밀을 곰곰이 엮어 보면 결국 '자신과 고객, 그리고 직원이 좋아하는 일과 제품, 회사를 만들어야 한다'는 문장으로 요약된다. 무언가를 진정으로 좋아한다는 것, 그것이 바로 성공으로 연결되는 가장 단순한 비법이 아닐까요?

－장 회장＝버진그룹을 창업하게 된 계기는?

▶브랜슨 회장＝잡지사업에서 얻은 자신감으로 음반회사인 버진레코드를 창업하게 됐다. 나는 내가 어떻게 사업을 시작하게 될지 한 번도 생각해 보지 않았다. 나는 단지 잡지 제작에 자금이 필요했을 뿐이다. 그런데 한 음악가가 아름다운 음악을 들고 나를 찾아왔다. 그는 어느 음반사도 자신의 음악을 녹음해 판매하길 원

치 않는다고 하소연했다. 그래서 그의 음악을 판매하기 위해 레코드사업을 시작했다. 당시에는 시대를 풍미한 거장 가수들이 많았다. 롤링스톤스, 필 콜린스, 피터 가브리엘이 당대의 대표적인 가수들이다. 그중 가장 악명이 높았던 가수로 섹스 피스톨스를 꼽을 수 있다. 섹스 피스톨스는 우리 버진레코드 소속이기도 했다. 당시에는 음반을 제작하는 작업이 지금보다 훨씬 재미있었다. 지금은 음반시장이 훨씬 척박해졌다. 아이폰이 등장하기도 했고, 사람들은 공짜로 음악을 내려받기를 원한다. 그래서 우리는 사업 영역을 다른 산업으로 옮기는 중이다.

－장 회장＝어떻게 항공산업으로 사업영역을 확대하게 됐는가?

▶브랜슨 회장＝내가 항공사업에 뛰어든 이유는 단순하다. 비행기를 이용하다가 형편없는 서비스에 불만을 가졌기 때문이다. 내가 탔던 비행기는 차갑게 식은 닭고기가 식사로 제공되고, 재미있는 놀거리라고는 찾아볼 수 없으며, 승무원들의 얼굴에는 미소도 없었다. 나는 새로운 가치를 창출하고 싶었고 그래서 항공사업을 시작했다. 한 사업에서 성공해 본 사람은 다른 사업에 뛰어들어도 어떻게 사업을 운영해야 하는지 안다. 도와줄 사람을 찾는 방법을 알고 있기 때문이다.

신사업을 시작하는 데 중요한 것은 결국 적합한 사람을 찾는 일이다. 버진그룹은 5개의 항공사를 가지고 있다. 버진애틀랜틱을 비롯해 오스트레일리아의 버진블루, V 오스트레일리아, 미국의 버진아메리카 등이 있다. 항공사가 보유한 비행기는 약 250대다. 미국 항공사들의 서비스가 그다지 좋지 않은 데 비해 버진아메리카는 좋은 반응을 얻고 있다. 미국에 가면 꼭 타 보기를 권한다.

－장 회장＝이번 방한에서 대한항공을 이용했는데 항공사 대표로서 느낌은 어떠했나?

▶브랜슨 회장＝음식도 좋고 시설도 좋았다. 다만 문화적인 차이일 수도 있겠지만 제공하는 서비스가 보수적이었다. 버진애틀랜틱이 제공하는 서비스를 보면 (승무원들과) 농담을 하거나 대화를 자유롭게 할 수 있다. 아마 문화적인 차이가 이유인 것 같다. 하지만 전반적으로 나쁘지 않았다. 일반적으로 극동아시아에 위치한 국가들의 비행기가 미국 비행기들보다 훨씬 좋다.

－장 회장＝한국에서의 사업계획은?

▶브랜슨 회장＝버진애틀랜틱은 상하이~도쿄~호주 등 많은 항공편을 운행하고 있다. 서울편도 만들었으면 한다. 우리는 최근 아시아 저가항공사인 에어아시아 엑스에 꽤 많이 투자했다. 에어아시아 엑스는 조만간 서울~말레이시아행 항공스케줄을 만들 계획이다.

－장 회장＝당신은 '펀(fun) 비즈니스'로도 유명하다. 한때 탱크를 타고 타임스스퀘어를 질주하기도 하고 애드벌룬을 띄우기도 했다. 당신의 아이디어였나?
▶브랜슨 회장＝나는 벤처사업을 좋아한다. 글로벌사업의 경우 벤처사업을 하면 브랜드에 도움이 된다. 벤처에 손을 대다 보면 브랜드가 보다 섹시하고 흥미롭게 변한다. 우주여행업에 뛰어들거나 바다에 보트를 띄우는 등 도전적인 일들을 좋아하는 것도 이 때문이다. 또 다른 측면에서 보면 나는 내 시간의 50%를 기업가정신을 활용해 사회적 문제와 씨름하는 데 사용한다.

－장 회장＝사회적 문제라면 영국 내 문제가 아니라 글로벌 문제를 의미하는 것인가?
▶브랜슨 회장＝그렇다. 비즈니스 리더들은 기업가정신을 활용해 지구온난화나 아프리카 문제 등을 해결하는 데 시간의 일부를 할애해야 한다. 경영인은 문제를 해결하는 기술을 갖고 있다. 이를 잘 활용한다면 글로벌 문제도 해결할 수 있다.

－장 회장＝활기 넘치는 정신과 기업가정신의 원천은 무엇이라고 생각하는가?
▶브랜슨 회장＝내 생각에 나는 용감하다. 어린 시절 내 부모님은 내가 절대 TV만 보며 살도록 내버려 두지 않았다. 또한 나는 무슨 일이 발생했을 때 '안 된다(no)'라고 대답하기보다는 '된다(yes)'고 대답하라고 배웠다.

－장 회장＝멘토를 꼽는다면?
▶브랜슨 회장＝'앨더스(The Elders)'라는 글로벌 리더들의 그룹이 있다. 글로벌 문제나 갈등이 발생하면 여기에 이의를 제기한다. 우리는 운 좋게 만났고, 나는 그들로부터 많은 것을 배우고 있다. 앞으로 더 많은 것들을 배우길 원한다. '앨더스'는 팔레스타인 문제나 사이프러스 분쟁과 같은 문제에 관여한다. 그들은 갈등

이 있다고 판단하면 분야를 가리지 않는다.

■ 우주로 가는 버진그룹… 버진 갤럭틱 2012년께 최초의 상업 우주여행

−장 회장＝버진그룹의 도전정신은 이제 우주영역으로 확대되고 있다. 버진 갤럭틱(Virgin Galactic)은 조만간 민간인들을 대상으로 우주비행을 실시한다고 하는데.

▶브랜슨 회장＝이 사업은 매우 흥분된다. 나는 우주에 대한 열정을 1969년부터 갖고 있었다. 미국 우주인이 달에 착륙했을 때부터라고 할 수 있다. 대략 1년 반 후에 사람들을 우주로 보내기 시작할 예정이다. 2012년께 버진 갤럭틱은 세계 최초의 상업 우주여행사가 될 것이다.

−장 회장＝우주여행을 신청한 사람들은 몇 명인가?

▶브랜슨 회장＝한 번에 8명을 태울 수 있다. 현재까지 약 400여 명이 신청했다. 한국인도 1명 있다. 현재 우주여행 비용은 20만 달러다. 우주여행이 실현된다면 이는 항공산업에도 큰 영향을 미칠 것이다. 가장 대표적인 것이 비행시간을 획기적으로 줄일 수 있을 것으로 기대된다. 뉴욕에서 서울 간 비행시간이 단 몇 시간으로 줄어들 수도 있다.

■ 리처드 브랜슨은… 히피 사업가, 억만장자, 모험가, 도전하는 '괴짜 CEO'

리처드 브랜슨 버진그룹 회장은 '괴짜 최고경영자'로 널리 알려져 있다.

목숨을 건 기구여행을 즐기는가 하면 브랜드 광고를 위해 각종 퍼포먼스로 신문 1면을 장식한다. 그는 무한한 상상력, 창의력, 도전정신으로 버진그룹을 작은 레코드 가게에서 항공사, 모바일, 레저 등 300여 개 계열사를 거느린 영국을 대표하는 기업으로 키워 냈다. 그래서 그가 이뤄 낸 버진그룹은 회사명이라기보다 브랜슨 회장의 '브랜드'로 평가받는다. '버진'의 힘은 바로 브랜슨 회장의 개인적인 명성에서 비롯된다.

브랜슨 회장은 자선사업가이기도 하다. 그는 민간 자선단체들 간 네트워크를 지원하기 위해 '버진 유나이트'라는 자선단체를 설립했다.

3−4. 보령제약(한국)

회사	보령제약(한국)
CEO	김승호 회장
균형	인간성/생산성경영

한국경제 손성태기자 취재

"50주년을 맞아 자전거 바퀴 모양을 본뜬 엠블렘을 새로 만들었다. 자전거 바퀴는 크게 두 가지 의미를 담고 있다. 내가 보령제약의 모태인 보령약국을 처음 개업했을 때 자전거를 타고 서울 시내 각지를 돌아다니면서 물건을 떼 오고, 배달하고 했다. 그때만 해도 조그마한 약국 운영하면서 차를 굴리기가 쉽지 않은 시절이었지…. 이런 의미에서 본다면 자전거는 오늘날의 보령제약이 있게 한 '일등공신' 중 하나다.

또 다른 의미는 창립 50주년에 만족하지 않고, 새로운 50년, 즉 창립 100년을 향해서 끊임없이 페달을 밟겠다는 의미를 담고 있다. (약사면허 없이 보령약국을 창업한 비결을 묻자)1957년 봄 군대에서 장교로 제대한 후 그해 가을에 약국 개업을 결심했다. 그런데 변변한 경험도 자본도 없는 상태였다. 군대에서 모은 돈으로 근근이 마련한 서울 돈암동 집 한 채가 전부였지…. 결혼한 지 채 1년이 안 되는 아내를 설득해 돈암동 집을 팔아 300만 환을 마련해 약국을 차렸다."

- 건강관리는 어떻게 하는지?

▶건강관리란 게 별게 있나. 일 열심히 하면 되지…. 건강이라는 게 타고난 체질에다 음식 잘 먹고 운동 잘하면 되는 거 아닌가. 그렇다고 특별히 운동을 열심히 하는 건 아니고 골프나 가끔 치는 정도다. 외국에 나가 있을 때나 겨울을 빼고 일주일에 한 번 정도는 치려고 노력한다.

- 약국을 운영하다 제약회사를 차린 계기는? 보령제약은 생각대로 성장하고 있나?

▶도매업을 겸하게 된 게 1962년인데, 당시 국내 의약품 시장은 과도기였다. 의약품 국산화 물결이 크게 일기 시작했지… 반면 국내 대형 도매상이나 약국들은 침체의 늪을 빠져나가기 위한 돌파구를 다각도로 찾고 있었다. 이런 동향을 지켜

보면서 뭔가 전환점을 찾아야겠다는 고민을 했고, 그 생각의 끝에는 '의약품 제조업 진출'이라는 목표가 자리하고 있었다. 문제는 당시 정부가 의약품 제조업에 대한 허가를 쉽게 내 주지 않았다는 거였다. 제약업에 뛰어들겠다는 결심을 실천에 옮기는 초장부터 난관에 부딪힌 셈이다. 다행히 부산에 있는 동영제약이란 도산 위기에 빠진 회사가 새 주인을 찾고 있다는 소식을 듣고 바로 인수했다. 당시 내 나이 서른한 살 때였지… 제약회사 사무실은 보령약국 가까이에 마련했는데, 문제는 공장이었다. 변변한 생산품도 갖지 못한 상태에서 무리하게 시설 투자를 할 수 없는 노릇이었으니까. 돈도 없었고. 고민 끝에 마련한 공장이 바로 연지동에 있는 우리 집이었다. 비록 좁은 집 안에다 보잘것없는 설비를 갖춘 것에 불과했지만 그해 겨울 난 누구보다 행복한 사람이었던 것 같아.

보령제약이 이렇게 성장할지 솔직히 몰랐다. 그때는 먹고살기 바쁘니깐 어떡하면 밥벌이할 수 있을까 그 생각밖에 없었다. 그렇게 하다 보니 이렇게까지 온 거지.

올해가 50주년인데 앞으로 100주년까지 보령제약이 어떻게 가야 할까, 그러기 위해서는 어떤 시스템을 만들어야 할까, 이런 걸 고민하고 있다. 이게 지금 나에게 주어진 숙제다.

─가정엔 충실한 남편, 아빠였는지?

▶지금까지 살아오면서 가정적인 남편이 못 돼 줬다는 생각에 마음이 아픈 게 많다(부인과는 1년여 전 사별했다). 요즘 한 달에 두 번은 경기도 평택에 있는 산소를 찾아간다.

하루에도 몇 번씩 생각이 나지만 그래도 내가 할 일은 해야 하지 않겠어(김 회장은 이 답변을 하면서 지금까지보다 오히려 더 밝은 표정을 지어 보였다).

(경영수업을 받고 있는 장녀 김은선 부회장에 대한 질문에)큰 궤도에서 벗어나지 않고 잘하고 있다. 회사에서 일하기 전에 '보령제약에 시집오겠느냐'고 물었더니 '그러겠다'고 하더라. 이 점이 중요하다. 점수를 굳이 주자면 100점 만점에 한 51점정도? 이 점수도 결코 짠 게 아니다. 비록 절반을 간신히 넘은 거지만 매사에 마이너스가 아니라 플러스로 가는 게 중요하지. 요즘 보면 회사에 큰 위기가 닥쳤을 때 믿고 맡길 수 있다는 생각도 든다. 어떤 면에서는 나보다 굉장히 앞서가고

있다. 내가 생각지도 못한 걸 종종 얘기하거든. 예컨대 나는 소주밖에 생각 못 하는데 은선이는 양주까지 생각하는 식이지.

－기업은 무엇인가?

▶기업은 곧 사람이다. 사람을 가장 우선으로 생각하는 정신이 없으면 그 기업은 이미 기업으로서의 생명을 잃은 것이다. 기업의 생명력은 바로 사람을 존중하고 귀하게 여기는 마음에서 비롯된다. 바로 이런 인간존중 정신이 보령제약의 창업 철학이자 존재 이유다.

－기업가 정신이란?

▶모든 사람이 마찬가지이겠지만 기업가는 특히 기백이 있어야 한다. 한국사람을 역동적이라고 하는데 그 핵심이 기백이다.

기백과 배짱은 사촌 관계다.

기백은 정확한 거고, 배짱은 다소 오차가 있다.

그래서 나는 기백이라는 말을 더 좋아한다.

－사회 초년병에게…

▶사람으로 태어났으면 이유 불문하고 사람답게 살아야 한다.

사람답게 사는 걸 어렵게 생각할 필요가 없다.

간단히 말해 보면 사람들과 공존하는 법을 배워야 한다.

돈을 많이 벌고 적게 벌고는 각자의 문제다.

3-5. 일본 이화학공업

회사	일본 이화학공업 조선일보
CEO	오야마 회장
균형	직원행복/회사행복(장애인에 일하는 행복)

조선일보 이지훈기자 취재

도살장에 소 끌려가는 기분으로 출근하는 사람들이 있다. 직원을 기계의 부속처럼 생각하는 경영자도 있다.

이런 사람들에게 꼭 한 번 방문해 보라고 추천하고 싶은 기업이 있다. 일본이긴 하지만, 삶을 바꿀 수 있는 경험이라면 해볼 만하지 않은가.

도쿄 시나가와(品川) 역에서 지하철과 택시를 번갈아 타고 약 1시간 걸려 도착한 '일본이화학공업(日本理化學工業)' 가와사키 공장. 택시 기사도 약도를 보고서야 겨우 찾은 소박한 2층 건물이다.

그래도 73년간 분필을 만들어 온 일본 최대 분필회사다. 가루가 날리지 않는 특수 분필을 만들어 일본 분필시장의 30%를 차지하고 있다. 화이트보드가 등장하면서 성장이 둔화돼 매출은 6억 엔 정도다.

■ 동정심

두 아이는 정말 열심히 일했다. 한 장 한 장 스티커를 붙이는 모습은 진지함 그 자체였다. 그들은 점심시간 벨이 울려도 작업을 멈추지 않았다. 그래서 다른 직원들이 어깨를 두드리며 밥 먹으러 가자고 알려줬다. 그러나 그 다음에도 두 소녀는 벨 소리를 무시하고 계속 일했다. 직원들은 '어제 말해 준 것도 잊어버리는구나'라고 생각했다. 그러나 다음 날도, 그 다음 날도 소녀들의 행동은 바뀌지 않았다.

그제야 다른 직원들은 깨달았다. 이들은 벨 소리를 못 알아들은 것이 아니었다. 일에 너무 열중해 다른 사람들이 그만하라고 해야 비로소 그만두는 것이었다.

직원들은 감동했다. 40대 전후의 아줌마 직원들은 이들의 모습에서 자신의 자녀들을 떠올렸다. 2주간의 실습이 끝나는 날 직원들은 오야마 회장을 에워싸더니 "이렇게 열심히 일하는데 계속 일하게 하면 안 될까요? 저희가 보살펴 주겠습니다"라고 부탁했다. 그래서 두 명의 채용이 결정됐다.

오야마 회장과의 인터뷰를 위해 회의실에서 기다리고 있으니 푸른 작업복을 입은, 키 작은 할머니가 차를 내왔다. 낯이 익었다. 안내를 맡은 총무부 직원이 나중에 "오야마 회장이 쓴 『일하는 행복』에 나오는 그 직원"이라고 귀띔해 줬다. 1960년에 지적 장애인으로는 처음 입사한 두 명의 소녀 사원 중 한 사람, 하야시 히사코(65) 씨였다. 그녀는 60세 정년까지 일한 뒤 촉탁 사원으로 재고용돼 일하고 있다. 오야마 회장이 이룬 성취의 무게감이 오롯이 가슴에 와 닿았다. 지적 장애인을 고용해 50년 동안 일하게 할 수 있는 회사라면 이미 지상(地上)의 회사가 아니라는 생각이 들었다.

■ 주지 스님의 가르침

다시 50년 전. 두 소녀가 일하는 모습을 쭉 관찰하면서 오야마 회장은 한 가지 의문을 품게 됐다. 만일 그들이 보호시설에 간다면 일 안 하고 보호받으면서 편하게 살 텐데, 왜 매일 아침 만원 전차를 타고 와서 땀을 뻘뻘 흘리면서 일하는 것일까?

그는 한 스님에게 이 얘기를 꺼냈다. 스님의 대답은 당시 서른 살이던 오야마 회장의 인생을 바꾸었다.

"보호받는 것이 인간의 행복이 아닙니다. 인간의 행복은 4가지입니다. 다른 사람에게 사랑받는 것, 칭찬받는 것, 도움이 되는 것, 필요한 존재가 되는 것입니다."

그런데 이 회사를 지난해 하토야마 유키오(鳩山由紀夫) 전 총리가 방문한 뒤 국회 연설에서 장시간 소개했고, 이 회사 오야마 야스히로(大山泰弘, 78세) 회장은 같은 해 일본의 경영자상 중 하나인 '시부사와 에이치 상'을 받았다.

이 회사는 남다른 특징이 하나 있다. 74명의 종업원 중 55명이 지적(知的) 장애인이다. 4명 중 3명꼴이다. 그중 26명은 IQ가 50이 안 되는 중증장애인이다. 그런 직원들이 분필 재료를 섞고, 건조로에 넣어 말리고, 분필을 자르고, 포장하는 작업을 하고 있었다. 그들이 진지하게 작업에 몰두하는 모습은 감동을 넘어 초현실적으로 비쳤다. 공장을 이리저리 둘러보는 기자에게 그들 중 몇 명은 "안녕하세요"라고 인사를 건넸다.

벨기에 같은 나라에선 이런 회사의 직원에 대한 최저 임금을 정부가 보조해 준다. 그러나 일본엔 이런 제도가 없다. 그런데도 오직 한 경영인의 의지로 50년 동안 지적 장애인을 고용해 왔다. 이 회사에선 영업이나 총무 같은 업무를 제외한 생산 업무는 거의 모두 지적 장애인이 담당한다.

사람들은 흔히 지적 장애인이 비장애인보다 열등하다고 생각한다. 하지만 이 회사 오야마 야스히로 회장은 그들로부터 인생을 배웠다고 말했다. '일하는 의미'와 '사람은 어떻게 살아야 하는가'를 말이다.

이 회사가 원래부터 장애인을 고용했던 것은 아니었다. 계기는 우연히 찾아왔다.

1959년의 일이었다. 당시 대학을 막 졸업한 오야마 야스히로 회장은 창업자인 부친이 병환으로 몸져누우면서 사실상 회사 경영을 책임지고 있었다.

회사 근처에는 지적 장애인이 다니는 양호학교가 있었다. 어느 날 이 학교의 선생님이 회사를 찾아와 "학생을 취직시켜 달라"는 부탁을 했다. 그는 "정신 상태가 정상이 아닌 사람을 취직시켜 달라는 건 말도 안 된다"고 딱 잘라 거절했다.

그러나 선생님은 포기하지 않고 다시 찾아왔다. 세 번째로 찾아온 날 선생님은 이렇게 말했다. "취직 부탁은 다시 하지 않겠습니다. 하지만 아이들이 내년 3월 졸업을 하는데, 취직을 못 하면 보호시설에 들어갑니다. 그러면 일하는 것이 뭔지도 모른 채 평생을 거기서 살게 됩니다. 그러니 취직은 아니더라도 일한다는 것이 무엇인지 일생에 한 번이라도 경험하게 해 주세요."

이 말에는 그도 거절을 못 해 14~15세의 소녀 두 명을 실습이라는 명목으로 2주간 일하게 해 주었다. 완성된 분필이 담긴 포장용 상자에 스티커를 붙이는 가장 간단한 일이었다.

"보호시설에서 돌봐 주면 다른 사람에게 칭찬을 받거나, 도움이 되거나, '네가 없으면 안 돼'라는 얘기를 들을 수 없어요. 회사에서 일해야만 그런 이야기를 들을 수 있습니다. 장애인이 시설에서 보호받기보다 일하기를 희망하는 것은 진정한 행복을 추구하는 인간이라면 자연스러운 행위입니다."

그는 스님의 말에 충격을 받았다. 그는 인간의 행복은 일하는 데 있다는 것을 새삼 깨닫게 됐다. 그리고 생각을 바꿨다. '분필을 만들어 대기업을 만들 생각이 아니라면 오히려 지적 장애인들에게 일하는 행복을 주는 회사를 만들어 보는 것이 의미 있지 않을까.'

■ 종업원을 기업에 맞추지 말고, 기업을 종업원에 맞춰라

그러나 지적 장애인들에게 일을 맡기는 것은 결코 쉬운 일이 아니었다. 예를 들어 저울로 어떤 분필 재료를 100g만큼 재야 할 때 지적 장애인은 100g이란 단위 자체를 이해하지 못한다. 오야마 회장은 장애인의 눈높이로 돌아갔다. '그들이 가지고 있는 이해력의 범위 내에서 작업을 하게 하는 방법이 없을까.'

그러다 눈에 들어온 것이 교통신호기였다. 지적 장애인들이 전철역에서 회사까지 오는 길에 큰 도로가 있어 교통신호를 잘 보지 않으면 큰 사고가 난다. 아이들

은 혼자서도 사고 없이 잘 건너다녔다. 글자는 몰라도 빨강이나 파랑 같은 색깔은 구별했던 것이다.

여기에 생각이 미친 오야마 회장은 재료 배합 작업에 색깔을 응용했다. 먼저 재료들을 각각 빨간 통과 파란 통에 구분해 넣었다. 지적 장애인 사원들은 재료 봉투에 쓰인 글자는 못 읽어도 색깔을 보고 재료를 구분했다.

재료의 중량을 잴 때는 다른 방법이 필요했다. 그래서 빨간 추와 파란 추를 만들었다. 빨간 통에 들어 있는 재료를 잴 때는 저울 한쪽에 빨간 추를 올리고, 저울 다른 쪽에 빨간 통 속 재료를 조금씩 퍼 담는다. 그래서 저울 바늘이 가운데에서 멈추면 오케이다.

이 방법은 성공을 거뒀다. 일을 시키면 쉽게 싫증을 내던 아이가 있었는데 이 방법을 쓰니 싫증도 내지 않고 열심히 일했다. 오야마 회장은 생각했다. '지적 장애인도 그들의 눈높이에 맞춘 방법을 궁리하면 비장애인과 똑같이 할 수 있다. 지적 장애인들은 일 못하는 사람이 아니다. 그들에 대한 배려와 연구가 필요할 뿐이다.'

그는 지적 장애인의 이해력에 맞춰 일을 하게 하는 방법을 계속 고안했다. 예를 들어 재료를 개는 시간을 잴 때는 일반 시계 대신 모래시계를 사용했다. 이렇게 해서 일본이화학공업의 분필은 장애인이 만드는 물건임에도 한국의 KS와 비슷한 JIS(일본공업규격) 마크를 획득했다.

보통 회사에서도 상사는 흔히 "당신, 일 그렇게밖에 못 해"라고 질책하기 일쑤다. 그런 사람들에게 오야마 회장은 이렇게 충고했다.

"일이 잘 안 되면 흔히 일한 사람에게 능력이 없다고 말합니다. 하지만 사실은 주변에서 그 사람에게 맞게 일하는 방법을 마련하지 않았기 때문인 경우가 많습니다. 누구나 열심히 일해서 도움이 되고 칭찬받으려는 생각을 가지고 있습니다. 길만 열어 주면 그들은 열심히 일할 것입니다. 부하의 육성에 이런 생각이 필요합니다. 지적 장애인들이 가르쳐 준 교훈입니다."

인터뷰가 끝날 무렵 오야마 회장은 기자에게 다음과 같은 글을 써주었다.

자신의 다짐이 담긴 글이었다.

'누구라도 세상에 도움이 될 수 있도록 일할 수 있는 공생(共生) 사회를 구축하기 위해 지금부터도 열심히 해나가겠습니다.'

그는 세상의 모든 사람이 일할 수 있는 사회를 만들기 위해 노력하는 것이야말로 장애인들로부터 받은 은혜를 갚는 길이라고 했다.

☞ 일본 이화학공업은…

1937년 설립된 일본 최대 분필 회사 중 하나. 장애인을 50% 이상 고용할 경우 정부가 공장 건설 자금을 저리 융자해 주는 제도가 생기면서 지적 장애인 고용 회사로는 최초로 그 모델 공장을 1973년 가와사키 시에 지었다. 홋카이도에도 공장이 있다. 두 공장에서 하루에 각각 10만 개씩의 분필을 생산한다. 가루가 날리지 않는 분필, 창문이나 유리 등에 자유롭게 그림을 그리고 물수건으로 닦으면 지워지는 '키트파스' 등 신제품을 개발했다.

－조선일보 이지훈 기자 취재

Part 3

인격개발 가치(Worth)경영

제1장
인성가치(Humanity) 개발

1-1. 멘토링 인격의 기원

멘토링에서 인격(人格, Personality)의 기원은 최초 멘토가 텔레마쿠스 왕자를 위해 20년간 교재로 사용한 수학(知-상징), 철학(情-상징), 논리학(意-상징)에서 기인하며 오늘날도 역시 멘토링 프로그램의 내용(Contents)은 지·정·의를 상징하는, 즉 인격이다.

* 人格(인격)＝知(지)·情(정)·意(의)

1-2. 멘토링 인격의 위치

멘토링의 핵심가치는 전인적인 인격을 기본 분모로 나머지 4가지는 인격을 공통 주제로 기능적인 분자 역할로서 시너지 상태다.

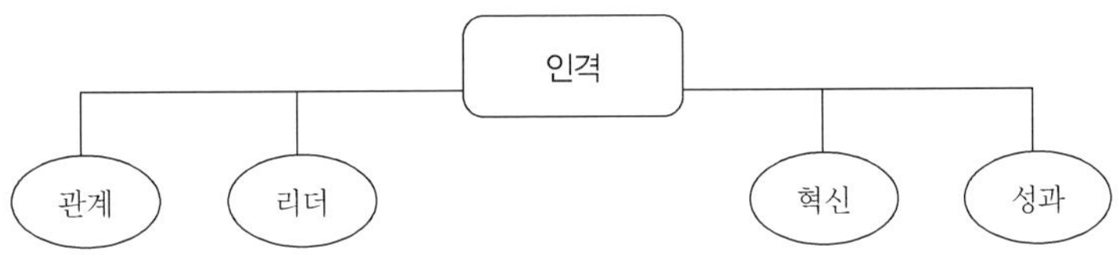

1-3. 인격의 실행프로그램

멘토링에서 인격의 실행 프로그램은 Star Game으로 개인의 인재 개발지수(PDI) 진단도구로 활용하고 있다.

인격 서비스	세부분류	Stargame 적용 부분
지적(知的) 서비스	지식, 기술, 정보 등	Hightech - 지식
정적(情的) 서비스	포용력, 기대와 칭찬, 헌신봉사	Hightouch - 마음 Highhealth - 건강 Highrelation - 관계
의적(意的) 서비스	의지력, 절제력, 판단력(선과 악)	Highcontrol - 관리

1-4. 인재 가치관

1) 최고 - 인간은 만물의 영장이다.

① 팡세 - 우주보다 우수(명상록 N0.347)

② 성경 - 하나님의 형상으로 창조(창 1:27)

2) 보석 - 인간은 삼위일체 사랑으로 탄생했다.

① 아버지 - 정자

② 어머니 - 난자

③ 창조주 - 영혼

3) 승리 - 인간은 잠재역량 개발로 승리할 수 있다.

① 5% - 보통 사람

② 10% - 노벨 수상자

③ 15% - 에디슨

1-5. 인격 진단도구

1) 인격가치 개발은 멘토링 활동기간에 현재자기의 인격지수를 진단하여 상호
간 고품격의 인격개발로 업그레이드하고자 한 것이 목적이다.
2) 절대평가로 타인과 비교할 필요 없이 자기의 삶의 현장에서의 습관과 행동
을 그대로 표시하면 된다.
3) 다음의 각 설문이 당신의 경우에 얼마나 해당되는지 아래 점수를 기록하되
설문 한 개당 5점, 4점, 2점, 1점, 0점으로 한다.

주제	번호	진단설문도구	점수
마음지수	1	나는 타인을 위해 넓게 포용력을 발휘하는 편이다.	
	2	나는 이웃을 위해 구체적으로 헌신 봉사한 사례가 있다.	
	3	나는 다른 사람과 다툼이 있을 때 먼저 화해를 청한다.	
	4	나는 타인을 책망하기보다는 칭찬을 더 많이 해 주는 편이다.	
지식지수	5	내가 소지한 자격증이나 노하우를 활용하고 있다.	
	6	내가 취득한 기술이나 정보를 제대로 활용하고 있다.	
	7	나의 IT(정보기술-컴퓨터 인터넷 등) 실력은 수준급이다.	
	8	나의 외국어실력은 외국인과 의사소통을 잘하는 정도이다.	
건강지수	9	나는 정기적으로 건강을 위해 운동한다.	
	10	나는 건강에 유의하면서 음식을 가려 섭취한다.	
	11	나는 정신 수양을 위해 명상의 시간을 갖는다.	
	12	나는 스트레스를 받으면 바로 풀려고 노력한다.	
관계지수	13	나는 직장에서 구성원과 인간관계가 좋은 편이다.	
	14	나는 가정에서 식구들과 대화를 잘하는 편이다.	
	15	나는 사회에서 학회나 전문인 모임에서 교제를 넓히고 있다.	
	16	나는 사회 건전 단체나 봉사 기관 활동에 참가하고 있다.	
관리지수	17	나는 윤리의식에서 선(善)과 악(惡)을 판단하여 행동한다.	
	18	나는 혈기(血氣), 식욕(食慾), 성욕(性慾) 등 절제력이 있다.	
	19	나는 생애 목표로 시간(時間)과 자금 계획을 세우고 있다.	
	20	나는 승진 등 리더십 개발을 위한 계획을 갖고 있다.	
합 계	탁월(81~100) 우수(61~80) 보통(41~60) 부족(21~40) 미달(01~20)		

1-6. Star Game Chart

Star Game 측정 표에서 다섯 가지 주제별로 각 지수(점수)를 먼저 확인하고서 다음 단계로 들어간다. 아래 별을 보면 각 꼭지별로 10칸씩 나눠 있음을 발견할 것이다.

그러면 각 지수별의 만점은 한 꼭지당 20점이므로 한 칸에 2점씩 배점하여 실득점수를 가지고 큰 별 속에서 작은 별(실제 득점지수)을 그리면 멘토와 멘제의 별(Star)이 시각화(視覺化)된다.

□ 멘　　토:
□ 멘　　제:
□ 작성일자:

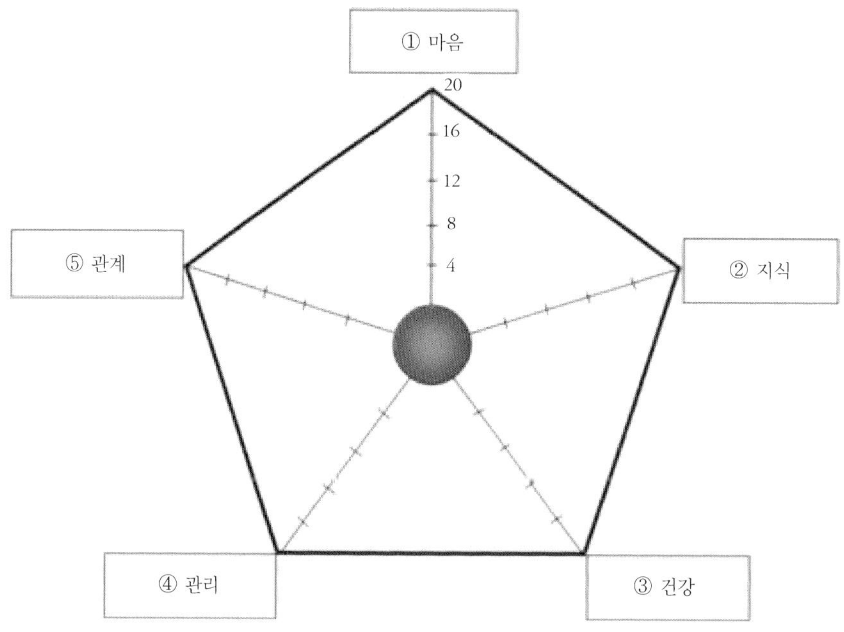

1-7. 조직목표 실천 카드

조직 목표 달성을 위한 Brain Game Idea 중에서 매니저 모니터 멘토가 멘토링 활동기간에 시행 가능한 사항을 주제별 아이디어 중에서 다섯 가지 이내로 선택한다.

반드시 주제에 맞게 그리고 육하원칙으로 작성해야 한다. 주제 P−12를 P−5로 줄였으므로 수강자의 형편에 따라 주제 선택이 가능하다.

☐ 멘토(Mentor):　　　　　　　　　　　　인
☐ 모니터(Monitor):　　　　　　　　　　　인
☐ 매니저(Manager):　　　　　　　　　　　인
☐ 소속:

Mentor 카드 (　　)	Monitor 카드 (　　)	Manager 카드 (　　)
주제별	실천사항	
P−1	1 2 3 4 5	
P−2	1 2 3 4 5	
P−3	1 2 3 4 5	
P−4	1 2 3 4 5	
P−5	1 2 3 4 5	

* P 표시는 Project의 약자로 조직에서 멘토링 활동 12가지 목표를 의미함.

제2장
관계가치(Human Relation) 개발

2-1. 멘토링 관계의 정의

1) 멘토링에서 관계(關係, Relation)는 인격을 기본으로 인간 간 수평적인(Person to Person) 관계를 의미한다.
2) 여기에서 관계는 외형적이거나 계급 등 신분적이 아니라 평등한 인격적인 관계다.
3) 하나님과 인간관계 * 부모와 자녀 관계 * 부부 관계 등은 멘토링보다 더 깊고 높은 관계(High Quality)이며 수직적인, 또한 부부일체적인 면에서 멘토링과 비교할 수 없다.

2-2. 멘토링 관계의 보완

인간관계 형성은 인간의 본능이다. 그래서 역사 이래로 멘토링은 지속되어 왔고 오늘날도, 그리고 미래에도 인류가 존속하는 한 멘토링 관계는 지속될 것이다. 전통적인 멘토링에서 프로그램 없이 위대한 멘토의 리드(Lead)에 의한 멘토링 성공 사례는 수도 없이 많다.

그러나 오늘날 조직에서 멘토링 관계는 위대한 멘토를 찾기에 그리 쉽지 않기

때문에 인위적·계획적으로 멘토/멘제를 선정하여 모니터링시스템(Monitoring System)
에 의하여 진행하고 있는데 이를 제도적 멘토링(Systematic Mentoring)이라고 부른다.

2-3. 올바른 관계 형태

멘토링 관계의 상호 간은 멘토와 멘제다. 많은 사람이 멘토링을 1:1이 전부인
양 생각하나 그것은 선입견이다. 멘토링의 가장 올바른 관계형태는 멘제 1에 멘
토가 다수(전문별로 멘토 1, 멘토 2, 멘토 3…)로 도움을 주는 형태다. 바로 왕자
한 사람을 왕의 왕사(王師) 여러 사람이 도움을 주는 형태가 멘토링 관계에서 가
장 올바른 형태이기 때문이다.

관계형태 1: 멘제 1: 멘토 다수-고품질의 멘토링(High Quality)

관계형태 2: 멘제 1: 멘토 1-일반적인 멘토링

관계형태 3: 멘제 다수: 멘토 1-저품질의 멘토링(Low Quality)

* 형태 3의 경우는 멘토링이기보다는 코칭이나 팀장제도에 가까운 형태다.

2-4. 관계(Relation) 진단도구

1) 이 설문 항목은 4가지 성격유형에서 강점 10개와 약점 7개를 선별할 수 있다.

2) 가능한 한 4개 한 묶음에서 나에게 가장 거부감이 적은 1개씩을 선택하라.

3) 그러므로 전체 68항목 중에 17개만 번호에 0표 하면 된다.

No	설문항목	No	설문항목
1	행동이 적극적이다	37	개방적, 쾌락적인 일을 좋아한다
2	협력적이다	38	상대방의 기분을 이해한다
3	효율적이다, 능률적이다	39	스스로 움직인다
4	근면하다	40	분석력이 뛰어나다
5	매사에 열중한다	41	본제에서 벗어난다
6	가까이하기 쉽고, 친하기 쉽다	42	결단이 느리다
7	열심히 일한다	43	남에 대한 배려가 부족하다
8	매사를 면밀히 추진한다	44	유연성이 결여되어 있다
9	활기가 넘친다	45	시간관념이 희박하다
10	사교술이 능숙하다	46	자기주장이 적다
11	행동이 민첩하고 신속하다	47	억지를 부린다
12	논리적·체계적이다	48	결단을 내리는 데 시간이 걸린다
13	대인관계에 능숙하다	49	감정에 좌우된다
14	코치나 상담에 능숙하다	50	일에 대한 관심이 희박하다
15	책임감이 강하다	51	말투가 억세다
16	질을 중시한다	52	박력이 부족하다
17	상대방을 몰두하게 한다	53	기분이 변하기 쉽다(싫증나기 쉽다)
18	온화하다	54	남의 일에 너무 신경을 쓴다
19	늘 성과(결과)를 중시한다	55	지나치게 자기중심적이다
20	문제발견에 흥미를 느낀다	56	혼자 일을 한다
21	영감(inspiration)을 중요시한다	57	정리, 정돈이 서툴다
22	개인적인 정보에 강하다	58	비약이나 모험을 노리지 않는다
23	도중에 포기하지 않는다	59	안색, 목소리, 표정이 빈약하다
24	사실을 중시한다	60	표정이 없는 편이다
25	비약에 목표를 둔다(大志)	61	차근차근 책읽기를 싫어한다
26	소집단 활동을 즐긴다	62	신속하지 못하다
27	시간에 정확하다	63	무리한 목표라도 도전한다
28	지식, 정보를 수집한다	64	보수적(비약하려 하지 않는다)이다
29	민감하게 반응한다	65	논리적으로 생각하기를 싫어한다
30	긴장을 풀어 준다	66	주저하기 쉽다
31	간결하고 낭비가 적다	67	냉담하다
32	일을 제대로 처리한다	68	사교성이 결여되어 있다
33	미래 지향적이다		
34	분위기 조성을 잘한다		
35	열정적이다		
36	자기 관리를 할 수 있다		

[4가지 성격유형 분석표]

Dominating Style(주도형)	Facilitating Style(우호형)
1, 5, 9, 13, 17, 21, 25, 29, 33, 37, 41, 45, 49, 53, 57, 61, 65	2, 6, 10, 14, 18, 22, 26, 30, 34,38, 42, 46, 50 54, 58, 62, 66
Controling Style(관리형)	Analytical Style(분석형)
3, 7, 11, 15, 19, 23, 27, 31, 35, 39, 43, 47, 51, 55, 59, 63, 67	4, 8, 12, 16, 20, 24, 28, 32, 36,40, 44, 48, 52, 56, 60, 64, 68

2-5. 성격유형 4가지 대응법

유형	바람직한 대응(엔도르핀 유발)	피해야 할 대응(스트레스 유발)
D	1. 흉금을 터놓는 농담으로부터 시작한다. 2. 정력적으로 신속하게 큰 소리로 얘기한다. 3. 커다란 관점에서 이야기를 전개한다. 4. 목표달성 과정의 즐거움을 시사한다. 5. 상대방 꿈이나 아이디어에 관심을 표명한다.	1. 소극적이며 인정 없는 태도를 취하지 않는다. 2. 자질구레한 이야기는 피한다. 3. 원리, 원칙이나 규칙을 고집하지 않는다. 4. 상대방을 비판하거나 설득하지 않는다. 5. 좋고 나쁨, 사실, 숫자 등을 고집하지 않는다.
F	1. 흉금을 터놓은 분위기로 이야기한다. 2. 1:1로 개인적인 관심을 갖는다. 3. 상대방 협력에 대해서 감사 표시 한다. 4. 온화하고 부드러운 말씨로 이야기한다. 5. 상대방의 생각을 적극 받아들인다.	1. 일에 관한 이야기를 곧바로 하지 않는다. 2. 냉담, 무관심한 태도를 나타내지 않는다. 3. 논리나 책략으로 반론을 피지 않는다. 4. 지배적이지 않고, 군림하지 않으며, 과도한 요구는 하지 않는다. 5. 곧바로 결론을 이끌어 내지 않는다.
C	1. 일에 관한 이야기를 중심적으로 한다. 2. 간결하고 알기 쉽게 이야기한다. 3. 시간을 정확히 지킨다. 4. 정력적으로 신속하게 이야기한다. 5. 목표와 결과를 늘 분명히 한다.	1. 두서없이 지루하게 시간 낭비 않는다. 2. 개인적인 문제나 생각을 내놓지 않는다. 3. 지시, 명령, 충고하는 말투를 쓰지 않는다. 4. 결론을 먼저 내지 않는다. 5. 잡담이나 세상사는 말을 하지 않는다.
A	1. 일에 관한 이야기로부터 들어간다. 2. 신중하게 천천히 진행된다. 3. 데이터, 자료 등 사전준비 대응한다. 4. 상대에게 생각할 수 있는 시간을 준다. 5. 결론은 서면으로 남겨 둔다.	1. 상대방이 혼란할 만한 이야기는 피한다. 2. 너무 과장된 이야기는 하지 않는다. 3. 추켜세우거나 너무 친숙하게 얘기 않는다. 4. 책략이나 교묘한 수단을 쓰지 않는다. 5. 결단(의사결정)을 서둘지 않는다.

제3장
리더가치(Human Leader) 개발

3-1. 멘토링에서 리더의 의미

멘토링에서 리더(Leader)는 먼저 인격적인 리더를 의미한다. 반면 조직폭력 등 비인격적인 유해 단체의 리더는 제외된다. 한편 멘제를 리더로 세우는 멘토는 자신보다 멘제를 더 큰 리더로 세우는 것이 멘토십(Mentorship)의 기본이며 타 리더십과 차별화된다.

3-2. 리더로 개발 예시

1) 왕자를 왕으로 개발 — 한 사람 멘제왕자를 수많은 멘토왕사(王師)가 장기적이고 체계적인 방법으로 왕으로 세운다.
2) 임직원을 핵심 리더로 개발 — 조직의 후계자나 CEO를 양성하는 방법으로 한 사람 핵심인재를 양성하기 위하여 전문적인 멘토 군(群)(멘토 1, 멘토 2, 멘토 3…)을 세워 장기적으로 조직의 핵심리더로 양성한다.
3) 멘제를 멘토로 개발 — 제도적 멘토링에서 멘제를 멘토와 1:1로 연결하여 일정 기간 멘토링 활동기간을 거쳐 멘토로 재생산(Reproducting)하는 방법이다.

3-3. 멘제를 멘토 리더로 재생산하는 과정 도표

■ 멘토링 재생산(Mentor-Menger) 관계 모델(by '78 William Gray 교수)

M → Mp → MP → mP → P

정보 제공형	안내형	상호 협력형	확인형	재생산 달성
양육해 주는 유형		능력을 부여하는 유형		인재 재생산 유형

* 우측의 대문자 P(멘제)는 멘토로 재생산되어 다음 기회에 멘토로 활용한다.

3-4. 섬김 리더십 예비진단(평직원 멘토용)

■ 멘토링 리더십에서 적합성(Compatibility)인가?

1) 자질 테스트

2) 역할 테스트

3) 자생력 테스트

① 설문만점: 1개당 (매우 좋다)2.0-1.5-1.0-0.5-0.0(매우 좋지 않다)

② 참고점수: 설문내용을 이해할 수 없을 때는 1점으로 계산한다.

　현재득점: 설문 10개 합계점수

③ 목표점수: 20점 만점-현재 득점

④ 목표관리: 목표점수 업그레이드는 미팅활동에서 다루고 계속 3개월 만에 재
　　　　　　점검한다.

⑤ 상호협조: 멘토와 멘제는 미팅할 때 상호 간 공개리에 목표점수를 관리하면
　　　　　　서 돕는다.

1. 자질 테스트

번호	1. 자질(Self Quality) 개발 소재	점수
1	나는 계속 배우려는 열망과 능력이 있다.	
2	나는 사람들에게 영향력을 가지고 있다.	
3	나는 전체적인 틀을 본다.	
4	나는 책임을 질 줄 안다.	
5	나는 다른 사람을 잘 이해한다.	
6	나는 긍정적인 변화를 유도한다.	
7	나는 교양 생활이 모범적이다.	
8	나는 다음에 무슨 일을 해야 할지를 잘 파악한다.	
9	나는 다른 사람을 인재로 개발하는 능력이 있다.	
10	나는 다른 사람들에게 지도자로 인정받고 있다.	
	소 계	

2. 역할 테스트

번호	역할	2. 역할(Role) 개발 소재	점수
1	교육	나는 멘제에 대하여 가르치기를 아주 좋아한다.	
2		나에게는 멘제를 가르칠 수 있는 핵심 역량이 있다.	
3	상담	나는 멘제와 상담 시 내 의견보다는 먼저 경청을 잘한다.	
4		나는 평상시 멘제의 개인적인 건의에 관심을 갖고 해결에 노력한다.	
5	코치	나는 멘제와 평소 업무를 떠나 어울리기를 좋아한다.	
6		나는 휴일이나 업무시간 외에 야외나 외식 등 친교 활동을 한다.	
7	후원	나는 멘제에게 칭찬 70%/책망 30% 비율을 제대로 지킨다.	
8		나는 멘제를 외부기관이나 기타 조직에 추천한 적이 있다.	
9	조정	나는 멘제로부터 문제 해결 요청을 받을 때 최단 시간에 해결한다.	
10		나는 멘제의 담당부서 및 업무에서 조정 요청에 해결해 준다.	
		소 계	

3. 자생력 테스트

번호	구분	3. 자생력(Selfscored) 개발 소재	점수
1	소명 의식	멘제와 회사체험을 나누고 궁금해하는 점을 설명해 준 적이 있다.	
2		내가 속해 있는 조직에 만족하며 다른 이에게도 권할 의향이 있다.	
3		조직의 구성원이 된 것에 감사하고 있으며, 멘토가 된 것도 나에게 주어진 사명이라고 생각한다.	
4	사명 의식	자신의 가족을 멘제에게 소개하고 식사를 함께한 적이 있다.	
5		멘제의 애경사에 관심을 갖고 참석한다.	
6		멘제에게 힘겨운 일이 생겼을 때, 나는 그가 찾아올 수 있는 평안한 사람이라고 생각한다.	
7		멘제가 관심을 보이는 자선단체나 봉사활동에 대해 조언을 해줄 수 있을 정도의 지식을 갖고 있다.	
8	창의 의식	멘제가 최근에 했던 가정사, 직장 등 고민을 알고 있다.	
9		멘제에게 교양서적이나 전문서적 등의 구입을 권한다.	
10		가끔 회사 밖으로 나가서 그들과 함께 유익한 문화생활을 한다.	
		소 계	

3-5. 관계리더십의 7가지 법칙

(1) 법칙 1: 더 높은 단계로 올라갈수록 더 오래 걸린다. 하지만 오래 걸려도 괜찮다. 하나의 과정이기 때문이다. 요즈음 사람들은 너무 빨리 뛰어넘으려고 한다. 오래 걸려도 문제 될 것은 없다.

(2) 법칙 2: 더 높이 올라갈수록 더 높은 수중의 헌신이 요구된다. 2단계에 있다면 서로 더 많은 성과를 요구하게 되고 헌신도도 올라가게 된다.

(3) 법칙 3: 높은 단계로 올라갈수록 리드하기가 쉬워진다. 이것은 아주 중요한 포인트이다. 리더십은 더 나아갈수록 쉬워진다. 다시 말해 4단계가 1단계보다 훨씬 쉬워진다는 뜻이다.

(4) 법칙 4: 높은 단계로 올라갈수록 성공할 확률이 더욱 높아진다.

(5) 법칙 5: 결코 세워 놓은 하위 단계를 무시할 수 없다. 한 단계, 한 단계 올라갈수록 리더십의 깊이가 더 깊어진다는 것이다.
추락한다 해도 4단계에서는 3단계까지만 떨어진다는 것이다. 그러나 1단계에 있을 경우 떨어진다면 영원히 떨어지는 것을 의미한다.

(6) 법칙 6: 리더로서 당신은 모든 사람과 같은 수준에 있지는 않다. 리더십 5단계
를 배우면서 자신에게 질문하게 된다. 내 리더십의 단계는 무엇인가?
흥미로운 사실은 각각 사람들의 리더십이 각양각색이라는 것이다.
신입사원이라면 1단계일 확률이 높고 오래 근무한 사람이라면 3단
계일 것이다. 근무를 오래하고 친하면서 프로젝트를 하면서 성과도
냈다면 2단계일 것이다. 다른 사람을 개발했다면 4단계일 것이다.
(7) 법칙 7: 리더는 다른 리더들도 함께 높은 수준으로 올라가야 한다.

1단계는 저절로 주어지는 것. 허용의 수준에서는 관계를 맺는 것.
2-3-4단계는 열심히 노력해야만 가능한 것.
2단계는 생산, 4단계는 인재양성의 성장이다.
끝으로 5단계는 저절로 이뤄지는 것이다.

3-6. 관계리더십 예비 진단도구(경영자이자 멘토용)

리더로서 스스로 자신의 성공적인 리더십을 단계별로 아래 체크리스트를 통해
찾아보도록 하자. 아래 5단계별 설문 진단도구는 각 단계에서 성공하는 데 필요
한 특성들이다.

Level	진단 설문도구	4	3	2	1	0
Level 1 Position 지위를 통한 권리리더십 소계( )	나는 조직 전체를 완전히 파악하고 있다.					
	조직의 역사를 완전히 파악하고 있다.					
	경영에 대한 분명한 책임을 지고 있다.					
	업무처리가 신속 정확하다.					
	경영에 창조적인 아이디어를 제공한다.					
Level 2 Perfomance 성과를 통한 결과리더십 소계( )	목표달성을 위해 주도권을 쥐고 활동한다.					
	추진 계획 결과에 대한 책임을 진다.					
	크나큰 보상이 주어지는 일을 찾아서 한다.					
	경영의 전략과 비전을 사람들에게 이해시킨다.					
	결정하기를 두려워 않고 상황변화를 유도한다.					
Level 3 Relation 허용을 통한 관계리더 십 소계( )	사람을 진정으로 사랑하고 있다.					
	함께 일하는 사람을 성공토록 돕는다.					
	절차보다는 사람을 더욱 사랑한다.					
	나의 계획에 사람들을 참여시킨다.					
	까다로운 사람을 지혜롭고 처리하고 있다.					
Lebel 4 Reproducting 인재 개발을 통한 재생산리더십 소계( )	가장 소중한 자산이 바로 사람이다.					
	사람 개발에 최우선 순위를 둔다.					
	사람들이 따를 수 있는 모델이다.					
	사원들에게 성장의 기회를 준다.					
	사람들에게 리더입장에서 도움 받고 있다.					
Level 5 Respect 인격을 통한 존중리더십 소계( )	나를 따르는 자들이 충성스럽고 희생적이다.					
	리더로 지도하는 데 많은 시간을 보냈다.					
	고객들을 자주 찾는 경영자가 되었다.					
	사원들의 성장 모습이 가장 큰 즐거움이다.					
	지역사회에서 인정을 받는 인물이다.					
결 정	현재 우수단계 ( ), 희망단계 ( )					

제4장

혁신가치(Human Innovation) 개발

4-1. 멘토링에서 혁신의 개념(Concept)

멘토링에서 혁신(Innovation)의 개념은 개인적인 면과 조직적인 면, 즉 두 가지 차원에서 검토할 수 있다.

1) 개인적인 면: 멘제가 멘토라는 리더로 재생산될 때 이기(利己)주의에서 이타(利他)주의로, 즉 180도 변화를 가져오는데 이를 두고 혁신이라고 한다.

2) 조직적인 면: 조직의 CEO는 구성원 전체를 양적(量的)으로 관리(Productivity)하고 멘토는 구성원 중 한 사람 멘제를 질적(質的)으로 관리(Humanity)하게 되는데, 이때 조직은 양과 질의 관리가 제대로 이루어져 유기체(有機體)조직으로 변화되는 현상을 혁신이라고 한다.

일반적 Leadership	구분	혁신적 Mentorship
사람들(People)에게	대상	한 사람(A Person)에게
영향력(Influence)을 발휘하여	내용	역량(Competency)을 발휘하여
많은 추종자들(Followers)을 얻는 일	목적	한 리더(A Leader)를 얻는 일
양적(Quantity) 성장 평가	평가	질적(Quality) 성장평가
망원경적 리더십-숲을 보는 리더십	Synergy	현미경적 리더십-나무 보는 리더십

4-2. 멘토링의 혁신리더십

1) 멘토는 한 사람(A Person)을 리더(A Leader)로 화학적 변화, 즉 혁신이 이루어짐.
2) 멘토는 한 사람 멘제를 위하여 자신의 핵심 역량을 제공함으로 멘제를 변화시킴.
3) 멘토는 현미경적 멘토십으로 좁고 깊게 관리함으로써 질적 변화 유도가 가능함.

우리는 행복한 인생을 이루어 나가기 위해, 자기혁신으로 시작하여 희망과 나를 찾는 여정을 거쳐 라이프 플랜을 완성할 수 있다. 그러나 자신의 계획이 완벽하게 이루어지지 않더라도 너무 실망하지 말라. 원래 혁신(革新)이란 가죽이나 피부를 새롭게 하는 것, 가죽을 벗겨 내고 새롭게 해야만 하는 일이다. 그러나 어려운 일일 수밖에 없다. 그만큼 고통을 참아야만 하는 일인 것이다. 희망이란 인내로 완성된다고 한다. 그 희망이 클수록 인내의 힘도 당연히 커질 것이다. 다음 장의 다섯 가지 Sheet는 혁신을 돕는 도구다.

4-3. 자기혁신 다섯 가지 Sheet

Sheet 1. 나의 꿈 나의 희망

'나의 꿈 나의 희망'은 라이프플랜의 첫 번째 작업으로 자신의 생애를 성공적으로 설계하기 위한 시작단계이다. 아래 9가지 주제를 참고하여 현실의 생각보다는 자신의 희망을 충분히 반영하여 크고 강력한 꿈과 희망을 적어 보기 바란다.

NO	주제	성명:　　　　조직:　　　　작성일: **20** 년　월　일	의미
1	인생관	나는 사후에 어떤 사람으로 기억되기를 원하는가? 	생의 가치
2	전문성	내 인생의 절정기에 나는 어떤 전문가이기를 원하는가? 분야: 특징:	하고 싶은 일 스페셜 리스트
3	10년 뒤 모습은	아무 제약이 없다면, 나의 10년 뒤의 모습은 어디에서 무엇을 하고 있을까? 직업: 직위: 하는 일:	되고 싶은 모습

NO	주제	성명:　　　　조직:　　　　작성일: **20** 년 월 일			의미
4	20년 뒤 모습은	아무 제약이 없다면, 나의 20년 뒤의 모습은 어디에서 무엇을 하고 있을까?			되고 싶은 모습
		직업:			
		직위:			
		하는 일:			
5	경제력	내 인생의 희망 재정 상태			갖고 싶은 것
		10년 뒤:			
		20년 뒤:			
		노후:			
6	가정	내 인생의 기반이 되는 가정 모습			희망 가정 형태
7	특기	지금은 아니어도 앞으로 내가 내세울 수 있기를 바라는 특기 사항			창조성
8	문화 흥미 저술	내 인생에 있어서 창조성을 발휘하는 문화나 흥미, 저술 활동			창조성
9	휴먼 네트워크	인생의 친구, 희망 인맥			인맥
10					추가 항목

Sheet 2. 적성과 흥미 이해

적성과 흥미 이해는 라이프플랜을 설계하는 과정에서 가장 중요한 영역이라 할 수 있는 커리어, 즉 자신의 직업 선택과 성장, 성취와 관련이 높다. 적성과 흥미의 이해 작업은 현재의 직업이나 전공보다는 자신의 미래, 꿈과 희망을 반영할 수 있는 직업의 유형을 찾는 것이 중요하다.

NO	주제	성명:　　　　직장:　　　　작성일: 20년 월 인		의미
1	내가 하고 싶은 분야(일)	내가 하고 싶은 분야나 일은 무엇인가?		하고 싶은 일
2	주변에서 나에게 권하는 분야(일)	가족을 비롯한 주변에서 나에게 권하는 분야나 일은 무엇인가?		권하는 일
3	학창 시절 좋아 했던 과목	학교에서 좋아하는(했던) 과목은?		교과목
4	전공 또는 업무 지식	내가 선택한 전공이나 그 동안 준비한 업무와 관련한 지식은 무엇인가?		지식

NO	주제	성명: 직장: 작성일: **20년 월 일**	의미
5	직업(아르바이트)	내가 현재 또는 과거에 하고 있거나 해 보았던 직업 또는 아르바이트는 무엇인가?	경험
6	적성유형 (Aptitude)	나의 적성 유형은 무엇인가? A 타입 - 경영자형 B 타입 - 마케팅형 C 타입 - 기획형 D 타입 - 연구개발형 E 타입 - 사무형	멘토링 적성 찾기 게임 참고
7			추가항목

Sheet 3. 핵심가치

핵심가치(Core Value)는 자기가 존재하는 근본 이유가 되며, 자신이 전 생애에 걸쳐서 추구하고자 하는 그 무엇이 될 것이다. 그 무엇은 스스로 열정을 갖게 만들며, 끊임없이 동기부여를 하는 핵심가치를 말한다. 이제 여러분들은 무엇이 자신을 움직이게 만드는가를 생각해 보고 어떠한 세상을 만들어가고 싶은지 생각해 보도록 하자.

	성명: 조직: **20 년 월 일**
핵심 가치 세계관	나의 비전/사명서 작성을 위한 핵심가치 찾기 작업양식 다음 질문을 보면서 자신의 핵심가치와 추구하는 세계를 만들어 보라. 1) 무엇이 스스로 열정을 갖게 만들고, 열중하게 하는가? 2) 자신이 한평생 간직하고 싶고 그것을 위해 노력하고 싶은 가치는 무엇인가? 3) 자녀에게도 보유하도록 전달하고 싶은 핵심가치는 무엇인가? 4) 은퇴 후에도 삶의 여유가 있다면 유지하고 싶은 것은 무엇인가? 5) 자신이 설정한 가치로 인하여 설사 불이익을 받더라도 유지하고 싶은 것은 무엇인가? 6) 조직을 떠나서라도 계속하여 유지하고 싶은 가치는 무엇인가?
초안	나의 핵심가치[초안] 나 ( )은(는) 내 인생을 통하여 나의 핵심가치이며 존재 이유가 되는 가치로서 다음의 것을 추구한다. 1) 2) 3)
원하는 세계	또한 내가 원하는 세상은 다음과 같은 세계다. 1) 2) 3)

Sheet 4. 삶의 보물찾기

여러분의 보물은 무엇인가? 먼저 지금까지 삶 중에서 가장 큰 성공, 실패 등을 2~5개 적어보고 그에 대한 성공요인과 실패원인을 분석하여 대안방안을 세운다. 성공과 실패의 분석에서는 크기보다는 철저히 분석하는 자세가 필요하다.

NO	주제	성명:　　　직장:　　　작성일: 20　년　월	의미
1	성공의 경험	내 인생에서 성공했던 경험의 기억들 (가장 큰 기억들 2~5개 정리)	성공 학습
2	성공의 공통적 요인	나의 성공에서 공통적으로 적용된 요인은 무엇인가?	삶의 보물 강점
3	실패의 경험	내 인생에서 실패했던 경험의 기억들 (가장 큰 기억들 2~5개 정리)	실패의 자산화
4	실패를 피할 수 있는 방법	실패했던 경험에서 결정적인 실패의 원인	실패로부터 학습
5			추가 항목

Sheet 5. SWOT 분석

자신의 가장 핵심적인 목표를 대상으로 하지만, 직업이나 전문성, 나만의 경쟁력, 그리고 이들을 모두 통합한 하나의 목표에 대해 분석해 보자. 외부 환경 등은 자기에게 유리하게 해석하기보다는, 관련 전문가나 코치 멘토 등을 활용하여 최대한 정확한 분석을 수행하는 것이 좋다. 강점과 약점은 개인의 장점, 강점, 전문성, 지식, 경험, 약점, 습관 등을 토대로 정리는 것이 좋다.

성명:	조직:	20 년 월 일

10년(20년) 뒤 나의 목표	
S(Strenth) － － －강점	W(Weakness) － － －약점
1)	1)
2)	2)
3)	3)
4)	4)
5)	5)
O(Opportunities) － － －기회 요인	T(Threats) － － －위협
1)	1)
2)	2)
3)	3)
4)	4)
5)	5)

목표달성을 위한 전략 도출
1)
2)
3)
4)
5)

제5장

성과가치(Human Performance) 개발

5-1. 성과의 정의

멘토링에서 성과(Performance)의 정의는 멘토/멘제가 멘토링 활동기간 동안에 개인과 조직에서 얼마나 성과가 있는가를 평가하여 보여 주는 것을 말한다. 특히 멘토링에서 평가목적은 먼저 참여자의 포상만(벌은 배제)을 전제한다. 왜냐하면 정규업무를 다루면서 멘토링 활동까지 겸하기 때문이다.

5-2. 평가 착안점

멘토링의 이념은 타인을 배려하는 인간존중이다. 먼저 상호 간 인격을 존중하면서 참여하는 멘토/멘제의 개인의 목표 대비 성과 지표에 착안하고 그 다음 조직의 목표대 성과지표를 정하여 사전에 발표한다. 목표 대 실적평가는 추진팀, 모니터, 멘토/멘제 등 참여자들의 책임감 열정 몰입도를 높일 수 있는 것이다.

5-3. 타인 배려 평가

일반적으로 조직의 효율성을 위하여 구성원들을 경쟁－평가 등식을 활용하다 보니 치열한 경쟁의 후유증으로 구성원 간의 심한 갈등이 표출되고 있다. 멘토링의 타인배려 평가방식은 경쟁－협력－평가라는 등식을 활용하여 참여자의 선의 경쟁은 유도하되 타인을 배려하는 협력에 우선을 둠으로 갈등을 사전에 방지하고 성과를 얻게 되는 것이다.

1) 일반 조직체: 구성원의 경쟁－평가＝성과와 갈등
2) 멘토링 체제: 참여자의 경쟁－협력－평가＝성과

- 경쟁의미－타인과의 지나친 경쟁을 지양하고 자기와 경쟁을 유도하여 자신의 역량 개발에 최우선을 두도록 한다.
- 협력의미－타인을 배려, 즉 멘토는 자신의 핵심역량을 최대한 발휘하여 멘제를 자신보다 더 큰 리더로 개발한다.
- 평가의미－멘토링 평가의 핵심은 개인의 인간성(Humanity) 평가와 조직의 생산성(Productivity) 평가의 상승률을 성과지표로 삼는 것이다.
- 인간성 평가: 만족도(업무활동 관계 조직 애사심) 개인－PDI, 조직－HRI
- 생산성 평가: 유지율, 정착률, 성과율, 확보율, 달성률, 회수율

5-4. 정성평가 프로그램

1) 개인 만족도 평가목적

멘토링 활동은 멘토/멘제의 개인 활동이 우선하고 참여자의 개인 만족도 여하에 따라 조직 만족도가 좌우되므로 개인 인간성 평가가 우선된다.

① 평가 명칭: 정성평가 개인 만족도 평가

② 평가 방법: 4가지 만족도 진단도구를 사용하여 평가한다.

③ 평가 참여: 멘토/멘제

④ 평가 시점: 멘토링 활동 마감 즉시

2) 정성평가 개인 만족도 진단도구

구분	번호	진단도구	5	4	3	2	1
업무	1	현재 담당업무에 만족도 여부					
	2	상급자와 업무처리 협조 여부					
	3	담당업무 처리절차를 알고 있는 정도					
	4	타 부서와 업무협조 여부					
	5	금번 멘토링을 통해 업무숙달 정도					
활동	1	활동기간 만족도 여부					
	2	멘토/멘제 서로 활동 만족도 여부					
	3	미팅 활동이 유익 여부					
	4	얼마나 개인 성장 여부					
	5	멘토링 활동에 다시 참가 여부					
관계	1	멘토/멘제 서로 관계 만족도 여부					
	2	조직의 상급자와 관계 만족도 여부					
	3	조직의 동료와 관계 만족도 여부					
	4	가정식구들과 관계 만족도 여부					
	5	사회 접촉사람과 관계 만족도 여부					
조직	1	우리 조직의 인간존중 만족도 여부					
	2	내가 신뢰받고 있는 만족도 여부					
	3	인사관리에 만족도 여부					
	4	급여체계의 만족도 여부					
	5	조직 CEO 리더십에 만족도 여부					

5-5. 정량평가 프로그램

1) 조직 효율성 평가 목적

조직에 적용되는 제도적 멘토링은 인간성 바탕 위에 생산성 효과를 얻는 게 목적이다.

특히 정량평가 기준은 경영 생산 효율성을 기반으로 하는 게 원칙이다.

① 평가 명칭: 정량평가 조직의 효율성 평가
② 평가 방법: 다섯 가지 효율성 평가 지수에 의거하여 금번 해당되는 항목을
   적용한다.
③ 평가 주관: 멘토링 전문관리자와 전문 컨설턴트
④ 평가 시점: 멘토링 활동 마감 즉시
⑤ 평가 경비: 전문컨설턴트 인건비-자료수집 및 현장 출장비

2) 정량평가 효율성 평가 기준

구분	평가방법	효율성(%)
유지율	목적: 멘토/멘제 쌍별로 제대로 유지되고 있는가	
	산식: 현재 쌍/당초 쌍×100	
정착율	목적: 신입직원의 정착이 제대로 되고 있는가?	
	산식: 현재 멘제수/당초 멘제수×100	
참여율	목적: 멘토/멘제가 행사나 교육 참여 잘하는가?	
	산식: 참석인원/총인원×100	
숙달율	목적: 금번 멘토링 기간에 업무 숙달 되었는가?	
	산식: 금번숙달기간/정상으로 걸리는 기간×100	
회수율	목적: 투자자금이 수익적 회수 성과가 있는가?	
	산식: 회수자금/투자자금×100	
	회수자금 산출에 참고사항 1. 전년보다 추가 정착 신입직원×월 평균 보수액 2. 멘제 업무 조기숙달 기간×월 평균 보수액.	

Part 4

인격개발 기술(Skill)경영

제1장

소통(Communication)기술 개발

역사적인 차원에서 소통은 인류역사와 '함께'라고 볼 수 있다. 타인 배려 차원에서 아담에게 하와를 돕는 배필로 배려한 것이 소통의 근원이다.

멘토링 소통은 1:1이라는 대면을 원칙으로 이루어지는데 이는 가장 단시간 내에 가장 강한 힘을 발휘하는 인재 개발 소통 프로그램인 것이다.

1-1. 현대사회 소통과 리더십

1) 현대사회에서 소통리더십

뜻이 서로 통해 오해가 없다. 막히지 아니하여 '잘 통한다'라는 의미를 가진다. 이를 기업 경영에 적용해 보면, 하나는 고객과 기업, 조직 내부의 다양한 조직 간, 임직원들이 원활히 의사소통하는 것을 의미한다. 또 다른 하나는 단순히 의사소통만이 아니라 정보, 지식, 경험, 물리적 자원 등이 막힘없이 잘 흐르는 상태를 말하는 것이다.

2) 소통리더십의 전제로 인간 존엄성

(1) 하나님의 형상대로 창조된 인간은 인권 차원에서 반드시 존중받아야 한다.

(2) 한국을 비롯해서 자유민주주의 헌법이 인간의 존엄성을 인정하고 있다.

(3) 인간은 지식교육도 중요하지만 전인적인 차원에서 감성 등 인간성 개발교
육도 중요하다.

3) 잘못된 선입견 소통리더십

역사 속에서 독재자나 사회 이념주의자가 세뇌나 조작이나 협박을 통한 거짓
소통으로 국민을 설득한 것은 소통과는 거리가 멀다고 볼 수 있다. 특히 오늘날
국내에서도 대통령의 국민소통, 경영자의 직원소통, 목회자의 교인소통에서 이러
한 잘못된 선입견을 버려야 한다.

4) 소통리더십이 제대로 안 되는 이유

(1) 공익의 가치 중심에서 사익이나 집단이익을 우선 추구로 공익과 사익 간에
균형이 이루어지지 않기 때문이다.

(2) 인격적으로 평등 차원에서 소통리더십을 벗어나 세뇌나 설득 리더십으로
접근한다.

(3) 인간 배려 차원에서 전인적인 역량개발에서 벗어나 단지 단편적인 주입식
지적 교육 중심으로 접근한다.

1-2. 한마음 Big 3 소통모델

인류 역사와 함께한 소통은 원활하면 형통(亨通)이, 그렇지 못하면 고통(苦痛)의
삶이 되었다. 특히 멘토링은 1:1 대면 소통 방법으로 인간성, 기술성 그리고 윤리
성을 강조한다. 여기에 시대별로 소통기술, 소통단계, 소통주제별로 소통리더십
의 달인 Big 3를 소개한다. 오늘날 사회 각 조직의 리더들에게 벤치마킹 자료로
활용을 기대한다.

1) 카사노바와 그 여인들

* 카사노바는 어떻게 100여 명의 여인의 마음을 사로잡았을까?

2) 다윗과 요나단

* 다윗은 어떻게 요나단과 한마음으로 왕권을 넘겨받았을까?

3) 빌 게이츠와 워런 버핏

* 빌 게이츠는 어떻게 버핏에게 300억 불 기부금을 받았을까?

1. 소통 1: Best 카사노바와 그 여인들

카사노바는 난봉꾼? 타고난 여성심리학자이자 소통의 달인! 희대의 호색가라는
남부끄러운(?) 꼬리표 말고, 신학을 전공한 법학 박사이며 비밀 외교관, 종교 철학
자, 사제, 바이올리니스트였던 사람이라면 누구를 떠올리겠는가?

[Casanova]

백전백승 커뮤니케이션 – 3 Skill 벤치마킹하기

Skill 1. 먼저 대접받고 싶으면 대접하라.
다른 사람의 능력과 업적을 인정하라.

Skill 2. 먼저 무조건 칭찬하라.
상대방이 스스로 다가오게 하려면 남들이 몰라주는 숨겨진 매력을 찾아 칭찬과 찬사를 아끼지 말라.

Skill 3. 먼저 과거는 잊어라.
한 연애를 끝내고 다음으로 넘어갈 때 마음을 하얗게 비우고 다음 연애에 몸과 마음을 던져라.

1725년 4월 2일 베네치아에서 출생하였다. '생갈트의 기사(Chevalier de Seingalt)'
라는 이름은 그가 자칭한 것이다. 처음에는 성직자·군인·바이올리니스트 등으
로 입신하려 하였으나, 추문(醜聞)으로 투옥되었다.

1756년 탈옥한 이후부터 생애의 3분의 2를 여행으로 유럽 전토를 편력하였다.

재치와 폭넓은 교양을 구사하여 외교관·재무관·스파이 등 여러 직업을 갖기도
하고, 감옥에 투옥당하는 등 그의 삶은 변화무쌍하였다. 그동안 여러 계층의 사람
들(君侯·귀족·문학가·과학자·예술가·희극배우·귀부인·천민·사기꾼·방
탕아)과 두루 사귀었고 계몽주의 사상에도 접하며 파란만장한 생애를 보냈다.

그는 보헤미아 둑스의 성에서 발트슈타인 백작의 사서(司書)로 쓸쓸히 죽었으
나, 그의 저술가로서의 명성은 이 성에서 지루한 나날을 달래기 위해 쓴『회상록
Histoire de ma vie』(12권, 1826~1838) 때문이다. 이것은 18세기 유럽의 사회·풍속
을 아는 데 귀중한 기록이 되었다. 또한 5부로 된 공상소설『20일 이야기 Icosameron』
(1888)는 쥘 베른의『지저(地底) 여행』의 선구적 작품이라 일컬어진다.

희대의 호색가라는 남부끄러운(?) 꼬리표 말고, 신학을 전공한 법학 박사이며
비밀 외교관, 종교 철학자, 사제, 바이올리니스트였던 사람이라면 누구를 떠올리
겠는가? 당대 유럽의 지성이었던 카사노바가 '호색'이라는 하나의 평가로만 남겨
진 데는 그의 자서전『내 인생 이야기』가 큰 몫을 하였다. 사드만큼의 적나라함이
아니었음에도 불구하고 그의 생생한 연애담 묘사가 제대로 빛을 발하기까지는
162년이라는 시간이 필요했을 만큼, 그의 자서전은 충격적이고 리얼한 호흡이 살
아 있다.

그리고 이 책은 그의 자서전 중 1년 남짓한 스페인 여행 부분만을 발췌하여 만
들어졌다. 욕망으로 타오르는 스페인 여성과 무능한 남성들에 대한 탁월한 묘사
는 도망과 망명을 거듭하며 전 유럽을 누볐던 과거의 여정에 영향을 받았을 것으
로 보인다. 두 번에 걸친 투옥, 연이은 추방, 귀족들과의 불화와 다툼, 무산된 사
업, 두 여인―이그나시아와 니나―과의 사랑을 담담하게 풀어 나가며 스페인에
관한 인류학적인 견해와 일상적이고 세세한 묘사들을 가득 채워, 스페인에 대한
사료적 가치도 충분하다고 평가받는다.

1) 소통 Skill 1. Benchmarking

'사랑받고 싶다면 사랑하라.' 이 단순한 명제는 가장 이상적인 커뮤니케이션 방
법이다. 이것을 몸소 실천한 인물로 희대의 난봉꾼으로 일컬어지는 카사노바가

꼽힌다. 30여 년간 100여 명의 여인들을 사로잡았던 카사노바를 다른 시각에서 보면 타고난 여성심리학자이자 탁월한 커뮤니케이터로 해석할 수 있다. 상대방으로 하여금 자신의 매력에 빠지게 하는 능력, 그래서 상대방이 스스로 다가오게 하는 마력, 시대의 리더에게 필요한 커뮤니케이션 스킬을 카사노바에게서 찾아볼 수 있다.

사람은 끝없이 관심과 애정을 갈구하는 것으로 평생을 소진한다고 봐도 지나치지 않는다. 정치가들은 국민의 많은 지지를 받길 원하고, 대중스타는 많은 팬들의 사랑을 원하고, 선생님들은 많은 학생들에게 좋은 스승이 되길 바라고, 학생들은 친구들에게 사랑받는 사람이 되고 싶어 한다. 기업의 경영자 역시 많은 구성원들이 자신의 경영방침을 따라 주고 열심히 일해 줄 것을 기대한다. 이런 욕망 속에서 원만한 소통을 위한 노력을 하고 사랑받기 위한 노력을 게을리하지 않는다.

2) 소통 Skill 2. Benchmarking

‘내가 대접받고 싶은 대로 남을 대접하라’는 말이 있다. 이것은 사람 간 커뮤니케이션의 최상급이라 해도 좋을 정도로 이상적인 방법이다. 내가 칭찬받고 싶다면 다른 사람도 똑같이 칭찬하고, 내가 누군가에게 인정받고 싶다면 나 역시 다른 사람의 능력과 업적을 기꺼이 인정할 줄 알아야 한다. 내 말을 다른 사람이 잘 들어주고 따라 주길 바란다면, 나도 다른 사람의 말을 경청하고 성실하게 반응해야 한다. 내가 윗사람이니까 적당히 명령하고 지시하는 방법에만 의지해서는 안 된다. 이렇듯 ‘사랑받고 싶다면 사랑하라’는 것이 커뮤니케이션의 기본이라면, 이를 몸소 실천했던 카사노바에게서 그 기술을 배울 수 있지 않을까.

카사노바는 그야말로 본능에 충실한 인물로, 남성들의 판타지라 할 수 있다. 그의 회고록에 의하면 15세부터 45세에 이르기까지 약 30년간 100명이 넘는 여성과 관계를 가졌다고 한다. 카사노바의 자부심은 많은 여성을 만났다는 데 있지 않다. 유흥가에서 돈을 주고 여성을 사지 않았고, 폭력이나 완력으로 여자를 유린하거나 관계를 갖지 않았다는 것이 그의 자랑거리였다. 한마디로 여성들이 스스로 원하게 만들었다는 것인데, 어떻게 그럴 수 있었을까. 어떤 매력이 마력처럼 작용해 여성들을 꼼짝 못하게 할 수 있었을까?

카사노바의 이력을 보면 그를 단순한 바람둥이로 치부하기에 석연치 않아 보인다. 그가 생전에 가진 직업만 해도 법학박사, 철학자, 사제, 바이올리니스트, 연극배우, 도박꾼, 사업가, 외교관 등 수십 가지다. 다재다능한 인물이었으니 많은 여성이 따랐을 것이라 생각할 수도 있다. 그런데 특이한 점은 카사노바가 점찍은 여성들의 유형이다. 첫째가 미인이 아닌 여성, 둘째가 중성에 가깝고 뚜렷한 개성이 없는 여성을 선택한다는 점이 다른 남성들과 달랐다. 한마디로 보통 남자들이 거들떠보지 않는 여성을 선택한다는 것이다.

카사노바는 인기가 없는 듯한 여성을 선택한 뒤, 그들의 숨겨진 매력을 찾아내 살살 녹게 칭찬하고 찬사를 퍼부었다. 카사노바는 "여성을 위해 태어났다고 자각한 나는 언제나 여자를 사랑할 뿐 아니라, 그 여성들로부터 사랑받고자 최선을 다했다"고 말했다. 여성들이 빠져들지 않을 수 없는 대목이다. 카사노바가 정력가인 것처럼 알려져 있지만 사실은 타고난 여성심리학자라고 해도 과언이 아니다. 여성의 심리를 잘 읽었다는 점에서 탁월한 커뮤니케이터라고도 할 수 있다.

마음에 들지 않더라도 때로는 덮어 놓고 칭찬하는 일이 필요할 때가 있다. 비판과 비난, 꾸중이 더 이상 아무런 효과를 내지 못하고 사람의 의욕만 떨어뜨리거나 기운을 빼앗아 갈 때다. 칭찬은 마음을 움직이기 위해서, 동기를 부여하기 위해서 필요하다. 칭찬은 고래만 춤추게 하는 것이 아니라 의욕을 잃거나 좌절한 사람도 일어서게 한다. 미래의 비전이 확고한 경영자의 눈으로 보자면 조직 구성원의 노력이 마음에 차지 않는 경우가 더 많을지 모른다. 하지만 야단치고 비난한다고 생산성이나 실적이 좋아지지 않는다. 차라리 부족한 점이 보여도 눈 질끈 감고 덮어 놓고 칭찬 한번 해 보라. 그것이 천 리 길의 첫 걸음이 된다.

그런데 무엇인가 칭찬하고 싶고 긍정적인 말을 하고 싶어도 자꾸 예전에 잘못했던 것, 실수했던 것, 나를 분노하게 했던 일들이 생각나 또 그런 일을 저지를까 노파심에 자꾸 잔소리가 길어질 때가 있다. 회사 전체의 나아갈 길을 찾고 조직을 책임져야 하는 사람이면 누구나 갖게 되는 어려움이지만 이때도 카사노바를 벤치마킹해 보면 어떨까.

3) 소통 Skill 3. Benchmarking

'과거 여자는 다 잊어라'다. 독서 애호가였던 카사노바는 자신의 작업 비결에 대해 "한 연애를 끝내고 다음으로 넘어갈 때 한 책을 덮고 다른 책을 열듯 마음을 비우고 또 다음 연애에 몸과 마음을 던진 망각의 힘이었다"고 말했다. "최고의 연인이 되고 싶다면 지금 내 눈앞에 있는 여자 때문에 옛날 여자 같은 건 다 잊었노라고 대답해 주라"는 것이다. 정말로 잊으면 금상첨화겠지만 말이다.

여러분도 카사노바처럼 과거를 잊어 보라. 지나간 과거가 앞으로 갈 길의 반면교사는 되겠지만, 과거에 매달려 있는 한 내일을 향한 추진력을 잃게 된다. 커뮤니케이션 과정에서 불행하게도 너무나 많은 사람들이 과거에 매달려 지낸다. 경영자는 미래를 향해 선 사람이다. 조직 구성원이 자신의 일에 보람을 느끼고 회사를 사랑하게 하려면, 과거의 실수나 잘못이 발목을 잡도록 해서는 안 된다. 일부러 경영자가 나서서 고리를 끊고 잊어 주어야 한다.

보람 있고 행복한 일터가 되는 기업문화는 사내에서 직원들의 원활한 쌍방향 소통과 활력이 없이는 불가능하다. '사람'이나 '사람 간의 소통'이 빠진 일터는 한 개의 부속만 빠져도 공장 전체가 한꺼번에 가동을 멈추는 시스템과 같다. 과거에 붙잡혀 있지 말고 현재의 모습을 긍정적으로 포지셔닝해 보라. 조직원들을 칭찬하는 것으로 그들의 잠재능력까지 춤추게 만든다. 그러면 리더 여러분들이 춤출 날이 한결 빠르게 올 것이다.

2. 소통 2: Best 다윗과 요나단

1) 멘토링 소통 3단계(Step) Benchmarking하기

Step 1. 우정단계 – 요나단은 적장을 물리친 다윗에 호감을 갖고
다윗이 불레셋 적장 골리앗을 비무장 상태로 물리친 후부터 사울 왕의 맏아들 요나단은 사울 왕의 후계자였음에도 불구하고 놀랍게도 다윗에게 호감을 갖고 헌신적인 우정을 보였다(삼상 20:31).
Step 2. 인격단계 – 서로 간 신뢰와 존경으로 한마음을 갖고
다윗이 요나단의 아버지 사울의 부름으로 궁궐에 출입하게 되면서 둘은 깊은 우정을 쌓아 갔다. 나중에 사울이 다윗을 질투하여 죽이려 하자 그 뜻을 요나단이 알고 다윗을 위험에서 구해 주기까지 했다. 요나단은 왕자였지만 그 자리에 대한 욕심보다 다윗을 아끼고 인격적으로 상호 간 신뢰와 존경하는 한마음이 되었다.
Step 3. 사명단계 – 서로 간 생명과 왕권을 귀하게 여기고
요나단은 자기 아버지가 다윗을 증오한다는 것을 알게 되었을 때 친구를 두둔하였다(삼상 19:1~7).
요나단은 십황무지에서 다윗이 장차 왕이 되겠다는 약속을 했다(삼상 23:15~18). 결국 다윗은 이스라엘 2대 왕이 되었다.

2) 멘토링 소통 효과(Result)

(1) 왕권 전수-이스라엘 2대 왕위를 승계하다.

(2) 성군 다윗-이스라엘에서 성군으로 추앙받다.

(3) 므비보셋-요나단의 불구아들을 왕자처럼 여겼다.

3) 멘토링 소통 세부 전개사항

(1) 다윗이 골리앗을 쓰러뜨렸을 때 다윗의 마음과 연락되었다(삼상 17: 56~58, 18:1).

왕이 가로되 너는 이 청년이 누구의 아들인가 물어보라 하였더니, 다윗이 블레셋 사람을 죽이고 돌아올 때에 블레셋 사람의 머리가 그 손에 있는 채 아브넬이 그를 사울의 앞으로 인도하니, 사울이 그에게 묻되 소년이여 누구의 아들이뇨. 다윗이 대답하되 나는 주의 종 베들레헴 사람 이새의 아들이니 이다.

사울에게 말하기를 마치매 요나단의 마음이 다윗의 마음과 연락되어 요나단이 그를 자기 생명같이 사랑하니라.

(2) 요나단은 다윗을 자기 생명같이 사랑하여 더불어 언약을 맺었으며 요나단이 자기의 입었던 겉옷을 벗어 다윗에게 주었고 그 군복과 칼과 활과 띠도 그리하였더라(삼상 18:3~4).

(3) 아버지 사울 왕의 잘못을 눈물로 간하여 다윗을 구하는 데 온갖 노력을 아끼지 않았다(삼상 19:1~7, 20:16~17).

사울이 그 아들 요나단과 그 모든 신하에게 다윗을 죽이라 말하였더니 사울의 아들 요나단이 다윗을 심히 기뻐하므로, 그가 다윗에게 고하여 가로되 내 부친 사울이 너를 죽이기를 꾀하시느니라 그러므로 이제 청하노니 아침에 조심하여 은밀한 곳에 숨어 있으라.

내가 나가서 너 있는 들에서 내 부친 곁에 서서 네 일을 내 부친과 말하다가 무엇을 보거든 네게 알게 하리라 하고, 요나단이 그 아비 사울에게 다윗을 포장하여 가로되 원컨대 왕은 신하 다윗에게 범죄치 마옵소서 그는 왕께 득죄하지 아니하였고 그가 왕께 행한 일은 심히 선함이니이다. 그가 자기 생명을 아끼지 아니하고 블레셋 사람을 죽였고 여호와께서는 온 이스라엘을 위하여 큰 구원을 이루셨

으므로 왕이 이를 보고 기뻐하셨거늘 어찌 무고히 다윗을 죽여 무죄한 피를 흘려 범죄하려 하시나이까.

사울이 요나단의 말을 듣고 맹세하되 여호와께서 사시거니와 그가 죽임을 당치 아니하리라. 요나단이 다윗을 불러 그 모든 일을 알게 하고 그를 사울에게로 인도하니 그가 사울 앞에 여전히 있으니라.

이에 요나단이 다윗의 집과 언약하기를 여호와께서는 다윗의 대적들을 치실지어다 하니라. 요나단이 다윗을 사랑하므로 그로 다시 맹세케 하였으니 이는 자기 생명을 사랑함같이 그를 사랑함이었더라.

(4) 요나단은 사울 왕이 다윗을 죽이려는 계교를 암호로 활을 쏘아서 위기로부터 벗어나게 했다. 그리고 다윗을 옹호하다가 사울 왕의 격노를 사고 핍박을 받았다(삼상 20:30~34).

사울이 요나단에게 노를 발하고 그에게 이르되 패역부도의 계집의 소생아 네가 이새의 아들을 택한 것이 네 수치와 네 어미의 벌거벗은 수치됨을 내가 어찌 알지 못하랴. 이새의 아들이 땅에 사는 동안은 너와 네 나라가 든든히 서지 못하리라. 그런즉 이제 보내어 그를 내게로 끌어오라. 그는 죽어야 할 자니라.

요나단이 그 부친 사울에게 대답하여 가로되 그가 죽을 일이 무엇이나이까. 무엇을 행하였나이까. 사울이 요나단에게 단창을 던져 치려 한지라. 요나단이 그 부친이 다윗을 죽이기로 결심한 줄 알고 심히 노하여 식사 자리에서 떠나고 달의 제 이일에는 먹지 아니 하였으니 이는 그 부친이 다윗을 욕되게 하였으므로 다윗을 위하여 슬퍼함이었더라.

(5) 요나단은 십황무지에서 다윗이 장차 왕이 되고 자기는 다음이 되겠다는 약속을 했다. 그리고 영영 헤어졌다(삼상 23:15~18).

다윗이 사울의 자기 생명을 찾으려고 나온 것을 보았으므로 그가 십황무지 수풀에 있었더니, 사울의 아들 요나단이 일어나 수풀에 들어가서 다윗에게 이르러 그로 하나님을 힘 있게 의지하게 하였는데, 곧 요나단이 그에게 이르기를 두려워 말라 내 부친 사울의 손이 네게 미치지 못할 것이요 너는 이스라엘 왕이 되고 나는 네 다음이 될 것을 내 부친 사울도 안다 하니라. 두 사람이 여호와 앞에서 언약하고 다윗은 수풀에 거하고 요나단은 자기 집으로 돌아가니라.

4) 멘토 요나단의 다윗에 대한 소통 영향력

인격	요나단의 다윗을 위한 전인적인 서비스	요나단의 도움으로 다윗의 성과
전문 知	1. 장비: 군복과 칼과 활을 언약으로 주었다. 2. 전쟁: 다윗의 전쟁 승리를 왕께 변호했다.	1. 정보: 사울의 전략을 사전 탐지했다. 2. 환영: 백성들의 환영이 사울을 능가했다. 3. 왕위: 사울 왕 후계자로 인정받았다. 4. 승리: 골리앗에게 패배를 안기고 승리했다.. 5. 성군: 온 백성으로부터 성군으로 추앙받았다.
정서 情	1. 눈물: 다윗을 위해 눈물로 사울 왕을 구했다. 2. 위협: 사울이 요나단을 창으로 위협했다.	
의지 意	1. 왕위: 다윗이 왕이 될 것으로 인정했다. 2. 흥망: 사울의 패망과 다윗을 우선했다. 3. 승리: 골리앗으로부터 승리를 축하했다. 4. 생명: 다윗을 생명 걸고 보호했다.	

3. 소통 3: Best 빌 게이츠와 워런 버핏

1) 세계 갑부인 빌 게이츠와 워런 버핏 Story

빌 게이츠(Bill Gates, 56)	워런 버핏(Warren Buffett, 81)
• 1955년생(56세), MS-CEO • 컴퓨터 황제(12세 입문) • 세계부자 1위 • 빌은 최근 은퇴하고 그간 26조 기부한 빌 앤 멜리다 자선재단에 전념	• 1930년생(81세), 버크셔 해서웨이-CEO • 투자의 귀재(11세 주식투자입문) • 세계부자 2위 • 최근 35조 빌 앤 메린다 자선재단 기부 • 그와 점심 한 끼 22억 원(2008년 06월)이면 7명까지 투자 자문

[워런 버핏의 금세기 기적의 기부]

세계 2위의 부자 워런 버핏(Warren Buffett, 76) 버크셔 해서웨이 회장이 자신의 재산 가운데 85%에 해당하는 374억 달러(약 36조 원)를 5개 자선단체에 기부한다고 발표했다. 그는 특히 기부금 대부분을 세계 1위의 부자인 빌 게이츠(50) 마이크로소프트 회장 부부가 운영하는 빌 앤 멜린디 게이츠재단에 보내기도 해 큰 감동을 주고 있다.

버핏은 자신이 운영하는 투자 회사인 버크셔 해서웨이 홈페이지를 통해 빌 앤 멜린다 게이츠재단과 자신의 자녀들이 운영하는 3개 자선단체, 작고한 아내를 기리기 위해 만든 자선단체에 매년 버크셔 해서웨이 주식을 기부하기로 했다. 기부 액수 374억 달러는 앤드루 카네기나 존 록펠러, 헨리 포드 등의 기부금을 능가하는 사상 최대 규모다.

투자의 귀재로 불리는 버핏은 회사 지분 약 31%(47만 4,998주, 440억 달러)를 보유하고 있으며, 기부금 가운데 310억 달러를 빌 게이츠재단에 기부할 예정이다.

버핏은 그동안 자기가 죽은 뒤에야 상당 금액의 기부를 할 것이라고 주장해 왔고, 그의 기부금은 대부분 아내의 재단에 넘겨질 것으로 예상됐었다. 하지만 버핏은 지난 2004년 아내가 죽었고 재산을 기부하는 것이 옳다는 확신이 섰으며, 빌 게이츠에 대한 믿음이 있어서 자금 처분을 시작했다고 말했다.

2) 두 사람은 인간성 중심의 소통 멘토링의 모델이 되었다

① 멘토링 기간: 20년간(1991년 1월 1일부터 현재까지) 멘토링을 계속했다.
② 멘토링 목적: 상호 간 관계 촉진 멘토링 활동으로 목적을 삼았다
③ 멘토링 특징: 빌은 자가 컴퓨터를 팔려하지 않고 가르쳤으며, 버핏은 사탕을 팔려하지 않고 카드놀이를 가르쳤다.
④ 멘토링 활동: 상호간 사업고민상담, 가정방문, 그리고 여행을 함께 하고 1달러 카드게임을 하면서 즐겼다.

특히 두사람은 각기 상대방 취향 맞게 대우했으며,. 이들은 온라인에서 몇 시간씩 1달러 내기를 하면서 감성 멘토링의 활동을 이어갔다. 카드게임을 하는 것으로 유명한데 게이츠는 버핏에게 컴퓨터 사용법을 가르쳐 줬으며 버핏은 수년 동안 브리지 게임을 멀리해 온 게이츠에게 카드게임을 다시 가르쳐 줬다고 한다.

버핏과 게이츠는 10대에 자신들이 하고 싶은 일을 찾았다는 점과 자수성가했다는 공통점을 가지고 있다. 게이츠는 12세에 컴퓨터에 대한 관심을 키워 왔다고 한다. 버핏 역시 11세에 주식투자를 시작했으며 지금까지 투자를 하며 살고 있다. 이들은 부자 부모가 있었던 것도 아니었지만 자신이 하고 싶은 일을 꾸준히 해 왔으며 그 결과 각각 버크셔 해서웨이와 마이크로소프트를 세계적인 기업으로 일궈 낼 수 있었다.

두 사람의 또 다른 공통점은 수백억 달러를 소유한 세계 최고 부자지만 검소하고, 꾸밈이 없으며 소탈한 것으로 유명하다. 실제로 그들은 평범한 옷차림으로 출근하는 것으로 알려져 있다. 또 둘 다 아침을 먹지 않으며 점심과 저녁을 화려한 레스토랑에서 먹기보다는 패스트푸드점에서 햄버거를 먹는 것을 좋아한다.

버핏은 게이츠에 대해 "유머감각을 좋아한다"고 밝힌 바 있다. WSJ는 2000년 한 기사에서 버핏이 게이츠의 유머감각에 대해 언급했다고 보도했다.

당시 버핏은 게이츠와 중국 베이징에 위치한 쯔진성(紫禁城)을 방문한 사례를

소개하면서 당시 중국여성들이 고대 두루마리를 조심스럽게 펼쳐 관광객들에게 보여 주었는데 게이츠는 버핏 귀에 대고 "두루마리를 제대로 말지 않고 넣으면 벌금 2달러 있다고 하지요"라며 농담했다고 소개했다.

3) 두 사람은 미국 사회에서 노블레스 오블리주 주도

지난 2000년 빌 게이츠와 아내 멜린다가 설립한 게이츠재단은 자산이 300억 달러에 달하는 미국 내 최대 자선 재단으로 후진국 교육사업과 에이즈, 말라리아, 결핵 퇴치사업을 벌이고 있다.

워런 버핏과 빌 게이츠는 1991년 처음 만난 이래 사업상 동료이자 친한 친구로 지내 왔다. 함께 여행을 하거나 정기적으로 온라인 브리지 게임을 했고, 수시로 개인적이거나 사업상의 문제를 의논했다.

버핏의 나머지 기부금 60억 달러는 아내를 기린 수전 톰슨 버핏재단(가족계획), 장남의 하워드 버핏재단(환경보호), 딸의 수전 버핏재단(저소득층 교육 지원), 차남의 노보재단(교육과 인권)에 나누어 줄 예정이다. 이번 기부 후에 남은 마지막 66억 달러도 생전 혹은 사후에 모두 자선사업에 사용할 계획이라고 버핏은 밝혔다.

세계 2위의 부자임에도 불구하고 버핏의 평소 생활은 검약과 신의로 일관되어 있다. 그는 학창시절 신문배달 등을 통해 모은 9,800달러를 밑천으로 50년 만에 거부가 되었다. 하지만 1958년 고향인 네브래스카 주 오마하에서 3만 1,500달러를 주고 산 집에서 계속 살고 있으며, 20달러짜리 스테이크 하우스를 즐겨 찾는다. 번호판이 검약(Thrifty)인 2001년식 링컨 타운카 중고차를 몰고 다니고, 12달러짜리 이발소에서 머리를 깎는다. 친구를 끝까지 믿고, 자신이 잘 아는 우량종목에 장기 투자한다는 원칙은 갖고 있다. 사람들은 시곡 노인풍의 그를 오마하의 현인(賢人)이라 부른다.

1-3. 소통개발 지수 측정법

1. 소통지수 측정방법

오늘날 우리 사회는 정보와 다양화 특성의 다양화로 인하여 남다르게 소통에 대한 준비 없이는 고통이 따르고 관계를 이어 가기 어렵고 힘든 사회다. 소통하기 위해서는 효과적 커뮤니케이션이 필요하며 먼저 타인을 배려하는 입장에서 생각하고 경청에 유의해야 한다.

소통을 위해서는 피나는 연습과 노력이 필요하다. 시스코의 존 챔버스 회장은 난독증이었으며 처칠은 말더듬이었음에도 불구하고 대중과 소통하기 위해 피나는 노력연습을 했다. 우리의 소통 지수를 알아보고 필요한 부분을 적극적으로 개선하기 위해 노력해 보기로 하자. 다른 사람을 만나는 상황을 머릿속에 그리며 테스트해 보라.

5점: 항상 그렇다.

4점: 대체로 그렇다.

3점: 보통이다.

2점: 대체로 그렇지 않다.

1점: 전혀 그렇지 않다.

2. 소통지수 자기 진단 Sheet

NO	원칙	자기진단내용	Check
1		다른 사람을 만날 때 상대방과의 차이를 인정하는가?	
2	공감	상대방에 대해 알고자 노력하는가?	
3	원칙	상대방의 심정과 생각을 이해하고자 노력하는가?	
4		자기 이야기를 격의 없이 질문하는 편인가?	
5		말하기보다는 상대방의 이야기를 듣는가? (양적 입장)	
6	경청 원칙	상대방의 이야기를 진지하게 깊게 듣는가? (질적 입장)	
7		사람을 만날 때 의상과 외모에 신경을 쓰는가?	

NO	원칙	자기진단내용	Check
8	통합 원칙	말할 때 상대방을 설득하기 위해 제스처를 사용하는가?	
9		이야기를 할 때 상대방과 눈을 마주치는가?	
10		상대방에게 부드럽게 이야기하는가?	
11	스토리 텔링 원칙	상대방과 막힘없이 많은 이야기를 할 수 있는가?	
12		다른 사람의 이야기 등 사례를 많이 말하는가?	
13		상대방에게 말할 때 조리 있고 짜임새 있게 이야기하는가?	
14	명료성 원칙	상대방에게 말할 때 이야기 주제가 명료한가?	
15		상대방에게 말할 때 주제가 논리적이고 출처가 분명한가?	
16	반복 자극 원칙	상대방에게 자기주장을 반복해서 설득하는가?	
17		타인과 만날 때 자기만의 매력을 보이려고 노력하는가?	
18		누군가를 만났을 때 타인을 배려하는 매너가 있는가?	
19	진정성 원칙	누군가 만났을 때 상대방에게 집중하는가?	
20		상대방에게 하고 있는 말과 행동이 일치하다고 보는가?	

3. 자기점검 등록표

등급	득점점수	평가	평가내용
1	90점 이상	소통의 달인	어떠한 상황에서도 차이를 인정하고 소통을 시도한다. 경청을 통해 다른 사람의 의견을 먼저 받아들이고 자신의 의견도 상황에 맞게 적절히 전달한다. 항상 상대방을 최우선으로 하여 소통한다. 역사적 인물이나 성인의 반열이다.
2	80	원활한 소통	소통을 하고자 매사 노력한다. 여건이 허락하면 차이를 인정하고 좋은 관계를 맺고자 노력한다. 주변 사람에게 친화력이 좋은 사람으로 인정받으며 매력적인 인물로 주변에 사람이 모인다.
3	70	평범한 소통	소통의 중요성을 인식하고 소통하고자 시도하지만 안 되는 경우가 종종 발생한다. 자신의 이익과 관련된 문재가 개입되면 소통보다는 일방적 주장으로 상대방을 설득하고자 한다.
4	55	일방적 소통	소통을 자신의 주장이 관철되는 것으로 이해한다. 자신의 주장을 모두 전하는 것이 좋은 소통이라 생각하고 특히 자신의 매력을 높이는 것에 몰두하지만 상대방에게 잘 집중하지는 않는다.
5	55점 이하	불통의 단계	타인과 차이를 인정하지 못할 뿐 아니라 자신의 메시지 자체도 효과적으로 전달하지 못한다. 관계 형성이 안 되며 나중에는 만남 자체를 꺼린다.

자료인용 : http://Zimm.blog.me/40094294031

제2장
칭찬(Pygmalion)기술 개발

　요즈음 우리 사회는 '칭찬은 고래도 춤추게 한다'는 책이름과 같이 도처에서 칭찬 분위기가 무르익고 있다. 멘토링코리아에서는 일찍이 심리학을 활용한 과학적인 칭찬기법으로 '피그말리온 칭찬기법'을 개발하여 1:1 멘토링 활동에 적용함으로 큰 효과를 얻고 있다.

　금번 새로운 10년 인간중심의 시대에서 피그말리온 칭찬기법이 가정에서, 직장 등 각계각층에서 활용되어 메마른 사회에서 인간성 회복에 큰 보탬이 되기를 기대해 본다

　Pygmalion의 원리는 특정한 사람에 기대를 갖고 칭찬기법을 적용하면 좋은 효과를 얻는다는 것으로 특히 1:1 멘토링에서 멘토가 이러한 칭찬기법을 활용하면 성공률이 높아진다는 맥킨지 컨설팅의 사례 보고서를 함께 소개한다.

2-1. Pygmalion 특징

　피그말리온의 칭찬기법은 먼저 상대방의 눈높이에 맞춘 칭찬기법을 실습하는 과정이다. 먼저 상대방을 4가지 행동유형으로 구분하여 봄형, 여름형, 가을형, 겨울형에 맞게 수준별로 칭찬하는 심리적이고 과학적인 칭찬기법이다.

[Pygmalion 칭찬기법의 특징]

1. 심리적 측면에서 4개의 행동유형별로 칭찬한다.
2. 1:1 멘토링 활동에 적용하여 효과가 높다.
3. 멘토 관점에서가 아니라 상대인 멘제의 관점에 맞게 칭찬한다.
4. 평준화 칭찬이 아닌 특정한 상대 한 사람을 수준별로 칭찬한다.
5. 상대를 사전에 알고 칭찬함으로 감동을 준다.

멘토제도(Mentor Program)는 기업체, 학교, 교회, 군대, 공공기관 등 모든 조직의 구성원들에게 폭넓게 적용할 수 있다. 이런 조직에는 효과적이고, 저런 조직에는 효과적이지 않다고 할 만한 것이 별로 없다는 것을 경험에 비추어 판단할 수 있다. 다만 멘토제도를 일회성 교육 이벤트 식으로 도입하여 그 후 제대로 프로그램을 유지하느냐, 못 하느냐에 따라 성패가 좌우된다는 것을 알아야 한다.

그러므로 멘토는 멘제에 관하여 날마다 관심을 갖고 준비된 적절한 프로그램을 적용하는 것이 무엇보다도 중요하다는 것은 두말할 필요도 없다. 특별히 피그말리온 게임은 멘토/멘제가 도입 교육 후 일정 기간이 지나면 열이 식어질 가능성을 염두에 두고 활동 촉진 프로그램으로 개발한 것으로 멘토가 멘제에게 기대감과 칭찬 서비스를 제공하여 멘제의 자존감을 높여 줌으로 멘토링 활동기간에 계속해서 인간관계 활성화와 담당업무 촉진에 크게 기여하는 데 목적이 있는 것이다.

오늘날 조직 관리자들의 스트레스는 실적은 오르지 않고, 부하직원은 말을 듣지 않고, 그렇다 보니 상사로부터 꾸중을 듣게 되어 어려운 경우에 처하게 됨으로써 생기는 것이다. 관리자 멘토들이 자신이 담당하고 있는 멘제나, 또한 부하직원과 아래 내용의 구체적이고도 체계적인 칭찬기술 프로그램인 피그말리온 게임을 통해 새로운 분위기를 시도해 볼 기회를 찾기 바란다.

2-2. Pygmalion 유형별 적용법

서양란은 물을 자주 주지 않으면 죽는다. 반면 동양란은 물을 자주 주면 죽는다. 사람 중에도 서양란이 있고 동양란이 있다. 무턱대고 칭찬만 한다고 좋은 것은 아니다. 마찬가지로 다양한 활동 유형을 가지고 있는 조직 구성원들의 각자 활동 유형에 따라 칭찬하는 법을 달리해서 유형에 맞게 칭찬한다면 보약과 같은 것이다. 그러면 4가지 활동유형에 따른 칭찬법을 아래 내용으로 소개하고자 한다. 참여하는 모든 사람에게 의욕과 열정을 불러일으키는 계기가 되었으면 한다.

1) 봄   형(SP): 행동유형 - 성취욕이 강하므로 목표를 달성한 순간 바로 칭찬하라.
2) 여름형(SU): 자발유형 - 작은 성과에도 감탄사를 붙여서 아낌없이 칭찬하라.
3) 가을형(AU): 협력유형 - 아무리 사소한 일이라도 중요한 역할을 했다고 칭찬하라.
4) 겨울형(WI): 성실유형 - 구체적인 내용을 짚어서 칭찬하면 2배로 효과가 있다.

1. 봄형(Spring Type, 행동형)

봄형은 야심만만한 행동파로 자신이 생각하는 대로 일을 진행하는 것을 좋아한다. 과정보다는 결과를 중시하고 위험을 두려워하지 않으며 목표 달성을 위해 매진한다. 결단력이 있고 표현방법도 단도직입적이다. 진행속도가 빠르고, 자신의 속도에 상대를 맞추려 한다. 자신의 나약한 모습을 타인에게 내비치는 일이 거의 없고, 감정을 표현하는 데도 서툴다. 타인의 지시에 따르는 것을 무엇보다도 싫어하고, 사람을 통제하려고 한다. 반면, 의리나 인정은 매우 두텁고, 다른 사람이 의지해 오면 거절하지 못하는 점도 있다.

좀 더 이해하기 쉽게 전형적인 봄형을 묘사하면, 상대의 얘기가 조금이라도 길어지면 불만스러운 감정이 얼굴에 드러나며 맞장구가 빨라지고 서두르는 경향을 보인다. 질문에도 쓸데없는 에너지 소비를 줄이기 위해 무척 짧게 대답한다. 자세한 설명을 요구해도 꼭 필요한 최소한의 얘기밖에 하지 않는다. 반면, 질문의 내용과 상관없이 자기가 얘기를 시작하면 성이 찰 때까지 달변을 늘어놓기도 한다. 인사치레를 하거나 애교 띤 웃음 짓는 일은 거의 없고, 다소 거리감이 느껴지는 빈틈없는 표정을 짓고 있는 경우가 많다.

2. 여름형(Summer Type, 자발형)

여름형은 자신의 독창적인 아이디어를 소중히 여기고, 타인과 활동성 있는 일을 함께 즐기는 것을 좋아한다. 맺고 끊는 것이 확실하고, 또 능숙하기도 하다. 매사에 자발적이고 에너지가 넘치며, 호기심도 강하고 즐거운 인생을 꿈꾸고 지향하기 때문에 사람들이 대부분 그를 좋아한다. 새로운 일을 시작하는 것은 잘하지만, 중장기 계획을 세우거나 계획대로 진행하는 데는 서툴다. 타인과 관계에서는 감정표현이 풍부하고 말할 때 몸짓이나 손짓이 큰 것이 특징이다.

전형적인 여름형은 말을 잘한다. 이야기 전개가 매우 빨라, 어떤 한 가지 일에 대해 얘기하고 있는가 하면 어느새 다음 화제로 옮겨 가 있기도 하다. 몸짓과 손짓이 크고 의성어와 의태어, 그리고 '진한 감동이 느껴지는', '단번에 가자!'라는 표현을 자주 쓴다. 기분을 항상 솔직하게 표현하며, 표정이 무척 풍부하다. 가만히 꼼짝 않고 있는 일이 거의 없고, 언제나 여러 사람에게 말을 걸거나 여기저기 돌아다닌다. 모임에서는 화제를 이끌어 나가는 중심에 있는 경우가 많다.

3. 가을형(Autumn Type, 협력형)

가을형은 타인을 돕는 것을 좋아하고 협력관계를 소중히 여긴다. 주위 사람의 기분에 민감하고, 배려도 잘한다. 일반적으로 사람을 좋아한다. 자기 자신의 감정은 억제하는 편이고, '노(No)'라는 말을 가능한 한 피하는 경향이 있다. 자신이 내놓는 제안이나 요구에 대해 소극적이다. 또한 사람들로부터 인정받고 싶다는 욕구가 강한 것이 특징이다.

전형적인 가을형은 이른바 '착한 사람'으로, 상대가 하는 말에 빈번하게 맞장구를 치면서 귀를 기울인다. 질문을 던져도 엉뚱한 답변을 한다거나 자기 방어를 위해 대답을 최소한으로 줄이지는 않는다. 상대가 의도한 대답을 들려주려고 애쓴다. 얘기하기에 앞서 '전에 들은 적이 있을지도 모르지만'이라는 서두를 붙이는 경우가 많고, 얘기한 다음 상대의 기대에 부합하는 대답을 했는지 확인하는 경향이 있다. 함께 있으면 상대가 기분 좋게 시간을 보낼 수 있도록 무척 신경을 쓴다.

4. 겨울형(Winter Type 성실형)

겨울형은 행동하기 전에 많은 정보를 모으고, 분석하고, 계획을 세운다. 일을 객관적으로 처리하는 능력이 뛰어나고, 매사에 성실한 모습을 보인다. 또 완벽주의자여서 실수를 싫어한다. 반면 변화에는 약하고 행동은 신중하다. 사람과의 관계도 신중하고, 감정을 겉으로 드러내는 일이 거의 없다. 조언자나 해설자와 같은 '방관자'가 되기 쉽다.

전형적인 겨울형은 말할 때 신중하게 단어를 선택한다. 봄형처럼 생각에 앞서 먼저 입을 여는 일이 없고, 생각을 잘 모으고 정리하여 결론을 이끌어 낸다. 게다가 질문을 받으면 그 자리에서 바로 대답하지 않기 때문에 다소 반응이 더딘 편이다. '글쎄요', '그런가요?' 등 시간을 벌기 위한 말을 많이 한다. 감정 표현도 '너무 기뻐!'와 같이 직접적인 것이 아니라 '그때는 꽤 기쁘다고 느꼈지요'처럼 객관적인 표현을 주로 사용한다.

차분히 생각하는 경우가 많아 대개 표정은 차갑고 때로는 의식이 깨어 있는 사람으로도 보이기도 한다.

이상으로 네 가지 인간형에 대해 알아보았다. 그런데 예를 들어 어떤 사람이 봄형이라고 해서 그 사람이 행동의 면모만 갖고 있다고는 말할 수 없다. 당연히 다른 유형의 요소도 겸해서 갖추고 있다. 그러나 네 가지 유형의 특징을 편중됨 없이 골고루 갖추기는 힘들다. 사람에 따라 비교적 경향이 두드러지는 유형이 한두 개 정도는 있는 것 같다.

2-3. Pygmalion Workshop

여기, 자신이 어떤 인간형에 속하는지 판단할 수 있는 간단한 테스트를 준비했다. 멘토/멘제나 가족 또는 가까운 사람을 머릿속에 떠올려 진단해 보는 것도 좋을 듯싶다. 아래 유형은 완전하지 않지만 20항목이다. 어느 정도 경향을 살필 수 있을 것이다. 평소에 당신의 인간관계나 사고방식 및 현장 활동을 떠올리면서 아래 항목을 읽고 해당되는 숫자에 0표를 하라. 직장을 비롯해 생활상에서 드러나는 역할을 조금 벗어나, 본래의 자신은 어떠한가에 초점을 맞추어서 판단하라.

NO	인간 유형 설문 항목	설문 진단 점수			
		1	2	3	4
1	자기주장을 하는 데 서툴다고 생각한다.				
2	평소 미래에 대한 열정을 갖고 있는 편이다.				
3	타인을 위해 한 일에 대해 고맙다는 인사를 받지 못하면 불쾌하게 생각하는 경우가 자주 있다.				
4	싫은 것은 싫다고 분명하게 말할 수 있다.				
5	타인에게는 좀처럼 경계를 풀지 않는다.				
6	타인에게 유쾌한 사람이라는 말을 곧잘 듣는다.				
7	짧은 시간에 가능한 많은 것을 하려고 한다.				
8	실패하고 다시 훌훌 털고 일어나는 것이 빠르다.				
9	타인의 부탁을 여간해서는 거절하지 못한다.				
10	많은 정보를 검토하고서 결단을 내린다.				
11	타인의 얘기를 듣기보다는 자신이 얘기하는 경우가 많다.				
12	낯가림을 하는 편이다.				
13	남과 자신을 자주 비교한다.				
14	변화에 대처하는 적응력이 뛰어나다.				
15	감정을 표현하는 데 서툴다.				
16	상대의 기분이 어떻든 다른 사람을 잘 돌보는 편이다.				
17	생각한 바를 직접적으로 말한다.				
18	일의 성과에 대해 사람들에게 인정받고 싶다.				
19	경쟁심이 강하다.				
20	무엇이든지 완벽하지 않으면 성이 차지 않는다.				

* 1 = 딱 들어맞는다. 2 = 들어맞는다. 3 = 별로 해당되지 않는다. 4 = 해당되지 않는다

1) 진단방법

20개 항목에 자신의 점수를 표시했으면, 각 인간형에 대한 항목의 점수를 각각 더한다. 각 인간형에 해당하는 항목은 아래와 같다.

봄형	4	7	17	19	20	합계
여름형	2	6	8	11	14	합계
가을형	3	9	13	16	18	합계
겨울형	1	5	10	12	15	합계

2) 자신의 인간 유형 점수 계산방법 (3)=(1)-(2)

활동유형	(1) 설문진단 점수합계	(2) 기준점수	(3) 차감 내 점수
내 봄형 점수		11	
내 여름형 점수		12	
내 가을형 점수		12	
내 겨울형 점수		13	

3) 진단 결과

2)의 (3)에서 얻은 각각의 점수를 다음 그래프에 O표로 표시하라. 그래프에서 가장 수치가 높은 것(+쪽이나, -쪽이나 관계없이 높은 수치)이 비교적 강하게 두드러지는 그 사람의 인간형이라고 할 수 있다.

활동유형	-6	-5	-4	-3	-2	-1	0	1	2	3	4	5	6
봄형													
여름형													
가을형													
겨울형													

* 이 테스트는 어디까지나 경향을 판단하기 위한 것이지 각 항목의 점수가 우열을 가리기 위한 용도는 아니다.

2-4. Pygmalion 유형별 칭찬 기술

1. 봄형(SP) 멘제 칭찬하기

다음 대화의 예를 살펴보자. 그리고 무엇이 문제인가 살펴보도록 하겠다.

멘토: 최근 영업 활동을 아주 열심히 하고 있다는 평판이 돌더군.

멘제: 고맙습니다.

멘토: 자네는 프레젠테이션 능력도 선천적으로 타고났어.

멘제: 네?

멘토: 자네 후배도 자네가 함께 있으면 안심하지 않나?

멘제: 뭐, 꼭 그렇지도 않습니다.

멘토: 아냐, 자네만 있으면 모든 공모전은 휩쓸게 될 거라고 생각하던걸.
멘제: 글쎄요, 그렇지도 않은 것 같습니다만.
멘토: 어쨌든 앞으로 열심히 해 주게. 기대하겠네.

■ 봄형 멘제에게는 그가 속한 팀 전체를 칭찬하라

멘토는 멘제에게 칭찬을 해줌으로써 동기부여를 하려 한다. 그러나 이런 과잉 칭찬은 봄형에게는 좀처럼 먹혀들지 않는다. 전형적인 봄형은 무엇보다도 '주도 당하고 싶지 않는다'는 경향이 강하다. 그래서 상대가 지나친 인사치레로 들릴 만한 표현을 사용하면, 일단 칭찬해서 기분을 띄워 놓은 다음 자기 뜻대로 유도하려는 것이 아닐까—다시 말해 조정하려는 것이 아닐까 하고 그 저의를 읽어 내려 애쓴다. 따라서 너무 지나친 칭찬은 봄형에게는 별로 효과적인 칭찬기술로 볼 수 없다. 그럼, 어떻게 하면 효과적으로 봄형을 칭찬할 수 있을까?

우선 그 사람 개인이 아니라 그가 속해 있는 팀에 일하는 모습이나 분위기에 대해 칭찬하는 것이 좋다. '자네 팀의 k씨는 요즘 실적이 꽤 좋더군' 혹은 '자네 팀은 일에 대한 열정이 다른 팀보다 훨씬 뛰어나더군'처럼 말이다. 이런 칭찬은 봄형의 내면에 생길 수 있는 '조정당한다'는 느낌을 일시에 날려 준다. 특히 봄형의 멘제가 팀 리더라면 리더의 역량을 인정받고 싶은 마음이 강하기 때문에 그러한 칭찬으로도 가능하다고 볼 수 있다.

■ 강한 성취욕을 가진 봄형 멘제는 목표 달성 순간에 자연스럽게 칭찬하라

멘제의 출신학교에 대해 칭찬해도 좋고, 담당하고 있는 고객에 대해 칭찬해도 좋고, 가족에 관해 언급해도 좋다. 그 사람 자신이 아니 그 주변을 대상으로 칭찬 공세를 펼쳐 보도록 하자. 이것이 우선 하나의 방법이다. 만약 그 사람 개인의 성과에 대해 인정해 주고 싶다면, 그 사람이 어디까지 가겠다고 설정한 그 목표를 달성한 순간 과장하지 말고 중립적인 입장에서 '잘했네' 하고 칭찬하는 것이 효과적이다.

강한 성취욕을 타고난 봄형에게 업무 도중에 '대단하다'고 말하면 '이 사람은 잘 모르는군. 그게 나의 최종 목표가 아니라는걸' 하며 반발을 초래할 수 있다. '달성한 순간에 딱 맞춰서 자연스럽게!' 이것이 그에게 잘 먹히는 칭찬 기술이다.

▣ 봄형 인간에게는 단호하고 정직하게 껄끄러운 말을 해 보라

그리고 마지막으로 하나 더 말하자면 단도직입적으로 '껄끄러운 문제'를 전달하는 것이 봄형에게는 놀라울 만큼 효과적인 반응을 유도할 수는 있는 기술이기도 하다. 그러한 상황이 전개될 때 일반적으로 봄형 인간은 타인을 별로 믿지 않는다. 항상 상황을 주도하고 싶어 하기 때문에, 과격한 표현을 빌리자면 타인의 배신에 매우 민감하다. 그런 사람에게 말하기 껄끄러운 상황을 무릅쓰고, 게다가 들으면 얼굴 굳힐 게 뻔한 부정적인 사항을 솔직히 지적해 주는 것이다. 그러면 봄형은 '이렇게까지 나를 염려해 주고 있구나' 하고 생각하게 된다. 진심으로 나를 염려해 주고 있다고.

어떤가? 주변에 가까이 다가가기 힘든 분위기를 자아내는 멘제가 있는가? 그러한 사람에게 단호하고 정직하게 '쓴소리'를 전달해 보는 것은 어떨까? 물론 '당신을 돕고 싶다'는 마음을 담아서 말이다.

2. 여름형(SU) 멘제 칭찬하기

봄형과는 달리 칭찬을 들으면 들을수록 기분이 상승하는 것이 여름형이다. 그들은 칭찬을 받더라도 상대가 무슨 생각을 하고 있는지 알아내려는 경향은 보이지 않는다. 다른 사람이라면 그저 인사치레려니 하며 잠시 저항감을 가질 만한 칭찬도 아무런 문제가 되지 않는다. 여름형은 대부분 칭찬을 순수하게 받아들인다.

여름형의 에너지원은 뭐니 뭐니 해도 자신을 향한 주위의 '관심'이다. 어떤 표현이든 상관없다. 스포트라이트를 받으면 그것으로 '만사 OK'이기 때문이다. 극단적인 표현을 빌려 '덩치 값 하는군!'이라고 풍채를 칭찬해도 '그런가?' 하며 웃음을 터뜨리는 것이 여름형이다. 멘토링 데이(Day) 때 멘토/멘제 참가자들은 네 가지 유형으로 나눠 토론하면 효과적일 것이다. 주제는 '동기부여가 잘 될 때와 그렇지 않을 때' 등으로 정하면 좋다. 여름형 팀에게 이 테마를 발표하게 한 다음, 서로가 여름형이 좋아할 만한 포인트를 몇 가지 지적해 주면 더욱 토론의 열기가 더해 갈 것이다.

▣ 여름형은 보통 순수하므로 감탄사를 붙여서 아낌없이 칭찬하라

여름형에게 동기부여를 하려면 매일 한 가지라도 좋으니 감탄사를 붙여서 칭찬해야 한다. 이유는 없어도 된다. 어쨌든 칭찬을 아끼지 마라. 월요일에는 '대단하네!' 화요일에는 '천재구만!' 수요일에는 '최고야, 최고!' 목요일에는 '자네밖에 없네!' 금요일에는 '자네뿐이야!'라고 하라. 주말에도 '자네한테 완전히 위임할 테니 맘대로 펼쳐봐!'라는 메일을 보내라. 이렇게 하면 여름형 동기부여는 절대 저하되지 않는다.

특별히 누군가의 이름을 거론해 '천재야!'라고 말한 것도 아닌데. 여름팀은 일반적으로 그러하다는 얘기를 하고 있음에도 불구하고, 전원이 마치 자신에 관해 언급한 듯 싱글벙글 좋아한다. 그만큼 이런 표현에 '약하다'는 것이다.

반복하는 말이지만, 여름형에게는 아무튼 칭찬을 하자. 관심을 보이자. 가령 칭찬할 만한 점을 발견하지 못했다 해도 우선은 덩치라도 칭찬해 주자. 이 말은 뒤집어 말하면 여름형은 자신의 존재를 부정당하는 것에 약하다는 뜻이 된다.

■ 여름형은 이상적인 자기 이미지를 갖고 있으므로 부정적인 메시지는 전달하지 않는 것이 좋다

여름형은 이상화된 자기 이미지를 분명히 갖고 있는 사람이 많기 때문에, 특히 스스로 잘 될 것으로 생각한 아이디어를 부정당하면, 그것을 계기로 분발하기보다 오히려 움츠러들어 행동이 정체되는 경우가 많다. 따라서 가능하면 부정적인 메시지는 전하지 않는 것이 좋다. 상대의 방식에서 뭔가 하나라도 긍정적인 부분을 찾아내고, 그것을 더욱 잘 살리려면 이렇게 하는 게 좋지 않을까 하는 제안을 평소에 해야 한다. 그것이 여름형에게 조언할 때의 철칙이다. 여름형에게는 '속는 셈 치고 단 일주일이라도 좋으니까 칭찬해 보라' 그러면 일주일 뒤, 놀랍게도 바뀔 것이다.

3. 가을형(AU) 멘제 칭찬하기

가을형 멘제에게는 현재하고 있는 일에 대하여 인정해 주는 것이 효과적이다. 이 유형은 무의식중에 자신이 쏟은 애정에 대해 상대의 보답을 바라는 경향이 있다. 상대가 그것을 평가해 주지 않으면 노여움으로 바뀌어 과격하게 공격하는 경우도 있다.

그리고 가을형은 주위의 기대에 부응하려고 꾸준히 노력하지만, 그 노력을 인정받기를 바란다는 강한 메시지는 좀처럼 보내지 않는다. 그렇지만 사실은 상대가 그 노력을 평가해 주는지 어떤지 호시탐탐 관찰하고 있으며, 만약 상대가 그 노력을 가볍게 취급하면 큰일이 벌어지기도 한다.

현실적으로 살펴보더라도 봄형 경향이 강한 정치지도자들, 또한 기업·학교·교회·군대·공공기관 등 조직의 CEO들이 가을형 경향이 강한 측근이나 가신, 참모나 임원들을 제대로 칭찬하지 못해서 그 조직에 문제가 생기고 급기야는 와해되는 상황이 자주 일어나는 것을 볼 수 있다.

■ 가을형 인간은 자신이 쏟은 노력을 상대방이 인정해 주기를 무의식적으로 기대한다

기업체에서 갑자기 사표를 던지는 사원 중에는 가을형이 압도적으로 많은 것을 볼 수 있다. 이는 스트레스를 누르다가 더 이상 쌓아 둘 수 없어 어느 날 갑자기 돌변해 버리기 때문이다.

봄형에는 그런 일이 별로 없다고 한다. 불평이나 불만이 있으면 평소에 비교적 기탄없이 말하기 때문이다. 조직에서 가을형의 측근들이 어느 날 갑자기 그만두겠다는 얘기를 꺼내 어찌할 바를 모르고 당황하는 경영자들을 지금까지 많이 보았다.

가을형은 '시험하지 말라'고 말하고 싶다. 가을형에게 일을 주면 아무리 사소한 것이라도 '정말 도움이 됐다, 고맙다' 하고 칭찬해야 한다. 다른 사람의 기대에 부응하고, 협력하고 싶다고 생각하는 가을형에게는 될 수 있는 한 감정을 말로 표현해 주어야 한다. 도와주어서 고맙다고, 기쁘다고, 정말로 도움이 되었다고 빈번하게 메시지를 전하는 것이다.

가을형은 자신이 받는 칭찬이 적어지면 다른 타입보다 훨씬 내면의 불안감이 커진다. 멘제가 혹시 마음속에 불만이 쌓이고 있지 않은가? 그 원인이 적절한 칭찬이 뒤따르지 못한 원인이 아닌가? 멘토는 유심히 관찰해 볼 필요가 있다.

4. 겨울형(WI) 멘제 칭찬하기

혹시 주위에 이런 사람은 겨울형이다 싶은 사람이 없는가? 있다면 그 사람에게 지금까지 시도해서 좋은 결과를 낳은 칭찬기술은 어떤 것이 있는가? 여러 가지 시도해 봤지만 좋은 결과를 얻지 못한 사람도 많을 것이다. 겨울형을 칭찬하려면 다른 어떤 타입보다 관찰이 필요하다.

겨울형은 여름형에게 하듯 '불쑥' 칭찬해서는 거의 효과가 없다. 그런 말을 하는 근거가 무엇인지 살피는 듯한 표정을 짓는 경우가 많다. 굳이 칭찬이라는 형태를 빌리고 싶다면 구체적으로 어떤 부분이 좋았는지 명확하게 짚어 주어야 한다. 그래야 상대는 비로소 칭찬을 받았다고 생각한다. 스포트라이트를 필요로 하는 여름형과 달리, 겨울형에게 필요한 것은 자신의 '전문성에 대한 인정'이다. 그래서 조금 까다롭게 느껴질지도 모른다.

■ 겨울형을 칭찬할 때는 구체적으로 어떤 점이 좋은지 지적하라

예를 들어 프레젠테이션을 하러 멘제와 함께 거래처를 방문했다고 하자. 그때 멘제가 프레젠테이션을 무척 잘했다고 하자. 만약 그가 여름형이라고 하면 '오늘 정말 대단했어! 자넨 천재야!'라고 칭찬하는 것만으로 충분히 칭찬기술의 효과를 볼 수 있다. 그러나 그 멘제가 겨울형인 경우는 이런 칭찬방법이 오히려 의구심을 부르기도 한다. '내 프레젠테이션에 대해 이해는 하고 있는 걸까?' 하고 말이다. 따라서 어디가 좋았는지, 왜 좋았는지를 가능한 한 구체적으로 전달해야 하는 것이다.

'오늘 프레젠테이션이 좋았어. 특히 다른 회사와 비교한 사례는 눈길을 끌더군. 듣고 있자니 무척 이해하기 쉽게 설명하더라고. 파워포인트 사용도 잘했고, 속도감도 있어서 좋았어.' 이렇게 전달해야 비로소 그 멘제는 인정받았다고 생각한다.

겨울형에 대한 칭찬기술에서 또 하나 중요한 것은 상대의 속도감을 존중하는 것이다. 자신의 페이스를 인정받았다는 사실이 그에게는 무척 큰 자부심으로 느껴지게 된다. 다음의 사례를 참고하라. 관리자 멘토십 연수과정에 참석한 한 과장 멘토의 말을 빌리면 "겨울형 멘제가 있는데 지금까지 면담을 해봐도 별로 얘기를 하지 않았다. 질문해도 시큰둥할 뿐이니. 그만 조바심이 나서 제가 먼저 결론을 내 버렸다. 하지만 이번 면담에서는 지난번 연수에서 배운 칭찬기술을 실천해 봤다. '가을형에게는 생각할 시간을 주는 게 좋다'는 명제를 적용해 봤다. 사전에 구체적으로 이러이러한 것에 대해 듣고 싶다는 포인트를 적어 메일로 보냈다. 그랬

더니 그날로 A4 용지 가득 나름대로 생각을 정리해서 보내 왔다. 게다가 지금까
지와는 달리 그 뒤로 많은 얘기를 해 주었다.”

■ 겨울형은 업무에 대해 스스로 생각할 시간을 주어라

겨울형은 어차피 할 거라면 자신의 생각을 가능한 한 정확히 정리해서 얘기하
고 싶어 하는 경향이 있다. 그렇기 때문에 출력에 다소 시간이 걸린다. 이 시간을
배려해 주면 겨울형은 자신이 존중받고 있다고 생각한다.

상대의 페이스를 존중해 주고, 때로는 그의 전문성에 대해 제대로 가치를 인정
해 준다. 이것이 냉랭한 겨울형의 기분을 파악하기 위해 빼놓을 수 없는 인정과
칭찬기술이다.

제3장
감성(Emotional)기술 개발

감성지수 또는 감정적 지능지수라고도 한다. 지능지수(IQ)와는 질이 다른 지능으로, 마음의 지능지수라고 할 수 있다. 심리학 저술가인 다니얼 골먼(D. Goleman)이 저서 『감성지능(Emotional Intelligence)』에 제시하면서 대중화되었다.

[EQ 개념(Concept)]

EQ는 자신과 다른 사람의 감정을 이해하는 능력과 삶을 풍요롭게 하는 방향으로 감정을 통제할 줄 아는 능력을 의미한다.

[EQ 내용(Contents)]

1) 자기감정 이해 능력(Self-Awareness)

이것은 말 그대로의 의미로서 자기 자신을 의식하고, 인식하며, 자신의 삶, 특히 자신이 가지고 있는 감정을 인지한다는 뜻이다. 이것은 다음 단계로 나아가기 위한 능력의 토대가 된다.

2) 자기감정 조절 능력(Self-Regulation)

자신의 기분과 감정을 제대로 파악하고 조절하는 능력이다. 스트레스 상황에서도 과민해지지 않고 차분하며, 불안한 감정으로부터 자신을 효과적으로 방어할 수 있으며, 부정적인 감정상태를 신속하게 치유하는 능력을 의미한다. 이렇게 함으로써 동기유발 능력이 형성된다.

3) 자기 동기부여 능력(Self-Motivation)

부지런하고 끈기 있게 한 가지 과제에 몰입하여, 낙담하지 않고 무언가가 잘못되었을 때도 용기를 잃지 않고 추진하는 능력이다.

따라서 감성지능의 첫 세 가지 능력은 개인의 인격, 즉 개인의 자아와 관련된 것들이다. 즉 자기 자신을 인식하고, 자신의 기분을 적절히 통제하며, 스스로 동기를 부여할 수 있는 능력이다.

4) 타인의 감정이해 능력(Empathy)

감정이입으로 타인이 느끼는 것을 공감하고 이해하는 능력을 의미한다. 공감적 이해력은 동정심과 다소 유사한 점이 있으나 차이가 많다. 동정심이란 타인과 함께 느끼고 괴로워하며 연민의 감정을 교감하는 것이다. 반면에 공감적 이해력은 스스로 타인의 입장이 되어 느낄 수 있는 능력으로서, 심지어는 우리가 동정심이 없다고 생각하는 사람까지도 그렇게 할 수 있는 능력이 있다. 가령 어린이 유괴범을 설득하여 문제를 해결한 경찰 심리학자는 매우 훌륭한 공감적 이해력을 지녔지만, 그렇다고 해서 그가 그 유괴범에게 동정심을 느끼는 것은 아니다.

5) 타인과 인관관계 사회적 능력(Social Skill)

인생의 구경꾼으로서 다른 사람들을 바라보거나 관찰하는 것이 아니라 그들과 함께 세상살이에 적극적으로 참여하고 더불어 살아가는 능력이다. 즉 타인과 훌륭한 관계를 유지하며, 이런 대인관계를 통해 삶의 기쁨을 느끼고, 사람들과 함께 살아가는 능력이다.

3-1. 감성리더십(EQ) Workshop

감성리더십은 구성원들의 협력을 이끌어 내고 새로운 방식으로 문제를 해결할 수 있도록 촉진함으로써 창조적 조직성과 창출에 기여한다. 창조경영을 위해서는 직원 상호 간 지식 공유와 협업, 모험적인 시도를 용인하는 조직 분위기가 필수적이다. 감성리더십을 통해 직원들의 느낌을 이해하고 편안하게 의견을 나누며, 새로운 시도에 대해 심리적 안정감을 제공함으로써 창조적 성과창출의 기반을 마련하고 일회성이 아닌 본질적·단계적 접근이 중요하다.

감성리더십을 본질적으로 이해하고, 발휘하기 위해서는 감성지능 개발이 필수적이며. 감성지능은 자신의 한계와 가능성을 객관적으로 판단해 자신의 감정을 잘 다스리고 상대방을 진심으로 이해하며 타인과 좋은 관계를 유지할 수 있는 능력이다.

조직 전반에 감성리더십을 구축하기 위해서는 직원들과 관계를 강화하는 단계적 접근이 필요하다. 감성리더십에서 일관성과 지속성－직원 간담회 등 몇 번의 이벤트로 교인들의 감성을 이해했다고 생각하는 것은 제일 큰 착각이며, 단계적인 접근을 통해 관계의 기반을 공고히 하는 것이 중요하다.

따라서 기반을 다지며 순차적으로 직원들과의 관계를 강화하는 단계적 접근이 필요하다. 본 프로그램에서는 조직 전반에 감성리더십을 확산시키기 위해 먼저 반드시 거쳐야 하는 5개 주제 감성지능지수(EQ) 측정 및 진단서 작성법을 소개한다.

1. 감성지능지수 측정진단 도구 작성법

감성지능지수 작성은 아래 다섯 가지 내용에 관한 구성요소별로 10가지 문항의 진단도구를 자신의 특성과 현재 감정상태를 그대로 표시하면 된다.

〈A〉 자기감정 이해 능력(Self－Awareness)
〈B〉 자기감정 조절 능력(Self－Regulation)
〈C〉 자기 동기부여 능력(Self－Motivation)
〈D〉 타인의 감정 이해 능력(Empathy)
〈E〉 타인과 인간관계 능력(Social Skill)

* 다음 문항을 읽고 자신의 생각이나 행동과 어느 정도 일치하는지를 체크하시오
  매우 동의: 3점, 어느 정도 동의: 2점, 약간 동의: 1점
  전혀 동의하지 않는다: 0점

〈A〉 자기감정 이해 능력(Self-Awareness)

NO	진단도구	평가
1	나는 내 감정을 표현하는 데 별다른 어려움을 느끼지 않는다.	
2	나는 새로운 일을 시작할 때 두렵거나 불안하지 않다.	
3	친구가 나를 화나게 하면 나는 기분 나쁘다고 말한다.	
4	나는 평소에 내가 하고 싶은 일이 무엇인지를 알기 때문에 전공 선택 문제로 별로 고민하지 않는다.	
5	나는 내가 좋아하는 여자(남자)친구 스타일을 가지고 있다.	
6	나는 감정과 행위가 다를 수 있다고 생각한다.	
7	나는 성격뿐만 아니라 나 자신에 대해 너무나 잘 알고 있다.	
8	나는 나 자신과 대화를 자주 하는 편이다. 가령, '나는 누구인가? 내가 왜 그랬을까?'와 같이 자신과 대화하며 문제에 대처한다.	
9	나는 언제나 내 자신의 능력에 맞는 목표를 세워 놓고 행동한다.	
10	나는 내가 무엇을 원하는지 표현할 수 있다	

A 점수 합계 ___점

〈B〉 자기감정 조절 능력(Self-Regulation)

NO	진단도구	평가
1	나는 성격이 침착하고 차분하다는 얘기를 많이 듣는 편이다.	
2	얌체같이 갓길로 달리는 사람들을 보면 욕하기보다는 무슨 사정이 있어서 그럴 거라고 생각한다.	
3	식당에서 밥을 먹으려고 줄을 섰는데 누가 새치기를 하면 뭐라고 하기보다 배가 몹시 고프기 때문이라고 생각하여 참는다.	
4	맛있는 음식이 있어도 다른 가족들이 식탁에 앉기까지 먹지 않고 기다리는 편이다.	
5	누가 내 발을 밟아 놓고 사과하지 않더라도 나는 쉽게 화내지 않는다.	
6	나는 상대방이 어떻게 받아들일지 몰라 말을 함부로 하지 않는다.	
7	나는 물건을 살 때 충동적으로 사서 후회하는 일이 거의 없다.	
8	나는 내 감정을 잘 조절할 수 있다고 믿는다.	
9	스트레스를 받더라도 나는 쉽게 흥분하지 않고 스트레스를 풀 수 있는 방법을 가지고 있다.	
10	나는 풍부한 정서 생활을 하고 있다고 생각한다.	

B 점수 합계 ___점

〈C〉 자기 동기부여 능력(Self-Motivation)

NO	진단도구	평가
1	세상은 노력한 만큼 얻을 수 있다고 생각하기 때문에 잘살고 못사는 건 모두 자기 책임이다.	
2	나는 어떤 일에 실패하면 그 원인이 무엇인지를 분석해서 대처하는 편이다.	
3	나는 내 능력에 맞는 목표를 스스로 세우고 그것을 달성하기 위해 노력한다.	
4	나는 '실패는 성공의 어머니'라는 말을 믿는다.	
5	나는 내가 부족한 것이 무엇인지를 찾아 그것을 채우려고 한다.	
6	집안이 어려워 대학에 가지 못할 상황이라도 대학에 가고 싶다면 나는 반드시 갈 수 있다.	
7	여자(남자)친구에게 데이트 신청을 했다가 거절당하더라도 포기하지 않고 다시 도전한다.	
8	나는 평소 말과 행동이 다르지 않고, 내가 한 말을 그대로 실천하는 편이다.	
9	누군가 불쌍하다는 생각이 들면 나는 그 사람을 반드시 도와준다.	
10	나는 무언가 재미있는 일이 있으면 그것에 몰두해 시간 가는 줄 모른다.	

A 점수 합계 ___점

〈D〉 타인의 감정 이해 능력(Empathy)

NO	진단도구	평가
1	나는 다른 사람과 입장을 바꿔 놓고 생각하기 때문에 다른 사람이 무슨 생각을 하는지 잘 안다.	
2	나는 부모님이나 선생님, 친구들이 기분이 좋은 상태인지 나쁜 상태인지를 잘 판단한다.	
3	사람을 첫인상 가지고 판단하는 것은 옳지 않다.	
4	나는 내 주위 사람들이 나에게 무엇을 원하는지 잘 알고 있다.	
5	나는 부모님이 단지 자존심 때문에 자식을 대학에 보내려는 것은 아닐 거라고 생각한다.	
6	나는 누가 섭섭한 말을 하더라도 그럴 만한 이유가 있을 거라고 생각하고 참는 편이다.	
7	나는 친구의 행동이 내 맘에 안 들더라도 그 친구에게 이런저런 잔소리를 하지 않는 편이다.	
8	나는 사랑에 빠지더라도 친구나 가족이 눈에 들어오지 않는 것을 이해할 수 없다	
9	나는 친구가 약속할 때마다 늦게 오더라도 뭐라 하기보다는 늦을 만한 이유가 반드시 있을 거라고 생각한다.	
10	모처럼 친구와 등산을 가서 정상을 눈앞에 두었는데 친구가 죽어도 못 올라간다고 하면 나는 친구와 함께 내려오겠다.	

B 점수 합계 ___점

〈E〉 타인과 인간관계 능력(Social Skill)

NO	진단도구	평가
1	나는 다른 사람들과 어울리는 것을 좋아한다.	
2	나는 다른 사람이 기분 상하지 않게 내 의사를 잘 표현한다.	
3	나는 친구들의 말이 다소 논리가 없더라도 그것을 지적하지 않고 이해하려고 한다.	
4	나는 다른 사람들과 슬픔과 기쁨, 분노와 같은 감정을 공유할 줄 안다.	
5	나는 사람들이 이기적이기보다는 이타적이라고 생각한다.	
6	나는 고정관념이나 편견이 맞을 수도 있지만 실제로는 맞지 않는 경우가 더 많다고 생각한다.	
7	어떤 사람을 행동이나 말투를 가지고 판단하는 건 잘못된 것이다.	
8	나는 토론할 때 다른 사람이 나와 다른 주장을 하더라도 그것을 불평 없이 받아들일 수 있다.	
9	나는 다른 사람이 나를 칭찬하든 비난하든 별로 개의치 않는 편이다.	
10	친구가 약속 시간에 늦으면 약간 화를 내도 상관없다고 생각한다.	

E 점수 합계 ___점

<table>
<tr><td rowspan="13" style="vertical-align:top">EQ 다섯 가지 내용 구성요소

A. 자기감정 이해 능력
B. 자기감정 조절 능력
C. 자기 동기 부여 능력
D. 타인 감정 이해 능력
E. 인간관계 능력</td><td colspan="6" style="text-align:center">결 과 표</td></tr>
<tr><td>30</td><td></td><td></td><td></td><td></td><td></td></tr>
<tr><td></td><td></td><td></td><td></td><td></td><td></td></tr>
<tr><td></td><td></td><td></td><td></td><td></td><td></td></tr>
<tr><td></td><td></td><td></td><td></td><td></td><td></td></tr>
<tr><td>20</td><td></td><td></td><td></td><td></td><td></td></tr>
<tr><td></td><td></td><td></td><td></td><td></td><td></td></tr>
<tr><td></td><td></td><td></td><td></td><td></td><td></td></tr>
<tr><td>10</td><td></td><td></td><td></td><td></td><td></td></tr>
<tr><td></td><td></td><td></td><td></td><td></td><td></td></tr>
<tr><td></td><td></td><td></td><td></td><td></td><td></td></tr>
<tr><td></td><td></td><td></td><td></td><td></td><td></td></tr>
<tr><td></td><td>A</td><td>B</td><td>C</td><td>D</td><td>E</td></tr>
</table>

EQ 계산공식

$$\frac{(A \times 1.5) + (B \times 2.5) + (C \times 2.5) + (D + 1.5) + (E \times 2.0)}{5} \times 3 = \left(\text{나의 감성지능지수: } \qquad \right)$$

3-2. 감성리더십개발(EQ) 결과분석

1. 나는 이런 사람!

1) 150~180점 → EQ 천재

이런 젊은이들은 자신의 감정을 잘 알고, 자기감정을 잘 다루고, 충동적으로 행동하지 않으며, 기분 나쁜 일이 있거나 스트레스를 받아도 곧 회복할 수 있다. 어떤 일을 계획할 때도 자신의 능력을 고려하며, 타인을 배려하는 측면이 많아 인간관계도 좋다. 연구 결과에 따르면 이런 유형의 사람들은 사회경제적으로 성공할 가능성이 높고, 성격이 낙천적이어서 매사를 긍정적으로 보기 때문에 정신적으로도 무척 건강하다. 어렸을 때부터 서로 격려하고 지지해 주는 가정환경, 학교 환경에서 자란 젊은이들 중에서 이런 높은EQ 수준이 많이 나온다. 그러나 전체적으로 볼 때 이 점수에 해당하는 사람들은 전체 인구의 10% 이하다. 만약 당신이 이 점수에 속해 있다면 희망을 가져도 좋다. 노력을 게을리하지 않는다면 아주 행복하고 아름다운 삶을 영위할 것이다.

2) 126~149점 → EQ 수재

대체로 높은 EQ 수준을 가지고 있다. EQ가 높은 사람의 특성을 많이 가지고 있다. 그러나 어떤 한 영역에 문제가 있을 수 있으므로 만약 다섯 가지 영역 중에 어느 한 영역에서 20점 이하의 점수를 받았다면 그 부분을 강화시키려는 노력을 해야 한다. 자기 삶에 충실하고 다른 사람을 잘 이해해 주는 사람들의 전형이라고 할 수 있다. 조금만 노력하면 아주 우수한 EQ 수준을 가질 수 있을 것이다.

3) 96~125점 → 움트는 EQ에 불을 당기자

여기에 해당하는 젊은이들은 대개 자신의 문제를 분명히 할 수 있고 자기의 문제를 잘 다루고, 자신의 감정을 행동으로 잘 표현한다. 그러나 좋고 싫음이 너무 분명하고 그 기복이 심하여 정반대의 대인관계 경향이 뒤섞여 있다. 그래서 친구들에게는 친절하지만 집에서는 짜증을 부리기도 하고, 동성 친구들하고는 잘 어울리지만 이성친구한테는 그렇게 못 할 수도 있다. 또한 긍정적이든 부정적이든 다른 사람들로부터 피드백을 받지 못하고, 매사를 선악으로 구분하려고 한다. 이따금 자신의 감정이 슬픈 건지 기쁜 건지, 화난 건지 두려운 건지를 모를 때가 있다. 그러나 이 점수에 속해 있는 젊은이들도 노력하면 EQ를 우수한 수준으로 높일 수 있다. 그러니 평소에 자기감정을 분명히 표현하고, 실패에 쉽게 좌절하지 말고, 매사를 흑백 논리로 보지 말고, 타인의 입장에 서서 생각하는 습관을 기른다면 아주 우수한 EQ 수준으로 발전할 수 있다. EQ는 개발할 수 있다는 게 EQ를 개발한 존 메이어 박사의 얘기다.

4) 60~95점 → 잠자는 EQ를 깨우자

여기에 속하는 젊은이들은 EQ가 낮은 편이다. 자기감정을 잘 알지 못하고, 자기감정을 잘 조절하지도 못한다. 게다가 다른 사람의 아픔을 잘 헤아리지 못하고, 다른 '사람의 얘기'를 잘 듣지도 않는다.

그래서 자기감정을 조절하지 못하고, 인간관계가 원만하지 못해 사회적으로 성공할 가능성이 낮으며, 실패했을 때 실패를 극복하지 못하고 주저앉기 일쑤다. 경제적으로 독립할 가능성도 낮다. 이런 상태가 지속된다면 평생을 스트레스와 싸워야 하고, 다른 사람에게 피해를 주는 사람이 될 수도 있다. 그러므로 EQ를 개발하기 위해 적극적으로 노력해야만 한다.

자기 자신의 능력에 맞는 현실적인 목표를 세워 추진하고, 자신의 감정을 분명히 표현하고, 충동적으로 행동하지 않도록 노력해야 한다. 그리고 타인을 돕듯이 자신을 돕고, 비판에 너무 민감하게 반응하지 않도록 의식적으로 노력해야만 한다. EQ를 높이려는 노력이 절실하다.

5) 59점 이하 → 낙심은 금물! EQ는 '하면 된다.'

여기에 해당하는 젊은이들은 틀림없이 알 수 없는 덫에 걸려 있다. 자기감정을 이해하지 못함은 물론 다른 사람들의 감정을 헤아리지도 못한다. 그리고 충동적이고 이기적이어서 언제나 인간관계 때문에 고민하고, 이성보다는 열정에 사로잡혀 어떤 욕구가 일어나면 즉각적으로 만족시키려고 한다. 만약 EQ가 지금 상태로 유지된다면 당신은 분명히 후회할 날이 올 것이다. 그러므로 적극적으로 EQ를 높이려는 노력을 해야 한다.

2. 유형별 분석

	1형 – 그래프 모양이 이런 유형으로 나왔을 경우에는 자기 자신의 감정을 잘 이해하고 조절할 줄 알고, 실패를 성공으로 연결시킬 수 있는 특성을 가지고 있다. 하지만 다른 사람의 관점을 별로 배려하지 않고 자기중심적이어서 인간관계가 좋지 않다. 그러므로 다른 사람의 입장에 서서 생각하고 행동하도록 좀 더 신경 써야 한다.

2형 — 그래프 모양이 이렇게 나온 경우엔, 자기 자신에게 소홀하면서 다른 사람에게는 지나치게 신경을 쓴다. 심할 경우 자신을 부정하면서까지 다른 사람을 긍정하기 때문에 무조건 의존적인 행동을 하거나 지나치게 타인의 눈치를 볼 수가 있다. 그러므로 자기의 감정을 보다 분명하게 하면서 자기를 긍정할 수 있도록 자신의 능력을 키워야만 한다.

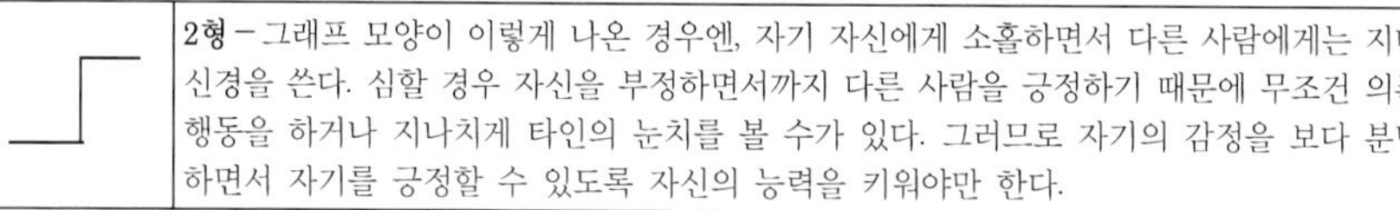3형 — 이런 유형의 결과는 자기감정을 잘 표현할 줄 알고, 자기감정을 조절할 줄도 안다. 그리고 다른 사람의 감정을 잘 이해하고, 인간관계에 필요한 사회적 기술이 뛰어나다. 하지만 실패했을 경우 쉽게 좌절하고 거기서 헤어나지 못하는 단점도 있다. 그러니 실패했을 때 너무 실망하지 말고, 실패를 면밀히 분석하여 목표에 재차 도전하는 습관을 기른다면 높은 수준의 EQ를 얻을 수 있을 것이다.

4형 — 이런 유형의 결과는 전반적으로 높은 EQ 수준을 보여 주지만, 자기감정을 조절하지 못하고 다른 사람의 감정을 무시한 채 행동한다. 충동성이 높아 쉽게 화를 내고, 사소한 것을 가지고 다투길 좋아하고, 욱하는 성질이 있기 때문에 행동하고 나서 후회하는 일이 많다. 게다가 다른 사람의 감정은 무시하고 자기중심적으로 행동하기 때문에 적을 많이 만들 수 있다. 그러므로 평소에 자기 화를 이겨 내고, 스트레스를 받았을 때 이완할 수 있는 방법을 개발하는 게 좋다. 그리고 다른 사람의 감정이 어떤지를 헤아려서 다른 사람의 감정도 배려하는 습관을 키워야 한다.

3-3. 감성리더십개발(EQ) 방법

EQ는 IQ와는 달리 후천적으로 개발할 수 있다는 것이 큰 장점이다. IQ는 유전적인 영향, 어머니의 지능, 태내 환경에 의해 80% 정도가 선천적으로 결정되고 나머지 20% 정도가 후천적으로 결정된다. 그래서 노력해서 개발할 여지가 적다. 그에 비해 EQ는 20% 정도가 유전, 기질, 호르몬 등과 같은 선천적인 요소에 의해 결정되고 나머지 80% 정도가 후천적으로 결정된다. 그래서 노력해서 개발할 여지가 대부분이다. 그러니 앞의 테스트에서 EQ 점수가 낮다고 좌절하지 말고 자신의 EQ를 높이려고 노력하라. 그러다 보면 자연스럽게 EQ가 높아질 것이다.

그러면 EQ를 개발하고 EQ 점수를 높이는 방법에 대해서 알아보자

1) 나는 나만의 공간을 가지고 있는가?

EQ가 높은 사람들의 특징은 자기만의 휴식 공간, 사색 공간, 창조 공간을 가지고 있다는 점이다. 그러므로 자신의 공간을 확보하도록 노력하라. 그렇다고 집안

형편을 무시하고 자기 방을 확보하라는 것은 아니다. 그런 행동 자체가 EQ가 낮은 사람의 행동이다. 자기만의 공간은 조용한 산책길, 공원, 옥상, 분위기 있는 카페와 같이 어느 곳이든 자기가 가장 편안한 곳이면 된다.

2) 나는 나 자신과 대화를 하고 있는가?

EQ가 높은 사람들은 자신과의 대화를 즐길 줄 안다. 가령 일기를 쓰거나 글을 쓰면서 자신의 행동과 하루를 반성하는 게 좋다. 다시 말해 자기 삶을 스스로 피드백해 보아야 한다.

3) 나는 취미 생활을 하고 있는가?

EQ가 높은 사람들은 자기 전공분야 이외에 한 가지 이상의 취미 생활을 하고 있다. 가령 학생이라면 좋아하는 운동을 하거나 동아리 활동을 하고, 직장인이라면 업무와 관련되지 않은 동호회 모임에 참여해서 활동한다. 물론 취미 활동에 너무 몰입해서 자신의 전공이나 업무에 영향을 주어서는 안 된다.

4) 나는 규칙적으로 운동을 하고 있는가?

EQ가 높은 사람들은 건강관리를 위해서뿐만 아니라 규칙적인 운동을 통해 적대감, 스트레스, 공격성을 해소할 줄 안다. 일주일에 서너 번은 운동을 함으로써 스트레스를 풀어 주어야 한다.

5) 나는 내가 되고자 하는 존경하는 인물이 있는가?

EQ가 높은 사람들은 존경하고 흠모하는 인물을 설정해 놓고 자기도 그런 인물이 되려고 노력한다. 지금이라도 내가 존경하는 인물을 설정하라. 그리고 그 사람과 같이 되려고 노력하라.

6) 나는 상대방의 입장에 서서 생각하고 행동하는가?

EQ가 높은 사람들은 자기의 감정과 충동만을 앞세워 사랑을 표현하지 않는다. 그래서 상대방을 난처하게 하는 프러포즈를 하지도 않고 키스를 요구하지도 않는다. 성인의 경우에는 성생활에서 상대방의 기분과 감정을 배려할 줄도 안다. 항상 상대방의 입장에 서서 생각하고 행동하도록 노력한다.

7) 나는 여행을 즐기고 있는가?

EQ가 높은 사람들은 출장이 아닌 여행을 즐기며 자연과 대화하는 걸 좋아한다. 여행을 통해 새로운 문화, 새로운 사람들을 접하고, 자연에 묻혀 자신의 감정을 편안하게 하는 습관을 가져라.

8) 나는 평소 '욱'하는 기질이 있는가?

충동적인 행동은 하루아침에 자신을 무너뜨릴 수도 있다. 그러니 충동을 조절하는 습관을 길러라. EQ가 높은 사람들은 평소 나름대로 기(氣)운동, 이완 훈련, 종교 생활을 통해 자신의 충동성을 조절하려고 노력한다.

9) 나는 스트레스 관리를 하고 있는가?

EQ가 높은 사람들은 평소 자신의 스트레스 관리를 잘 하고, 스트레스로부터 빨리 벗어나는 특징을 가지고 있다. 특히 정신적인 노동을 하는 사람들은 스포츠나 노동 같은 신체적인 스트레스를 일부러 체험하는 게 좋다.

10) 나는 세상을 긍정적으로 보려고 노력하는가?

EQ가 높은 사람들은 가능한 한 세상을 긍정적으로 보고, 다른 사람의 단점보다는 장점을 보려고 노력한다. 게다가 자신에게도 매우 긍정적이어서 자의식이나 죄책감에 시달리지 않는다. 자기에게 너그러워지고 가능한 한 세상을 긍정적으로 보아라.

제4장
창의(Creativity)기술 개발

4-1. 창의형 인재 개발의 필요성

1) 창의성(Creativity) 영향력은 무엇인가?

기발한 아이디어로 가득 찬 사원은 최상의 경영자원이다. 그들을 올바르게 다루어야 한다. 그러면 그 번뜩이는 아이디어를 얻을 것이다. 사원의 창조성을 고취시키는 것이 바로 무한경쟁시대를 헤쳐 나가는 비결이다.

그러한 의미에서 금번 지적 자산의 근원인 창조력을 키우는 [창의인재 멘토 개발 방법]은 기업 등 조직 경영에 많은 영향력을 발휘하는 계기가 될 것이다.

법적 조직 적용: 기업, 학교, 대학, 교회, 정부기관, 군대, 복지재단 등

자율조직 적용: 정치계, 경영계, 법조계, 종교계, 교육계, 여성계, 청소년단체 등

2) 왜! 오늘날 창의성 인재가 필요한가?

21세기 현대사회는 한 치의 앞을 내다볼 수 없는 상황에 이르렀다. 그러므로 가장 먼저 인재 경영의 중요성을 제대로 인식하고 창의인재를 확보하고 유지함으로써 우리에게 닥친 오늘날 위기를 다시 한 번 도약의 계기로 반전시켜야 할 때이다.

3) 현재 한국기업이 최우선적으로 추구해야 할 경영이슈는?

국내대학 경영학 교수 103인의 설문조사(결과-매경이코노미 자료)
(한국통합경영학회 모임 2009. 8. 20.~21.)

(1) 최우선 경영이슈: 핵심인재 유치와 유지-30%
(2) 창조경영기반: 창조적 인재육성-43%
(3) 창조경영 어려운 점: 변화와 혁신 원치 않는 조직분위기-46%

4) 창조적 인재경영 왜 필요한가?

불과 몇 년 전만 해도 경영자들이 갖추어야 할 첫 번째 덕목으로 혁신이 꼽혔다. 그러나 이제는 창조가 대세다. 1993년 "마누라와 자식만 빼고 다 바꿔라"고 했던 이건희 삼성전자 회장은 2003년 6월 신경영 선언 10주년을 기념하여 '천재경영'을 선언했다. 그는 한 명의 천재가 10만 명을 먹여 살린다고 했다.

글로벌 초(超)경쟁시대의 21세기는 두뇌경쟁시대다. 모든 지식과 정보가 1등에게만 모인다.

그래서 1등만이 살아남고 나머지는 '하청업체'로 전락해 근근이 먹고살게 된다. 지금까지는 남들이 창조한 것을 가져다가 원래 것보다 훨씬 싼값에 만들어 팔 수 있었다. 하지만 기업 경영의 영역이 점차 확장되고 발전하면서 더 이상 베낄 것이 없어지고 있다. 오직 가치를 창출하는 기업만이 살아남게 된다는 것이다. 창조경영이 혁신경영을 밀어내고 기업경영자들의 키워드로 자리 잡은 것도 이 때문이다. 기존 방식을 바꾸는 것이 혁신이라면 창조는 무에서 유를 만들어 내는 것이나. 창조는 없는 것을 만들어 내기 때문에 무한한 가능성이 있다.

창조경영자의 대명사로 꼽히는 스티브 잡스가 이끌고 있는 미국 애플사는 올해 포춘이 뽑은 최고의 명성 기업 1위를 차지했다. 불과 10년 전만 하더라도 운영체계 전략이 원활하지 않아 심한 자금난에 허덕였다. 그러던 애플사가 10년 만에 세계를 뒤흔든 아이팟을 만들어 내고 전 세계 휴대전화 업계에 지각변동을 몰고 온 아이폰을 탄생시켰다.

뒤이어 시장에 나온 태블릿컴퓨터 아이패드는 IT시장의 판도를 완전히 뒤바꿔 놓을 수 있을 것으로 업계는 주목하고 있다. 스티브 잡스의 창조경영이 힘이 됐다는 분석이다.

5) 앞으로 어떻게 창조인재 경영해야 하나?

기업들은 글로벌 경영확대와 창조경영에 필요한 우수인재를 육성하고 조직운영 시스템을 만들어야 한다. 기업들의 인사제도 패러다임도 바뀌어야 한다. 전문가들은 획일적인 지시에 대해 다른 생각을 가진 구성원들을 포용하고 다양성을 수용할 수 있는 조직문화를 만들어야 한다고 입을 모은다.

이를 위해 국내 기업들은 신입사원 채용방식을 인턴제로 바꾸고 자율복장과 근무시간 유연제를 도입하는 등 창조경영을 위해 애를 쓰고 있다. 하지만 아직은 미흡하다. 한 단체의 조사에 따르면 지난해 국내 500대 기업의 교육훈련비가 전년에 비해 20%나 감소했다. 금융위기가 닥치자 기업들은 인재경영의 필요성을 알면서도 당장 효과가 나타나지 않는다는 이유로 직원들의 교육훈련비를 줄인 것이다. 하지만 미래경영을 위해서는 교육훈련이 필수적이다.

6) 멘토링의 창의형 인재 개발이란?

(1) 의미

멘토링의 창의형 인재 개발 멘토 프로젝트는 개인과 조직의 균형 있는 상호 유익을 전제로 업무능력을 통하여 조직의 효율성과 역량 개발을 통하여 개인의 만족감을 이루어 인간성 바탕 위에 생산성 효과를 얻고자 하는 데 목적을 둔다.

(2) 일반교육과 멘토링의 차별성

구분	일반 교육	멘토링
목적	● 업무성과 제고 ● 전문지식 습득	● 태도·마인드의 변화 ● 성장 잠재력 개발
초점	● 업무수행에 필요한 전문 기술 습득	● 구성원들의 잠재역량 개발 및 일을 통한 학습 능력 제고
주체	● 내·외부 전문가	● 같은 부서의 상사 또는 자주 접하는 사람
관계	● 전문가와 비전문가 관계 ● 1:다수 관계	● 지식 전달 외에 감정적 관계 포함 ● 1:1 관계
장소	● 강의실, 교육기관	● 업무현장, 회사 내부
기간	● 단기적(며칠~몇 주)	● 장기적(수개월~1년 이상)

(3) 일반형 창의인재 개발과 멘토링 창의인재 개발 차별성

일반형 창의인재 개발	구분	멘토링 창의인재 개발
*개인 *창의 팀원	인력	*멘토/멘제 1:1 *멘토링 그룹
*독창역량 개발 *주어진 업무	대상	*인격개발 *지·정·의 전인적인 분야
*자기배려 창의-이기주의 개념	배려	*타인배려 창의-이타주의 개념
*생산성 바탕 창의성	기준	*인간성 바탕 창의성
*자아실현 *업무목표 달성	성과기대	*타인을 리더로 실현 *멘제를 멘토와 같이 재생산

4-2. 창의형 인재 멘토 Big3 모델

1. 디자이너: 앙드레 김(한국인)

앙드레(Andre) 김(본명 김봉남, 75)은 한국 패션디자인계의 창의적인 개척자로
서 여성의 아름다움을 알리고 나아가 한국의 문화와 예술을 세계에 알리는 데 크
게 공헌한 분이다. 그는 오늘날 전 세계에서 한국이 낳은 세계적인 패션 디자이너
로 그 독창성을 널리 인정받고 있어 금번 멘토 모델로 추천했다.

출생연도: 1935년 8월 24일 경기도 고양
사망연도: 2010년 8월 12일 사망
가족: 아들 김중도(입양)
학력: 한영고등학교
수상: 2010년 대한민국 금관문화훈장
   2009년 아시아 모델 페스티벌 어워즈 국제문화교류 공로상
   2007년 제7회 자랑스런 한국인대상 패션디자인부문
   2005년 제1회 한국복식학회상
   2000년 프랑스정부 예술문학훈장

1) 멘토 모델로서의 영향력

경기도 고양군 신도면 구파발리(현재 서울특별시 은평구 진관동) 태생으로 신
도초등학교와 한영고등학교를 졸업, 1962년에 디자이너로 데뷔하였다. 같은 해

소공동에 '살롱 앙드레(앙드레 김 의상실)'를 열어 한국 최초의 남성 패션디자이너가 됐다. 남성 디자이너에 대한 사람들의 편견 속에서도 개성 있는 디자인과 노력으로 의상 디자인계를 개척한 그는 1966년 파리에서 한국인으로는 최초로 패션쇼를 열었다. 1960년대 영화배우 엄앵란 등의 옷을 만들며 알려지기 시작하였다. 1980년에 미스유니버스대회의 주 디자이너로 뽑혔으며, 1988년 서울 올림픽에서는 대한민국 대표팀의 선수복을 디자인하였다.

1997년에는 문화훈장 화관장(5등급)을 수상하였으며, 2000년 프랑스 예술문학훈장을 받은 데 이어 2008년 문화훈장 보관장(3등급)으로 훈위가 승급되었다.

2006년에는 서울에서 '문화재 환수 기금 마련을 위한 패션쇼'를 열어 해외 유출문화재의 반환에 대한 관심을 나타내었다.

평생 독신을 고집한 그의 디자인 예술성에 대해서는 논쟁이 많은 편이며 일부에서는 미디어가 만들어 낸 허상일 뿐이라는 혹평도 있다. 특유의 韓·英 혼용체나 말투 등으로 인해 그의 성대모사가 사람들의 개인기 소재로 많이 쓰이기도 하였다. 2010년 8월 12일 서울대병원 중환자실에서 폐렴과 대장암이 악화되어 사망하였다. 그의 죽음에 이명박 대통령은 1등급 훈장인 금관문화훈장을 추서하였다.
흰옷을 입은 이유에 대해 앙드레김은 "어린 시절 어머니가 흰옷을 빨아서 풀까지 먹여 주셨다. 그 이후 흰옷을 사랑하게 됐다"고 고백했다.

2) 멘토 모델로서의 영향력 평가

우리 사회에서 지도자들은 누구나 멘토가 될 수 있고 또한 되어야 한다. 그러나 멘토의 자질은 먼저 인격을 갖춘 자로서 주변에서 존경받는 사람이어야 한다. 앙드레 김의 멘토로서 영향력을 아래 인격테스트에 의거하여 소개해 보도록 하겠다.

인격	영향력	세부사항	비고
지: 知	전문분야 지식 기술 정보 노하우	1. 초창기는 상품성보다 예술성에 치중하여 경영이 어려웠다. 그러나 노후 결과는 경영에서도 성공했다. 2. 특히 옷 재료를 국산품으로 하여, 외국산의 가짜 여부를 차단하고 애국심으로도 인정받았다. 3. 조간신문 17개를 읽는 열정적인 사람이다. 4. 브랜드-골프웨어, 아파트, 화장품, 도자기, 카드, 세제, 가전, 자전거 등 다양하다.	
정: 情	정서분야 감성 마음 관계 취미	1. 조언을 들어 김봉남 본명을 불란서 이름인 앙드레(Andre) 김으로 변경하여 세계화하였다. 2. 그의 韓英을 혼합한 독특한 어법은 늘 우리 주변에서 화두가 되었다. 3. 그의 평생 흰옷 스타일은 어머니의 영향과 백의민족에 뿌리를 두고 있다.	

인격	영향력	세부사항	비고
의: 意	의지분야 결단 윤리 리더십 절제 계획 성과	1. 평생 독신으로 패션과 결혼한 듯한 삶이었다. 2. 국내 최초 남성 디자이너로 세계적인 명성을 얻다. 3. 김중도를 입양하여 30여 년간 키워 후계자로 삼았다. 4. 한국 예술분야 최고상인 금관문화훈장 수상자다. 5. 국내보다는 외국패션계와 국내 외교관 가족들과 활발한 관계를 가져 Global Leader가 되었다.	

2. 경영자: Steve Jobs(미국인)

Steve Jobs(55)는 미국 IT산업인 Apple사를 창업하였고 MS를 창업한 Bill Gates와 동년배로서 서로 간 경쟁하면서 세계 IT산업의 창의적인 CEO로 인정받고 있다. 특히 금번 I−Pod−Phone−Pad 개발로 경영 차원에서도 난공불락이었던 MS 시가 총액을 넘어섰다. 이번 IT산업 경영 부분에서 멘토 모델로 추천했다.

출생: 1955년 2월 24일(미국 샌프란시스코)
학력: 리드대학(중퇴)
경력: 1976 애플사 창립
　　　1986 픽사 인수
　　　1985 넥스트 설립(애플사 퇴사)
　　　1997 애플사 복귀
　　　2001 I−Pod 출시
　　　2007 I−Phone 출시
　　　2010 I−Pad 출시

1) 멘토 모델로서의 영향력

잡스는 녹특한 철학만큼이나 인생 역정도 남다르다. 1955년 미국 샌프란시스코에서 미혼모의 아이로 태어난 그는 친모의 얼굴도 모른 채 한 부부에게 입양된다.

그는 특히 전자 장치에 관심이 많았다. 그런 관심이 최고조에 달했던 1976년 21세의 나이에 친구 스티브 워즈니악과 함께 차고를 사무실로 개조하여 지금의 애플을 설립하게 된다. 이어 1977년에는 세계 최초의 개인용 컴퓨터(PC)인 '애플Ⅱ'를 세상에 내놓는다. 당시는 IBM으로 대표되는 대형 컴퓨터만 있던 시절. 사람들은 그 작은 컴퓨터를 보고 충격을 받지 않을 수 없었다. 잡스는 성공 가도를 탔고 회사 설립 4년 만에 억만장자의 반열에 오른다.

하지만 그에게도 위기가 닥치기 시작한다. 잡스의 독선적인 경영 방식에 불만을 품은 이사회가 1983년부터 그에게 경영권을 주지 않으려 한 것이다. 잡스는 차선책으로 경영의 귀재인 존 스컬리 펩시 사장을 영입한다. 당시 잡스가 스컬리에게 "정말 중요한 일을 할 수 있는데 설탕물이나 팔며 남은 인생을 허비할 것이냐"고 한 말은 미국 비즈니스 역사에 전설이 된 에피소드이기도 하다.

> 잡스는 2001년에 I-Pod, 2007년에 I-Phone 그리고 최근 2010년에 I-Pad를 출시하였고 그리고 기적적으로 Micro Soft사 시가 총액을 넘어서 명실 공히 IT산업의 황제로 등극했다.
> 그는 췌장암을 극적으로 회복한 후 2005년 스탠퍼드대학 졸업 축사에서 이렇게 말했다. "매일매일을 인생의 마지막 날처럼 살아가십시오. 항상 갈망하고 언제나 우직하게…(Stay hungry, stay foolish!)"
> "우리는 기술을 개발하는 것이 아니라 더 나은 세상을 만드는 것입니다."

---

2) 멘토 모델로서의 영향력 평가

우리 사회에서 지도자들은 누구나 멘토가 될 수 있고 또한 되어야 한다. 그러나 멘토의 자질은 먼저 인격을 갖춘 자로서 주변에서 존경받는 사람이어야 한다.

Steve Jobs의 멘토로서 영향력을 아래 인격테스트에 의거하여 소개해 보도록 하겠다.

인격	영향력	세부사항	비고
지: 知	**전문분야** 지식 기술 정보 노하우	1. 그를 '세상에서 가장 창의적인 경영자, 경제에 디자인의 개념을 도입한 인물, 디지털 혁명가, 몽상가, 과거 실패를 딛고 성공한자, 괴짜…'라고 평한다. 2. 그의 창의적인 제품으로는 2001년에 I-Pod, 2007년에 I-Phone 그리고 최근 2010년에 I-Pad가 있다.	
정: 情	**정서분야** 감성 마음 관계 건강 봉사 취미	1. 그는 과학기술과 인문학의 융합경영을 주장하고 협력업체와 동반자 시스템을 구축하여 50:50에서 30:70으로 지분율을 올려 우대했다. 2. 잡스는 2004년 췌장암 수술, 작년에는 간이식 수술까지 받으면서 이런 악조건을 극복하고 애플을 세계 최고의 테크놀로지기업으로 만들었다. 3. 애플에서 강조하는 '창조적 사고'라는 업무 방식은 개인의 자율과 실패를 인정하는 방식이다.	

인격	영향력	세부사항	비고
의: 意	의지분야 결단 윤리 리더십 절제 계획 성과	1. 샌프란시스코에서 미혼모의 아이로 태어난 입양아로 오늘날창의력으로 최정상 CEO가 됐다. 2. Apple사를 창업하고 퇴직당한 후 복귀하여 현재 마이크로소프트사를 시가총액 2,292억 불로 능가했다. 그 기적은 업무와 인간 배려의 힘이었다. 3. 애플에서 강조되는 '창조적 사고'라는 업무 방식은 개인의 자율과 실패를 인정하는 방식이다.	

3. 교육자: 마빈 토카이어(유대인 랍비)

마빈 토카이어(74)는 전통적인 유대인의 랍비로 미국 뉴욕에서 출생하여 생존한 랍비 중에서 최고의 영향력을 발휘하고 있다. 그는 창의력으로 20여 권의 탈무드를 저술하였고, 오늘날 국제적인 탈무드식 자녀교육의 권위자로 인정받고 있다. 금번 자녀교육 부문 멘토로 추천했다.

-뉴욕 예시바대학교 대학원(랍비 신학대학원) 졸
-1962 미 공군 군종장교(한국 오산 근무)
-일본 와세다대 히브리어 교수
-탈무드를 비롯하여, 20여 권의 유대인 관련 저서 저술
-일본 및 미국 정통파 유대인 회당의 랍비 생활
-주요 저서: 탈무드의 지혜, 탈무드와 모세오경, 탈무드의 처세술, 탈무드의 생명력, 탈무드의 잠언집,
　　　　　탈무드의 웃음 등 20여 권

1) 멘토 모델로서 영향력

마빈 토카이어(74)는 정통파 유대인 랍비로서, 지난 1962년에서 64년까지 경기도 오산, 경북 대구, 서울 등지의 미공군부대 군종장교를 지냈으며 그 후 주로 일본에서 활동했다. 일본 와세다대에서 히브리어 교수로 재직한 그는 일본과 미국 뉴욕의 유대인 회당에서 랍비로 활동했다.

"한국인은 고난을 많이 겪었다는 점에서 유대인과 비슷한 면이 많다. 한국은 일본, 중국, 러시아 등 강대국에 의해 오랜 기간 고통을 당했다. 하지만 멋진 전통과 좋은 영혼을 갖고 있다."

『탈무드』 저자 마빈 토카이어(74) 랍비가 6일(2010. 8.) 국제학술대회를 위해 한

국을 찾았다. "나는 한국인들에게 도움이 될 수 있는 유대인의 지혜를 전달하고 싶다.

나는 1962년부터 1964년까지 주한 미 공군으로 복무했다. 당시 한국은 일제강점기와 한국전쟁을 거친 후라 매우 비참한 지경에 처해 있었다"며 "하지만 한국 사람들의 영혼은 건전하고 강한 가치를 갖고 있었다"고 회상했다. "어제 한국에 도착했는데 현대판 기적을 봤다. 전체 나라를 다시 재건한 것이 아니냐. 정말 놀랍다."

우려스러운 점도 있다. "한국은 IT, 컴퓨터 등에서 발전된 기술을 갖고 있다. 하지만 영혼을 잃고 있는 것 같아 걱정된다"며 "유대인 격언 중에 '보트를 앞으로 나가게 하기 위해서는 뒤를 보면서 노를 저어라'는 말이 있다. 한국의 발전을 위해서는 뒤에 있는 한국인의 가치를 보며 앞으로 나가야 한다"고 충고했다. "미래를 밝게 할 수 있는 유산들에 눈을 돌려야 한다. 로봇은 과거가 없지만 인간은 밝은 미래를 위해 과거의 도덕과 지혜를 활용할 줄 알아야 한다."

2) 멘토 모델로서의 영향력

우리 사회에서 지도자들은 누구나 멘토가 될 수 있고 또한 되어야 한다. 그러나 멘토의 자질은 먼저 인격을 갖춘 자로서 주변에서 존경받는 사람이어야 한다. 마빈 토카이어의 멘토로서 영향력을 아래 인격테스트에 의거하여 소개해 보도록 하겠다.

인격	영향력	세부사항	비고
지: 知	**전문분야** 지식 기술 정보 노하우	1. 생존 유대인 랍비(유대교 율법교사)로서 20여 권의 탈무드 저자로 '탈무드를 통한 자녀교육'의 권위자다. 2. 온고이지신 랍비 자녀 학습은 유대전통관습법과 토라(모세오경)를 담은 탈무드를 교재로 한다.	
정: 情	**정서분야** 감성 마음 관계 건강 봉사 취미	1. 1,500년 전에 첫선 보인 탈무드는 단순한 학습교재가 아니라 '인생과 관련된 매우 세밀한 대화가 담긴 지혜와 감수성의 보고'다. 2. 랍비의 교재인 탈무드는 시대와 인물을 초월한 유대인 전통적인 교재로 노소간에 세대 차이가 없는 세계에서 유일한 교재다. 3. 고교 대학시절에는 15시간 탈무드 공부를 했다.	

인격	영향력	세부사항	비고
의: 意	**의지분야** 결단 윤리 리더십 절제 계획 성과	1. 유대인 생존 랍비 중에서 최고의 영향력을 행사하고 있는 지도자다. 2. 그는 일본에서 대학 강의, 중국에서 저서보급 및 미국 정통파 유대인 회당의 랍비 생활을 하고 있다. 3. 한국에 조언: 한국은 IT, 컴퓨터 등에서 발전된 기술을 갖고 있다. 하지만 영혼을 잃고 있는 것 같아 걱정된다.	

제5장
열정(Passion)기술 개발

개인적으로 누구나 감정이 모든 것을 압도하거나 어떤 것에 열정적으로 몰두하게 되는 상황을 경험해 본 적이 있을 것이다. 열정의 감정이 몸 전체에 퍼지면 자신도 모르게 당면 과제를 이루어 내는 예기치 못한 에너지를 발견하게 된다.

이러한 감정적인 행위는 개인뿐만 아니리 집단을 통해서도 분출될 수 있는데 특별히 구성원들의 열정에 불을 붙여서 경쟁자들보다 더 높은 성과를 달성하게 만든다. 리처드 장은 "열정적인 회사는 열정 없는 회사보다 고객충성도가 56%, 생산성이 36%, 수익성이 27% 높다"고 말했다.

금번 조직의 열정개발 특집은 이 분야의 세계적인 권위자인 리처드 장과 카첸바흐의 저술을 참고로 하고 그동안 멘토링 코리아에서 현장 실습한 인간존중 멘토링 전략을 조합하여 한국적 열정개발 프로그램으로 소개한다.

1. [참고도서] 존R 카체바흐: 열정컴퍼니
2. [참고도서] 리처드 창: 성장비밀, 열정, 경영
3. 열정지수 측정 Workshop

5-1. [참고도서] 존R 카첸바흐: 열정컴퍼니

존R 카첸바흐(Jon R. Katzenbach)
저서: 열정컴퍼니(세종서적 출간, 2002. 05. 01.)
(Peak Performance: Aligning the Hearts of Your Employees)

1. 열정프로그램 개요

1) 정의

"열정을 가지고 감정적으로 헌신(Emotional Commitment)함으로써 회사를 위해 지속적인 경쟁 우위를 이루는 제품 또는 서비스를 만들거나 제공할 수 있는 종업원 집단을 만드는 것이다."

2) 목적

열정을 가지고 회사에 감정적으로 헌신하여 최고의 성과를 낼 수 있는 직원을 어떻게 만들 수 있을 것인가?

3) 분석방법

높은 성과를 이룩하는 열정적인 직원을 보유함으로써 경쟁우위를 확보하고 있는 것으로 보이는 기업을 조사·분석한다.

4) Key Point

① 첫째, 감정적 헌신을 위해 어떻게 직원들의 열정을 불러일으킬 수 있을 것인가?

② 둘째, 이러한 열정을 최고의 성과를 달성하기 위해 어떻게 집결시킬 수 있을 것인가?

5) 열정경영 Mission

최고의 성과(Peak Performance)를 낼 수 있는 활력에 찬 직원을 만드는 것이다.

2. 열정경영 다섯 가지 노하우

어떻게 하면 우리 직원들이 신명나게 움직일까? 회사의 성과는 뻗어 나가는데 직원들의 마음은 불만투성이라면? 직원들의 만족감은 높지만 회사 실적은 형편 없다면? 신이 나는 회사, 열정이 넘쳐나는 회사는 그냥 만들어지지 않는다. 직원의 마음을 읽고 회사의 경영원칙에 반영하라. 직원들의 열정을 최고의 기업 성과로 만드는 다섯 가지 노하우는?

1) 사명감과 가치관으로 열정을 일으켜라.
2) 명확한 성과 측정과 업무기준을 제시하라.
3) 직원의 창업가 정신을 고취하라.
4) 개인의 발전을 장려하고 고무하라.
5) 돈 이외의 인정과 보상을 아낌없이 제공하라.

3. 조직에의 적용

사업조건, 기업문화 등 기업이 처한 상황에 적합한 열정의 원천을 선택하고 이러한 열정을 최고의 성과를 달성하는 방향으로 집중시키는 보완적인 조율 방식의 신중한 선택/적용이 핵심이다.

[다섯 가지 접근 조율방식]

균형적 접근방식 (Balanced Path)	가장 유망한 열정의 원천	빈번하게 활용되는 조율방식
사명·가치·자긍심 (MVP)	• 사람의 마음을 사로잡는 마력을 가진 리더 • 원대한 꿈 • 사람의 마음을 사로잡는 유산	• 보다 커다란 그림을 창조한다. • 가장 중요한 것이 무엇인지를 명확히 한다. • 분명한 목적을 가지고 선발한다. • 구성원들에게 그들의 진정한 가치를 보여 준다.
프로세스와 측정기준 (P&M)	• 역동적 시장 • 엄격한 고객	• 성과에 대한 투명성을 제공한다. • 리더십을 폭넓게 분산시킨다. • 작업 그 자체를 강화시킨다.
창업가 정신 (ES)	• 사람의 마음을 사로잡는 마력을 가진 리더 • 원대한 꿈 • 역동적 시장	• 폭넓은 기회를 창조한다. • 리더십을 폭넓게 분산시킨다. • 분명한 목적을 가지고 선발한다. • 중요한 의미를 지니는 인정과 보상을 제공한다.
개인적인 성취 (IA)	• 역동적 시장 • 엄격한 고객	• 가장 중요한 것이 무엇인지를 명확히 한다. • 성과에 대한 투명성을 제공한다. • 분명한 목적을 가지고 선발한다. • 폭넓은 기회를 창조한다.
인정과 축하 (R&C)	• 사람의 마음을 사로잡는 마력을 가진 리더 • 역동적 시장 • 사람의 마음을 사로잡는 유산	• 구성원들에게 그들의 진정한 가치를 보여 준다. • 집단 에너지를 발생시킨다. • 중요한 의미를 지니는 인정과 보상을 제공한다.

5-2. [참고도서] 리처드 창: 성장비밀 열정 경영

리처드 창(Richard chang)
저서: 성장의 비밀 열정경영(위즈덤하우스 출간, 2005.08.03.)
(The Passion Plan of Work: Building a Passion−driven organization)

1. 조직 내 열정을 확산시키는 방법

1) 열정은 리더로부터 시작된다

리더들이 모델이 되어 열정적인 모습을 보여 주어야만 조직 내에 열정이 빠르게 퍼질 수 있다. 요란하거나 거창할 필요는 없지만, 그들이 신뢰감을 주어야만 구성원들은 확신을 갖고 움직일 수 있다.

2) 끊임없이 열정에 대해 알려라

구성원들을 개인적으로 만나거나 메모와 이메일, 회사 사보, 교육 프로그램 등과 같은 전달 수단을 통해 명확하고 지속적으로 구성원들과 의사소통을 하라.

3) 열정을 공유하고 자극할 수 있는 열정 친화적인 작업환경을 만들라

물리적으로 불안하거나 에너지를 소모시키는 장소에서는 결코 열정을 느낄 수 없다. 창의적인 작업 환경이 중요한 광고 회사이건 안전규정이 중요한 제조 공장이건 열정 친화적인 환경은 어디에서든 가능하다.

4) 열정과 기업의 현실 사이에 일관성이 있어야 한다

회사의 정책과 관행이 핵심 열정과 배치된다면 직원들은 혼란스러워하고 의욕을 상실하게 된다. 말로는 열정을 강조하면서도. 복장정책과 출근정책, 휴게실 규칙 등과 같은 사소한 것들이 열정을 무시하는 메시지를 전달한다면 어떤 열정도 뿌리내릴 수 없다.

2. 열정이 주는 10가지 혜택

1) 방향과 초점을 제시한다.
2) 에너지를 만든다.
3) 창의성을 키운다.
4) 업무성과를 높여 준다.
5) 행동을 고양시킨다.
6) 직원과 고객을 끌어 모은다.
7) 충성심을 높인다.
8) 조직을 단합시킨다.
9) 결정적 우위를 제공한다.
10) 조직의 수위를 끌어 올린다.

3. Passion 열정 Plan 7단계

Step 1: 성공기반이 될 동기를 찾아라

이성에 기초한 조직에서 열정을 추구하는 조직으로 도약하기가 쉽지 않아 보일 수 있다.

조직의 리더들과 구성원들은 사업을 할 때 격정적인 경쟁의식 외에는 감정을 배제해야 한다는 전통적인 편견을 극복하고, 열정을 성공의 근원으로 여겨야 한다.

Step 2: 성공으로 이끌 핵심 열정을 파악하라

많은 조직들이 설립 초기에 갖고 있던 열정을 느끼지 못하면서 성장해 왔다. 어떤 조직들은 그동안 마음과 초점의 변화를 경험했고, 또 어떤 조직들은 열정에 대해서 단 한 차례도 생각해 보지 않았다. 조직이 열정의 힘으로부터 혜택을 얻으려면 먼저 열정이 어디에 있느냐부터 찾아내야 한다.

Step 3: 구체적인 목표를 정하라

대부분 조직은 조직이기 때문에 목적을 갖고 있다. 시장의 욕구나 리더들의 바람 혹은 컨설턴트의 충고 등이 조직의 현재 활동을 정의한다. 조직 구성원들 역시 그들의 맡은 임무를 수행하는 데 목적을 정해야 한다. 개별직원들이 목적을 결정할 수 없어도 각자 하는 일에 대한 명분을 세울 수는 있다. 고객을 기쁘게 하는 데 헌신하는 한 사람의 직원이 개인적 성취와 그에 따른 영향에 기초해서 조직 내부로부터 고객서비스 운동을 시작할 수도 있다.

Step 4: 변화와 성장을 위한 전략을 짜라

조직의 리더들이 조직을 움직이게 만드는 연료(조직의 열정)와 그 연료를 사용해서 나아갈 곳(조직의 목적)을 명확하게 정의했다면, 이제는 목적으로 나아가기 위한 계획을 세워야 한다.

Step 5: 열정을 성과로 연결하라

조직의 리더들이 탐색과 계획 수립과정을 혼자서 다 해 버렸다면, 그들이 소개하는 변화는 조직 내외에 있는 사람들에게 충격적으로 느껴질지 모른다. 리더들은 조직의 구성원들이 열정을 분출하면서 업무성과를 최대한 높일 수 있도록 주변의 물리적 환경을 개선시킬 수 있어야 한다.

Step 6: 고객에게까지 열정을 퍼트려라

조직이 열정을 갖고 행동하게 되면 점차 많은 주목을 받게 된다. 열정적인 사람들은 대부분의 사람들이 좌절과 불만에 직면하는 세상에서 등불처럼 빛나는 존재이다. 그들은 리더와 고객과 동료직원들이 조직 전반의 열정을 높일 수 있도록 영향을 줄 수 있다. 결과적으로 하나의 불꽃이 불기둥으로 만드는 것이다.

Step 7: 지속적으로 열정을 유지하라

일반적으로 열정에 기초한 변화를 시작한 조직의 사기는 높다. 놀랍게도 그러한 조직은 생각했던 것보다 변화가 어렵지 않다는 사실을 깨닫게 되면서 더욱 힘을 얻는다. 열정은 그 무엇보다도 중요시돼야 한다. 개인적 차원에서 변화를 모색하는 구성원들에게도 마찬가지다. 조직과 개인 모두 헌신적인 책임감을 가져야 하며, 이익을 내기 위해서는 포기하지 말아야 한다.

4. 리처드 장의 열정주의 TIP-10

1) 열정이란 소수의 행운아들만의 특권이 아닌, 모든 조직이 활용할 수 있는 공평한 경쟁 우위다.
2) 열정이 주는 혜택을 얻기 위해서 조직은 열정을 고안하는 활동에 몰두해야 한다.
3) 감정이 무시되거나 억눌리면 그 결과로 개인이나 조직의 잠재력이 모두 실현되지 못한다.
4) 핵심 열정은 조직의 마음을 정의한다. 이것은 타협이 불가능하다.
5) 열정은 여러분의 일부다. 목적은 여러분이 창조하는 무엇이다.

6) 여러분은, 열정에는 계획이 필요 없다고 생각할지 모른다. 그러나 열정은 조직 내에서 성장하고 지속되기 위한 구조가 필요하다.

7) 지금 하는 일이 마음속으로 하고 싶은 일이라면 즐겁고 후회 없이 그 일을 하게 될 것이다.

8) 직원들이 맡은 일에 대해서 열정적일 때 조직은 번성한다.

9) 열정을 생생하게 유지하기 위해서는 단순히 열정을 지키는 것뿐 아니라 열정을 확장시킬 기회를 찾아야 한다.

10) 조직이 성장하게 되면 기존의 열정이 발전해서 새로운 열정이 분출될 수 있다.

5-3. 열정지수 측정 Workshop

열정지수(P.I)는 현재 회사의 환경분석으로 구성원 개인의 만족감과 행복 정도를 측정해 보는 것이다.

1. 열정지수

NO	설문항목	4	3	2	1	0
1	힘든 시기에 직원들 대부분이 110%의 에너지를 발휘한다.					
2	직원들이 타사 동료들에게 회사를 추천한다.					
3	일하기 좋은 직장으로 평이 나 있으며, 좋은 경력의 지원자들이 몰린다.					
4	회사생활에 만족하는 직원이 많다. 즉 이직이 적다.					
5	직원의 스트레스로 인한 생산력 저하가 적다.					
6	혁신에 대해 끊임없이 고민한다.					
7	고객이 회사와 회사의 제품에 대해 높은 만족도와 충성도를 가지고 있다.					
8	매년 성장을 거듭한다.					
9	기업의 성장에 도움이 되는 직원을 뽑는 능력을 가지고 있다.					
10	기업의 이미지, 재정상황, 성장률에서 국내 랭킹 상위권에 든다.					
11	직원들에게 성과에 따라 충분하게 보너스를 제공한다.					
12	직원들이 창의력을 발휘할 수 있는 프로그램을 가지고 있다.					
13	직원들이 오너의 입장에서 회사에 대해 고민할 수 있는 문화를 가지고 있다.					
14	유통업체, 협력업체들과 좋은 관계를 유지한다.					

NO	설문항목	4	3	2	1	0
15	고객에게 최상의 제품과 서비스를 제공해 고객을 회사 전도사로 만든다.					
16	매출의 50% 이상이 기존 고객들에 의해 발생한다.					
17	직원들에게 적당한 업무 시간을 제공하고 시간적 여유를 주고 있다.					
18	크로스 트레이닝(자신의 업무가 아닌 타 부서의 업무도 훈련을 받아 다른 부서에서 인력이 필요할 때 바로 투입될 수 있는 인력)을 하고 있다.					
19	아랫사람들이 자유롭게 상사와 이야기를 할 수 있다.					
20	기업 내부에서 경력을 쌓은 직원들의 승진 기회가 많다.					
21	직원들의 열정을 북돋워 주는 프로그램을 상당수 가지고 있다.					
22	인턴십이 채용으로 이어지는 비율이 높다.					
23	타 경쟁사의 능력자들이 우리 회사에 매력을 느낀다.					
24	직원들이 업무시간 외에도 회사에 대해 좋은 말을 한다.					
25	어려운 시기에 직원들이 자발적으로 연봉을 줄인다.					

종합평가(합계 점)	100~76	75~51	50~26	25~0
	열정 충만	열정 쌓고	열정문제	열정 없다

2. 열정지수 평가결과

점수	평가
0~25	열정이 없다.
26~50	열정에 문제가 있다.
51~75	열정을 쌓고 있다.
76~100	열정이 충만하다.

3. 점수 유의사항

1) 4등급: 0~25, 열정이 없다.

열정이 없는 조직의 범주에 속한다. 이러한 조직에는 무기력, 불만, 비예측성, 높은 이직, 혼란, 부진한 성과 등이 나타난다. 이 정도로 열정이 아주 없는 조직은 매우 드물다. 대부분 어느 정도 열정을 보여 주기 때문이다. 그게 아니라면 살아남기 힘들다. 열정이 없는 조직은 일반적으로 살아남기 위해 몸부림치거나, 망하거나, 문을 닫거나, 급진적 구조조정 대상이 된다.

2) 3등급: 26~50, 열정에 문제가 있다.

여러분의 조직의 점수는 26~75 사이일 가능성이 많다. 즉 열정에 문제가 있거나 열정을 쌓고 있는 중이다. 26~50에 속하는 열정에 문제가 있는 조직은 열정 결핍에 따른 부정적인 영향 때문에 고생을 하지만 0~25에 속하는 조직보다는 그 정도가 덜하다. 아마도 이러한 조직에 속하는 사람들은 조직에 계속 관여하면서 적절한 업무성과를 낼 수 있을 정도로 약간의 열정은 가지고 있을 것이다. 그러나 조직이 살아남는다고 해도 조직 내 많은 사람들에게 혜택을 주지 못한다. 열정에 문제가 있는 조직은 불균형, 좌절, 부적절함, 모호함, 평범한 업무성과 등을 특징으로 하며, 조직의 이직률은 높지도 낮지도 않은 편이다.

3) 2등급: 51~75, 열정을 쌓고 있다.

열정을 쌓고 있는 조직은 구성원들의 관심을 유도하고 그들에게 권한을 위임하는, 열정에 가까운 기질을 보여 준다. 조직은 열정을 개발할 만한 적절한 프로그램을 갖고 있을 수도 있고 그렇지 않을 수도 있지만 어쨌든 잘 돌아간다. 그 결과 관심·격려·평등·책임감·명료함·생산성 등의 단어가 어울리는 분위기가 조성된다.

4) 1등급: 76~100, 열정이 충만하다.

열정으로 충만한 조직은 열정의 힘을 이해하고, 열정을 쌓기 위해서 능동적으로 애쓰며, 열정이 주는 많은 혜택들을 향유한다. 이러한 조직은 열의·흥분·지속·충성·성취·풍부를 특징으로 하다.

Part 5

인격개발 생애(Life)경영

제1장
생애마음(Mindship) 개발

목적: 먼저 자존감과 직관의 약점을 개발하고 정체성 확립 리더십을 갖추어 인격적으로 존경받는 리더가 되는 데 목적을 둔다.

방법: 멘토와 멘제가 1:1로 연결하여 멘토링활동 중 일정 기간 특히 약점을 업그레이드하는 데 실천목표를 세워 보완한다.

진단 1. 나는 어디에 있는가?

다음 각 문항 a), b), c) 중에서 한 개를 선택하여 O 표시하라.

NO	Step 진단도구	세부설문
1	스스로에 대해 얼마나 만족하고 계십니까?	a) 기회가 되면 싹 다 뜯어고치고 싶다. b) 불만스러운 부분도 있지만, 마음에 드는 부분도 있다. c) 나는 내가 좋다.
2	당신에게 특별한 능력이나 재능이 있다고 생각하십니까?	a) 없다. 나는 평범한 사람이다. b) 글쎄, 아직 잘 모르겠다. c) 분명히 나에겐 특별한 무언가가 있다.
3	현재 당신이 하고 있는 일은 당신에게 어떤 의미를 가집니까?	a) 밥벌이 수단일 뿐이다. b) 내가 하고 싶은 일을 하기 위한 수단일 뿐이다. c) 내가 하고 싶은 일, 바로 그것이다.

NO	Step 진단도구	세부설문
4	자신의 능력을 충분히 발휘할 만한 일을 하고 계십니까?	a) 그렇지 않다. b) 그럭저럭 할만하다. c) 이 일은 내 적성에 딱 맞는다.
5	실수를 했을 때 당신은 어떻게 대처합니까?	a) 변명거리부터 찾는다. b) 자책하지만, 시정하려고 노력하지는 않는다. c) 내 잘못임을 인정하고, 해결방안을 모색한다.
6	주변에 당신과 똑같은 사람이 있다면 그와 친구가 되고 싶은가요?	a) 절대 사절이다. b) 어쩔 수 없는 상황이라면 거부하지는 않겠지만 달갑지 않다. c) 꽤나 즐거운 상황일 것 같다.
7	자신의 약점과 강점이 무엇인지 알고 있습니까?	a) 지금부터 생각해 보겠다. b) 다른 사람들에게 들어 어렴풋이 알고 있다. c) 나의 약점과 강점을 최대한 활용하고 있다.
8	주변 동료들을 어떤 시선으로 보고 있습니까?	a) 나는 적들에게 둘러싸여 있다. b) 경쟁자도 있고, 협력자도 있다. c) 최대한 그들과 협력하려고 노력한다.

진단 2. 나는 어디로 가려 하는가?

다음 각 문항 a), b), c) 중에서 한 개를 선택하여 O 표시하라.

NO	Step 진단도구	세부설문
1	자신의 10년 뒤 모습이 어떠할지 그려 볼 수 있습니까?	a) 무슨 소리, 하루하루 살기도 바쁘다. b) 어렴풋하게 생각해 본 적은 있다. c) 분명한 비전이 있다.
2	살면서 반드시 이루고 싶은 일이 있습니까?	a) 없다. b) 있었으면 한다. c) 분명히 있다.
3	자신이 성공할 수 있을 거라고 생각하십니까?	a) 엄청난 운이 뒤따라 준다면 가능할지도 모른다. b) 기회가 주어진다면 가능도 하다. c) 나는 반드시 성공할 것이다.
4	성공한 사람들을 보면 어떤 생각을 하게 됩니까?	a) 부러울 따름. 그들은 나와는 다른 인종이다. b) 자극을 받기는 하지만, 그뿐이다. c) 그들에게서 나의 미래를 본다.
5	얼마만큼의 시간을 미래를 위해 투자하고 있습니까?	a) 전혀 b) 가끔 생각날 때마다 c) 꾸준히
6	당신에게 성공은 어떤 의미를 가진 것입니까?	a) 실패하지 않는 것이다. b) 지금보다 나아지는 것이다. c) 내 인생의 가치를 찾는 것이다.

진단 3. 나는 어떻게 거기에 도달할 수 있는가?

다음 각 문항 a), b), c) 중에서 한 개를 선택하여 O 표시하라

NO	Step 진단도구	세부설문
1	하루에 얼마만큼의 시간을 자신만을 위해 투자하십니까?	a) 없다. b) 1시간 정도 c) 2시간 이상
2	계획을 세우고 실천하십니까?	a) 계획 따윈 없다. 그냥 하루하루를 살고 있다. b) 있었으면 한다. c) 구체적인 계획을 세워 90% 이상 지킨다.
3	어려운 일이 주어졌을 때 당신은 어떤 생각을 하게 됩니까?	c) 구체적인 계획을 세워 90% 이상 지킨다. b) 한번 해 볼까. 하지만 이게 가능한 일일까? c) 해 보자. 난 할 수 있다.
4	새로운 아이디어를 보면 당신은 어떤 생각을 합니까?	a) 아이디어가 먹히지 않을 이유부터 생각해 본다. b) 다른 사람들의 의견을 일단 들어 보고 판단을 시작한다. c) 이 아이디어가 어떻게 먹혀들어 갈 수 있을지 생각한다.
5	해고 위기 앞에서 당신은 어떻게 대처합니까?	a) 불안하다. 현실을 잊으려고 애쓴다. b) 해고 이후의 상황에 대해서도 생각해 본다. c) 해고는 또 다른 기회라고 생각한다.
6	당신에게 적절한 스트레스 해소 방법이 있습니까?	a) 술과 담배로 버티고 있다. b) 때로는 잊으려고 노력한다. c) 스트레스를 해소할 만한 나만의 노하우가 있다.

[셀프리더십 1, 2, 3 진단 판정 결과]

> STEP 1, 2, 3의 각 문항당 a)는 0점, b)는 1점, c)는 3점으로 하여 나온 점수를 합계한다.
> 1. 0~6점: 닻에 매어 항구에 체류 중 자기 자신에 대해 좀 더 긍정적인 생각을 하기 바랍니다. 스스로에 대해 인정하는 것이 셀프리더십의 출발입니다. 지금부터 자신의 가치를 찾도록 노력해 보십시오. 우선 자신을 관찰하고, 관심을 기울여 주는 것이 필요합니다. 그래야만 닻을 올리고 항구를 빠져나갈 수 있습니다. 거울을 닦고 자신을 바라보고, 하루에 한 번이라도 자신에게 긍정적인 멘트를 해 주기 바랍니다.
> 2. 7~15점: 항해를 시작했으나 시계는 불안정 상황이 나아질 때까지 기다리기만 해서는 안 됩니다. 좀 더 분명한 비전을 가지고, 그것을 구체화시킬 수 있는 방안에 대해 고민할 시기입니다. 지금 현재 자신이 하고 있는 일이 미래의 자신을 만드는 데 어떤 기여를 할 수 있는지 생각해 보시기 바랍니다. 꿈은 꾸는 데 의미가 있는 것이 아니라, 이루어야만 비로소 의미를 가지게 됩니다.
> 3. 16점 이상: 목표 지점을 향해 순조로운 항해 중 - 당신은 목표 지점을 향해 순조로운 항해를 하고 있습니다. 당신에게는 바람이 거세면 바람의 힘을 받아 나아가며 바람이 수그러지면 스스로의 힘으로 나아갈 수 있는 힘이 있습니다. 인생은 수많은 선택으로 이루어진다는 사실을 잊지 마시길 바랍니다. 당신이 한 좋은 선택들은 좋은 결실을 맺게 해줄 것입니다. 당신의 항해에 축복이 있기를!

제2장

생애건강(Health) 개발

목적: 젊을 때는 건강으로 돈을 벌고 늙으면 돈으로 건강을 산다는 말이 있다. 이 장에서는 건강으로 마음건강/육체건강의 균형을 유지하기를 권한다. 치료건강보다는 예방건강으로 예방보다는 생활건강을 통해서 행복한 삶을 추구할 것을 목적으로 한다.

방법: 멘토와 멘제가 일정기간을 정하고 건강을 진단도구에 의하여 점검하고 그 결과를 가지고 계획적으로 실천카드를 작성하여 시행한다.

진단 1. 생활 관리도 진단

질문에 대해 "예"라는 답이 나올 경우 1점씩 가산하여 판정한다.

진단도구
1. 식사시간이 규칙적이고 밤참은 하지 않는다.
2. 식후 20분 정도는 반드시 휴식을 취한다.
3. 단것은 잘 섭취하지 않는다.
4. 식후 양치질을 꼭 한다.
5. 술은 적당히 마시며 폭음은 안 한다.
6. 야채나 과일을 많이 먹는 편이다.
7. 밥 대신 분식을 자주 한다.
8. 담배는 많이 피우지 않는다.
9. 가까운 거리는 걸어서 가는 것이 좋다.
10. 매일 10~20분은 운동을 한다.

11. 반드시 12시 이전에 잔다.
12. 체중이 (신장−100)×0.9에 근접되어 있다.
13. 매년 건강진단을 받는다.
14. 가정은 명랑하고 화목한 편이다.
15. 책을 볼 때 조명이나 독서 거리를 지킨다.

[판정 결과]

1. 아주 건강: 13~15
2. 건강: 10~12
3. 보통: 7~9
4. 불건강: 4~6
5. 극히 불건강: 0~3<D제약회사>

진단 2. 건강나이 진단

NO	Main Tool	Sub Tool
1	당신의 식생활 습관은? • 해당 항목: 4개−4세 /2~3개 −2세 /1개−1세 /0개 +4세	□ 항상 싱겁게 먹는다. □ 신선한 과일이나 채소를 일주일에 5회 이상 먹는다. □ 검게 태운 음식을 먹지 않는다. □ 식사를 규칙적으로 한다.
2	운동은 얼마나 자주 하나?	□ 일주일에 3회 이상 운동한다(−2). □ 운동을 전혀 안 하거나 월 3회 미만(+2). □ 기타(0.5)−가족들이 서로를 자랑스럽게 여긴다.
3	당신의 흡연량은?	□ 전혀 피운 적이 없거나 10년 전에 끊었다(0). □ 5년 전에 끊었다(+0.5). □ 1개월~5년 전에 끊었다(+1). □ 하루 1갑 미만(+3) □ 하루 1갑 이상(+5)
4	당신의 음주량은?	□ 전혀 마시지 않는다(0). □ 평균 일주일에 2회 이하, 한 번에 소주 2홉들이 반 병 이하(−1) □ 평균 일주일에 3회 이상, 한 번에 2홉들이 1병 이상(+3) □ 위 두 주량의 중간(+1)
5	지난 한 달 동안 스트레스 정도는? • 해당 항목 1개 이하−2세 /2개 0세 /3개 +2세 /4~5개 +4세	□ 정신적으로나 육체적으로 감당하기 힘든 경험을 여러 번 했다. □ 내 자신의 방식대로 살려다 여러 번 좌절을 느꼈다. □ 인간의 기본적인 욕구도 충족되지 않는다고 느낀 적이 여러 번 있다. □ 미래에 대해 불확실하다고 느끼고 있다. □ 할 일이 너무 많아 가끔 중요한 일을 잊고 할 수 없을 때도 있다.
6	일에 대한 당신의 느낌은?	□ 일이 위험하지 않다(−1). □ 일이 약간 위험하다(+1). □ 일이 위험하고 사고 가능성이 항상 있다(+2).

NO	Main Tool	Sub Tool
7	운전 및 안전에 대한 당신의 습관은?	☐ 항상 안전띠를 착용하고, 일을 할 때마다 안전에 주의한다(-1). ☐ 첫 번째 문항의 두 가지 중 한 가지에만 해당한다(0). ☐ 첫 번째 문항의 두 가지 중 모두 해당하지 않는다(+1).
8	건강검진은 얼마나 자주 받나?	☐ 2년에 1회 이상 받는다(-2). ☐ 전혀 받지 않는다(+2). ☐ 기타(0)
9	B형 간염 혹은 바이러스를 보유하고 있나?	☐ 그렇다(+3). ☐ 아니다(0). ☐ 모른다(+1).
10	당신은 얼마나 비만한가? • 이상체중은 키에서 110을 뺀 뒤 0.9를 곱한 값이다. 단, 155cm 이하는 키에서 100을 뺀 값으로 계산할 것?	☐ 표준체중[이상체중의 90~100%](-1) ☐ 과체중 혹은 저체중 [이상체중의 110~119% 또는 80~90%](+1) ☐ 비만 혹은 심한 저체중 [이상 체중의 120% 이상 또는 80% 미만](+4)

[판정 결과]

각 항목별 값을 합산 결과가
-5일 경우 건강 나이는 5년 젊은 것이고
+5일 경우 건강 나이는 5년 더 많아 그만큼 건강의 위험신호가 높다는 뜻이다.
지금 갖고 있는 건강 위험요인이 해결되지 않으면 결국 다른 사람보다 훨씬 일찍 병에 걸리거나 사망할 수 있다.

<인제대 의대 서울 백병원 가정의학과 김철환 교수>

제3장
생애재능(Talent) 개발

목적: 멘토링에서는 재능＋인간 역량을 개발하여 먼저 된 사람, 든 사람, 난 사람 3단계 과정을 중시한다. 그리고 적성 개발에 자금과 정보를 투자하여 인간의 가치를 업그레이드하여 타인배려 섬김 멘토 리더십으로 개발을 목적으로 한다.

방법: 멘토시스템을 통하여 1:1 관계로 핵심역량개발＋인격 프로젝트를 시행한다.

진단 1. 성공자질 자가 진단

여기 17개의 원칙은 세상의 뛰어난 리더들의 성공에 대한 확신이 되어 왔다. 성공은 과학이며 당신은 그 비밀을 배울 수 있다.

NO	Main	Sub Theme	Yes	No
1	목적의 분명함	a. 당신은 인생에서 확고한 결심을 해 본 적이 있습니까? b. 그 목적을 이루기 위한 날짜를 정하셨습니까? c. 당신은 인생의 목적을 이루기 위한 구체적인 계획을 가지고 있습니까? d. 당신 인생의 목적이 당신에게 명확하게 어떠한 혜택을 가져다줄지에 대하여 결정한 적이 있습니까?		
2	지도 협력	a. 당신이 목적을 이루도록 다른 사람들이 도와주고 있습니까? b. 당신은 누군가가 다른 사람들의 도움 없이 그의 인생에서 성공할 수 있다고 믿으십니까? c. 당신은 당신의 배우자나 가족들의 반대에도 불구하고 쉽게 성공할 수 있다고 믿으십니까? d. 상사와 직원이 조화롭게 일하는 것에 특별한 장점이 있습니까? e. 당신은 지도력이라는 원칙이 어떻게 미국을 세계에서 가장 부유한 나라로 만드는지를 알고 있습니까?		
3	믿음의 응용	a. 당신의 무한한 지식을 믿으십니까? b. 당신은 하고자 하는 그 어떤 일에도, 당신의 능력에 대한 자신감이 있습니까? c. 당신은 미국식 정치에 자신감이 있습니까? d. 당신은 아래 7가지 기본적인 두려움으로부터 완전히 자유롭습니까? 가난에 대한 두려움, 비난에 대한 두려움, 병에 대한 두려움, 사랑을 잃는 것에 대한 두려움, 자유를 잃는 것에 대한 두려움, 늙는 것에 대한 두려움, 죽음에 대한 두려움		
4	서비스 정신	a. 당신은 지불된 수당 외의 일을 하는 습관이 있습니까? b. 당신은 직원이 더 높은 급료를 청구할 권한이 주어지는 때가 있다고 믿습니까? c. 당신은 수당 외의 노력하는 일 없이 성공하는 직장인을 본 적이 있습니까? d. 당신은 수당 외의 일을 하지 않고서도 연봉 인상을 요청할 권리가 있다고 생각하십니까? e. 당신이 고용자라면, 당신이 직원으로서 해내는 업무에 대하여 만족하겠습니까?		
5	유쾌한 성격	a. 당신은 주변 사람들에게 상처를 주는 습관이 있습니까? b. 당신은 함께 일하는 이들에게 환심을 사는 사람입니까? c. 공공장소에서 얘기할 때, 사람들의 흥미를 유발할 수 있습니까? d. 당신이 사람들을 지루하게 하는 것 같은 때가 있습니까?		
6	주도권	a. 당신은 매일의 업무를 스스로 계획합니까? b. 당신이 일하기 위해서는 먼저 일이 계획되어야만 합니까? c. 당신은 당신 부서에서 당신만의 뛰어난 전문분야를 가지고 있습니까? d. 당신의 계획이 실패할 경우, 당신은 포기합니까? e. 당신은 일의 효율성을 높이기 위하여 더 나은 계획을 세웁니까!		
7	긍정적인 사고자세	a. 당신은 긍정적 사고방식이 의미하는 바를 알고 있습니까? b. 당신은 당신의 사고자세를 의지에 입각하여 조정할 수 있습니까? c. 당신은 당신이 완전한 통제력을 가지는 단 한 가지를 알고 있습니까? d. 당신은 다른 사람의 부정적 사고를 발견하는 방법을 알고 있습니까? e. 당신에게는 긍정적 사고자세를 발전시키는 방법이 있습니까?		
8	열정	a. 당신은 열정적인 사람으로 알려져 있습니까? b. 당신은 당신의 계획을 이끌어 가기 위해 당신의 열정을 조절할 수 있습니까? c. 당신의 열정이 가끔 당신 선택의 관건이 됩니까?		
9	자기 훈련	a. 당신은 화가 났을 때에 말하기를 자제합니까? b. 격정적인 토의에서, 당신은 생각하기에 앞서 말합니까? c. 당신은 자제력을 쉽게 잃습니까? d. 당신은 성격적으로 항상 안정적입니까? e. 당신은 감정으로 인해 판단이 흔들립니까?		

NO	Main	Sub Theme	Yes	No
10	정확한 사고	a. 현업에서, 당신은 다른 사람들이 알고 있으며 가치가 될 만한 것을 스스로 찾고 배우는 것을 의무로 합니까? b. 당신은 익숙하지 않은 분야에서 당신의 '의견'을 표명합니까? c. 당신은 관심분야에 있어서, 당신이 알고 싶은 사실들을 얻는 방법을 알고 있습니까?		
11	집중력	a. 당신은 당신이 하고 있는 일에 모든 정신을 집중합니까? b. 당신은 당신의 계획이나 결심을 바꾸는 데 있어 쉽게 영향을 받습니까? c. 좌절을 만날 경우 당신의 결심과 계획을 단념해 버릴 의향이 있습니까? d. 당신 자신과 당신의 아이디어에 대하여 관심 있는 만큼 다른 사람들과 그들의 의견에 민첩한 관심을 가집니까?		
12	팀워크	a. 당신은 어떤 환경에서도 다른 사람들과 쉽게 조화를 이룹니까? b. 당신은 당신이 요청하는 만큼 다른 이들의 부탁 또한 자유롭게 들어줍니까? c. 당신은 어떠한 주제에 대하여 다른 이들과 계속적인 반대의견을 가지고 있습니까? d. 함께 일하는 사람들과 화목한 협력관계를 가지는 것에 장점이 있다고 생각합니까? e. 당신은 당신이 동료들과 협력하지 않음으로써 당신과 동료 사원들에게 올 수 있는 피해에 대하여 알고 있습니까?		
13	역경과 좌절로부터의 배움	a. 좌절은 당신이 노력하는 것을 그만두도록 합니까? b. 노력했지만 좌절한 경우, 당신은 새로운 계획을 가지고 다시 시작합니까? c. 당신은 일시적인 좌절이 실패를 초래할 수 있다고 생각합니까? d. 당신은 좌절로부터 교훈을 얻은 적이 있습니까? e. 당신은 어떻게 좌절이 성공으로 가는 길을 인도할 수 있는 자산이 될 수 있는지를 알고 있습니까?		
14	창의적 비전	a. 당신의 상상력은 예리하고 민첩합니까? b. 당신은 당신의 결정을 스스로 만듭니까? c. 당신은 실천하기에 앞서 다른 이들의 의견을 구하기 위해 전화하는 편을 선호합니까? d. 당신은 그 무엇이라도 창안한 적이 있습니까? e. 당신은 당신의 업무와 관련하여 사용 가능한 아이디어를 즉시 제공합니까? f. 당신은 아이디어를 빨리 제공하는 사람이 다른 사람의 아이디어와 계획만을 따르는 사람보다 가치가 높다고 생각합니까?		
15	건강 관리	a. 당신은 건강의 필수 생애들을 알고 있습니까? b. 당신은 건강이 무엇과 함께 시작되는지를 알고 있습니까? c. 당신은 쉼이 건강과 어떠한 관계를 가지는지를 알고 있습니까? d. 당신은 건강의 균형을 유지하기 위해 필요한 4가지 생애를 알고 있습니까? e. 당신은 우울증을 설명할 수 있습니까?		
16	시간 관리와 금전 관리	a. 당신은 수입의 일정액을 저축합니까? b. 당신은 수입이 없어진 경우의 대책에 대한 생각 없이 돈을 사용합니까? c. 당신은 매일 밤 충분한 수면을 취합니까? d. 당신은 당신의 여가시간을 전부 유흥에 투자합니까?		
17	습관의 힘	a. 당신은 당신이 통제할 수 없다고 생각하는 습관을 가지고 있습니까? b. 당신이 스스로 극복한 나쁜 습관이 있습니까? c. 지난 몇 달 동안, 당신은 새로운 좋은 습관을 만든 적이 있습니까?		

(NO)2b, 2c, 4c, 4d, 5a, 5d, 6b, 6d, 8c, 9b, 9c, 9e, 10b, 11b, 11c, 12c, 13a, 13c, 14c, 16b, 16d, 17a
(YES)NO 外 모두

[판정 결과]

(75점 만점) (드문 예)
(66점~74점) GOOD(평균 이상)
(51점~65점) FARE(평균)
(26점~50점) POOR(평균 이하)
(25점 이하) 불만족
당신의 점수는 어떻게 됩니까?
당신의 점수가 평균이거나 혹은 평균 이하라면, 이 질문지를 작성한 대부분의 사람들이 그와 비슷한 점수
대를 기록했다는 것을 기억하시기 바랍니다. 그 이유는 당연히, 적은 숫자의 사람들만이, 거듭되는 수천
명의 사업과 사회적 리더십을 구현하게 한 성공의 비밀을 학습하는 기회를 가지도록 훈련되었기 때문입
니다. 정신적·육체적·교육적 혹은 나이의 제한도 이러한 성공의 비밀에는 장벽이 되지 않습니다. 성공
은 과학이며, 당신이 원하는 한 당신에게도 열려 있는 가능성입니다.

이것이 어쩌면 당신의 인생에 있어서는 처음으로, 백만 달러를 벌고 거대한 사업을 키워 냈으며 명성과
권력을 가진 사람에 의해 만들어진 17개의 원칙에 대하여 듣는 기회인지도 모릅니다!

<나폴레옹 힐>

진단 2. 커리어 앵커 진단

커리어 앵커(Career Anchor—나의 직업의 가치관)는 닻이라고 표현하는 바와 같
이 현재의 직업이나 직무와 상관없이 자신이 최종적으로 완성하고자 하는 커리어
유형을 찾는 것이므로 다음 문항 선택 시 보는 순간 내면에 정직하게 곧바로 선
택한다.

<이따금 적합>1—2—3—4—5—6<항상 적합>을 참고하여 선택하라.

NO	점수	진단도구
1		나는 전문성이 있어서 내가 전문가로서 남에게 조언을 해줄 수 있기를 꿈꾼다.
2		나는 다른 사람을 통솔하는 리더로서 일할 수 있을 때 성취감을 만끽한다.
3		나는 내 방식과 스케줄에 따라 일할 수 있는 충분한 재량권이 있는 일자리를 꿈꾼다.
4		나에게 업무의 보장과 안정성은 자유와 자율보다 더 중요하다.
5		나는 언제나 내 사업을 착수하기 위한 구상을 한다.
6		나는 사회에 실질적인 기여를 했다고 느낄 때만이, 내 일에 성공했다고 느낀다.
7		나는 대단히 힘든 문제를 해결할 수 있고, 그러한 상황에서 성취감을 얻을 수 있는 도전적인 작업을 꿈꾼다.
8		나는 개인적 일이나 가족과 관련된 일에 지장을 초래하는 업무를 맡게 되면 차라리 회사를 떠나겠다.
9		나는 기술적이고 기능적인 나의 능력을 최고의 수준으로 올려놓아야만 성공했다고 느낄 것이다.
10		나는 방대한 조직의 책임자가 되어 많은 사람들에게 영향력을 행사하는 결정을 내리는 꿈을 꾼다.
11		나는 업무, 스케줄 및 진행 절차 등을 전적으로 자유롭게 정할 수 있을 때 성취감을 만끽한다.
12		회사 내에서 나의 업무 보장을 위협하는 새로운 업무를 받아들이기보다는 내 자신의 사업을 키워 나가는 것이 더욱 중요하다.
13		다른 사람의 회사에서 최고 경영자의 위치에 오르기보다는 내 자신의 사업을 키워 나가는 것이 더욱 중요하다.
14		나의 재능을 다른 사람을 위해 사용할 때 내 업무에서 성취감을 만끽한다.
15		나는 대단히 어려운 도전에 직면하여 그것을 극복할 수 있을 때에만, 업무에서 성취감을 맛볼 수 있다.
16		나는 개인, 가족, 그리고 업무를 조화롭게 수행할 수 있는 직업을 꿈꾼다.
17		내 전문분야의 업무 책임자가 되는 것이 일반 업무 책임자가 되는 것보다 더 중요하다.
18		나는 한 부문의 관리자가 되어야만 성공감을 느낄 수 있다.
19		나는 업무에서 전적으로 자율과 자유를 달성할 수 있다면 성취감을 느낄 수 있다.
20		나는 자신의 안전성과 안전성이 있는 회사에서 일하고 싶다.
21		내 자신의 아이디어와 노력의 결과로 무엇인가를 만들 수 있을 때 성취감을 만끽한다.
22		더 나은 세상을 만들기 위해 나의 기술을 활용하는 것은 높은 일반 관리직에 있는 것보다 더 중요하다.
23		나는 해결할 수 없어 보이는 문제를 해결하고 불가능해 보이는 것을 가능케 했을 때 성취감을 만끽한다.
24		나는 개인, 가족 그리고 일에 있어서 필요한 조건을 균형 유지할 수 있을 때, 인생에서 성공했다고 느낀다.
25		내 전문분야를 단념케 하는 업무를 맡게 되는 경우, 차라리 회사를 떠나겠다.
26		내 전문분야의 업무 책임자가 되기보다는 총괄 업무의 관리자가 되는 것이 더욱 좋다.
27		규칙과 속박으로부터 자유로이 내 방식대로 일할 수 있는 기회는 업무의 보장보다 더 중요하다.
28		나는 재정적으로나 직업적으로 완벽한 안정감을 가질 때 성취감을 느낀다.
29		전적으로 나 자신의 아이디어나 생각으로 무엇인가를 개발하거나 만들어 내는 데 성공할 때만 성공감을 맛볼 수 있다.
30		인류와 사회에 실질적으로 기여할 수 있는 직업을 꿈꾼다.
31		나의 문제 해결 능력을 강하게 요구하는 업무를 추구한다.
32		최고의 경영인이 되기보다는 개인적 삶과 직업 생활을 균형 있게 유지하는 것이 더 중하다.
33		나의 전문적 기술과 재능을 활용할 수 있는 업무를 함으로써 성취감을 느낀다.

NO	점수	진단도구
34		나는 경영자가 될 수 있는 경력에서 벗어나는 업무를 맡을 바에야 차라리 회사를 떠나겠다.
35		나는 자율과 자유의 감소가 요구되는 업무를 수행하기보다는 회사를 떠나겠다.
36		나는 안정감과 안전성을 느끼게 만드는 일을 꿈꾼다.
37		나는 내 사업을 꿈꾼다.
38		나는 남에게 봉사할 수 없는 업무를 맡을 바에는 차라리 회사를 떠나겠다.
39		높은 직책을 맡는 것보다 거의 해결하기 어려운 문제와 씨름하는 것이 내게는 더 중요하다.
40		나는 언제나 개인이나 가족문제에 최대한 지장을 주지 않는 직업을 찾으려 한다.

[커리어 앵커 진단 분석표]

구분	성명: 20 년 월 일									의미
채점	진단 검사 문항의 1~40번까지 점수를 아래 표에 표시해 보자.									앵커 진단 총점 점수를 기입한 후 세로 열을 합산
	유형	A	B	C	D	E	F	G	H	
	문항별 점수	1	2	3	4	5	6	7	8	
		9	10	11	12	13	14	15	16	
		17	18	19	20	21	22	23	24	
		25	26	27	28	29	39	31	32	
		33	34	35	36	37	38	39	40	
	총점									

구분	내용	의미
앵커 유형	8가지 앵커 유형의 이름 A: 전문성 추구형(Technical/ Functional) B: 리더십 추구형(General Mangerial Technical Competence) C: 자율성/독립성 추구형(Autonomy/Independence) D: 안전/안전성 추구형(Security/Stability) E: 경제력 추구형(Entrepreneurial Creativity) F: 봉사/헌신 추구형(Service/Dedication to a Cause) G: 도전 추구형(Pure Challenge) H: 삶의 질 추구형(Life Style)	참고 자료
나의 주 앵커	나의 커리어 앵커 중 가장 높은 것은? 종류: 점수: 앵커이름:	추구하는 삶의 모습
나의 보조앵커	나의 커리어 앵커 중 두 번째로 높은 것은? 종류: 점수: 앵커이름:	보조적인 삶의 모습
피해야 할 앵커	나의 커리어 앵커 중 가장 낮은 것은? 종류: 점수: 앵커이름:	나에게 맞지 않는 삶의 모습

제4장

생애자금(Money) 개발

목적: 멘토링에서 재물, 즉 자금의 취득은 결과론보다는 과정론에서 선한 방법을 요구한다. 사람이 돈을 관리하고 또한 사람은 행복을 전제로 소비를 한다.

방법: 멘토와 멘제가 자금진단 테스트 결과를 가지고 멘토의 전문적인 재테크 방법을 상호 교환한다.

진단 1. 부자소질 테스트 진단

당신에게 부자가 될 소질이 얼마나 있는지 알아볼 수 있다. 항목의 내용이 자신과 같으면 체크한 뒤 '결과'를 참고 바란다.

진단도구	표시
1. TV 홈쇼핑을 이용해 물건을 구입하지 않는다. 직접 가는 편이다. 2. 구체적인 목표를 정하고 목돈을 만들기 위해 저축한다. 3. 수입의 50% 이상을 저축하고 있다. 4. 물건을 살 때 3번 이상 생각한다. 5. 물건을 살 때 반드시 깎으려 한다.	
6. 좋은 차로 바꾼 친구를 부러워하지 않는다. 7. 돈 많은 사람이 돈을 쓰는 것에는 문제가 없다고 생각한다. 8. 한 해에 내가 낸 세금(원천징수 등)이 얼마인지 알고 있다. 9. 종합소득세를 내고 있다. 10. 세금에 대한 상식이 있으며 절세하는 법을 잘 알고 있다.	

진단도구	표 시
11. 시중은행의 이자율이 몇%인지 알고 있다.	
12. 절약이 몸에 밴 부모 밑에서 자랐고, 부모 생각에 동의한다.	
13. 돈을 열심히 버는 목적은 가정의 행복과 건강이다.	
14. 돈을 아끼고 열심히 모으는 배우자와 함께 산다.	
15. 투자에 밝은 친구 또는 부자 이웃이 있다.	
16. 일찍 자고 일찍 일어난다.	
17. 돈을 아끼는 이유는 항상 아껴 쓰는 자세가 중요하기 때문이다.	
18. 남들로부터 성실하다는 평을 받고 있다.	
19. 한번 세운 원칙은 꼭 지키는 편이다.	
20. 주식투자 시 기대 수익률은 20~30%가 적당하다.	

[판정결과]

> 1. 17개 이상: 당신은 이미 부자다.
> 2. 10~16개: 상당한 소질을 갖추고 있다. 부자의 길목에 접어들었다.
> 3. 5~9개: 이제 부자로서의 삶에 눈뜨는 단계다. 부자를 연구하고 실천하라.
> 4. 5개 미만: 부자로 가는 길의 반대로 가고 있다. 그러나 지금부터 시작해도 늦지 않다.
> 베스트셀러『한국의 부자』의 저자 한상복 씨가 한국의 부자 100명을 대상으로 설문조사를 한 뒤 작성한 20개 항목의 리스트다.

진단 2. 부부 재테크를 위한 진단

다음 진단도구 중 번호에 해당되면 체크 표시하라.

진단도구	표 시
1. 현재 우리의 자기 자본을 알고 있다(자기 자본이란 부채를 빼고 남은 우리 자신의 재산이다).	
2. 다달이 들어가는 우리의 고정비용을 확실히 알고 있다(세금과 갖가지 보험료까지 포함).	
3. 우리의 생활비(매달 규칙적으로 들어가는 돈)에 대한 배우자의 감정을 알고 있다. 함께 그 경비의 액수와 성격에 대해서 의논했다.	
4. 배우자가 내고 있는 생명보험료가 얼마인지 알고 있다. 사망 지급금의 액수와 보험증권의 해약 반환금이(있다면) 얼마인지, 그 돈의 이율이 어느 정도인지 안다.	
5. 지난 12개월에서 24개월 사이에 우리의 생명보험 증권을 재검토해 보았다. 근래 다른 보험사에 비하여 저렴한 액수이며 높은 보장성이 있다고 생각한다.	
6. 우리 집의 현재 가치, 주택 융자금 액수, 대출 이자율, 우리 집의 순가치를 안다. 또한 대출금 상환기간을 알며 그 기간을 반으로 줄여 갚으려면 다달이 얼마를 내야 하는지 안다. 또는 우리가 내는 집세의 액수, 계약이 끝나는 시기, 집주인에게 낸 보증금의 액수, 우리의 재계약 권리에 대해서 잘 안다.	
7. 소유주 혹은 임차인으로서 들어 둔 보험의 종류를 알고 있으며 공제조합이 무엇인지도 안다. 우리의 집이나 재산이 부서지거나 도둑맞았을 경우 '오늘의 대체비용'(신품으로 동일한 대상물을 동일한 장소에 재조달하는 금액을 기준으로 보험료를 산정하는 방법)이나 실질적인 반환금이 제공되는지에 대하여 알고 있다.	

진단도구	표시
8. 우리의 투자 액수와 성격을 알고 있다(현금, 저축예금, 당좌예금, 단기 정기예금, 장기예금, 재무부 채권, 저축 채권, 뮤추얼 펀드, 연금, 주식과 채권, 부동산 투자, 우표나 동전 같은 수집품 포함). 그에 관련된 서류들이 어디에 있는지도 알고 있다. 9. 위에 언급한 투자금들의 연수익을 알고 있다. 10. 은퇴 계좌의 현재 가치를 알고 있다(기업 연금, 개인연금, 기타 은퇴를 위한 적립금 계좌). 이 계좌들의 명세서가 어디에 있는지 알고 작년에 어느 정도의 성과를 올렸는지 확실히 알고 있다.	
11. 소득의 몇 퍼센트를 부부 공동 명의로 저축하고 있는지 알고 있다. 12. 우리 각자의 은퇴 계좌에 들어가는 돈의 액수를 알고 있으며 그것이 최대한 가능한 액수인지, 회사에서 얼마를 보조해 주는지 안다. 그리고 각자의 연금 수령시기를 알고 있다. 13. 퇴직했을 때 사회보장제도를 통해 얼마를 받게 될지, 우리의 연금 수혜액이 얼마일지 알고 있다. 14. 우리가 유언장이나 신탁서를 만들어 두었는지에 대해 알고 있으며 그 내용이 무엇인지, 언제 작성한 것인지 안다. 15. 나나 배우자가 불의의 사고로 노동력을 상실했을 경우 얼마의 장애 보험금을 받게 될지 안다. 장애보험을 들어 두었다면 그 보상 범위와 수령 시작 시기, 그리고 과세대상인지에 대해서 잘 안다. 그런 보험을 들지 않았다면 들지 않은 이유를 알고 있다.	
16. 배우자가 중병에 걸리거나 심각한 부상을 당했을 경우 그가 어떤 치료를 받고 싶어 하는지 알고 있다. 또한 장기 기증에 대한 배우자의 견해도 알고 있다. 17. 최근 몇 년 사이 배우자가 투자 강좌에 참여했는지에 대해 알고 있다. 18. 내 배우자의 부모가 경제 문제를 어떤 식으로 다루었는지 알고 있다. 그 방식이 배우자에게 어떤 영향을 미쳤는지에 대해서도 안다.	

[판정결과]

항목수별 예로 답한 경우 1점씩 처리

1. 14~18점: 훌륭하다! 당신과 당신의 배우자는 분명 함께 계획을 세워 왔을 것이고, 그 결과 현재의 경제 상태와 돈에 대한 상대방의 감정을 잘 파악하고 있다.
2. 9~13점: 두 사람 사이에 전혀 대화가 없었던 것은 아니지만, 아직 더 알아야 할 부분들이 있다.
3. 9점 이하: 살면서 경제적 불행 맞을 수 있다! 당신과 당신의 배우자는 돈에 대해 이야기하는 습관이 없는 듯하다. 불충분한 지식 때문에 경제적으로 상처 입을 가능성이 크다. 경제적인 불행을 막기 위해서 함께 노력하는 법을 배워야 한다.

<둘이 하면 3배 빠른 부부 재테크>

제5장
생애미래(Future)기술 개발

목적: 오늘날 50대, 60대를 퇴직연령으로 볼 때 20~30년의 노후대책은 필수적이다. 퇴직 후 대책 중 전문가로 자격이 가장 좋은 대안이다. 사전에 전문분야에 10,000시간(1일 3시간씩 10년간) 투자를 권하고 평생현역으로 활동할 수 있는 방법을 연구해야 한다.

방법: 멘토링은 평생학습 프로그램으로 노후를 모범적으로 보내는 사람을 멘토로 모시고 장기간 대안을 마련하는 것을 권한다.

진단 1. 노후개발(Oldage Design) 진단

1. 노후준비 개요

매일경제와 농협중앙회, 삼성경제연구소가 KDN리서치에 의뢰해서 전국 성인 남녀 1,500명을 대상으로 조사한 결과를 보자. 노후준비를 하고 있다고 답한 688명 가운데 92.4%가 재테크하고 있다고 답했지만 은퇴 후 창업이나 전직을 위해 준비하고 있다고 답한 사람은 불과 3.6%였다.

노후에도 일자리를 원한다는 응답자가 16.5%로 나타난 것에 비하면 대부분 실질적 준비 없이 막연히 '제2의 일자리'를 원하고 있는 셈이다. 이 밖에도 취미생활이나 자기 개발을 위해 투자를 하고 있는 사람은 3.7%, 건강관리를 체계적으로 하는 사람도 8.3%에 그쳤다.

　노후생활의 가장 걱정거리로는 역시 건강과 돈 문제가 꼽혔다. 절반을 넘는 56.8%가 '건강'을 지목했으며 29.2%는 '돈'을 노후생활의 가장 큰 적으로 생각했다. 이어 '일자리 없음'(6.3%)과 '친구·동료 관계'(2.1%), '여가거리 없음'(1.9%) 등이 뒤를 이었다.

　최근 벌어지는 노인 방치사건들이 사회적 문제가 되고 있다. 노후준비를 제대로 하지 못하고 자식들에게 얹혀살다 요양기관 등에 방치되는 사례가 늘고 있는 것이다. 노후생활에서 가장 중요한 것 가운데 하나는 '관계'다. 이는 배우자와 관계에서부터 자식과의 관계, 주변 친구나 친지 등과의 관계까지 다양한 부분을 포괄한다.

[은퇴 전과 은퇴 후 예상소득 비교]

나라	은퇴 전 연봉	은퇴 후 비율(60세 은퇴 기준)
독일		58%
미국·영국		50%
일본		47%
대만·홍콩		43%
한국	4,067만 원	41%(1,667만 원)

－ 자료제공: 피델리티 080908 한국경제

2. 노후준비 자가진단 카드

1) 건강(Health)

테마	설문 진단 도구	평가					
		0	1	2	3	4	5
1. 건강	1. 운동을 얼마나 자주 하십니까?						
	1) 전혀 하지 않는다(0점) 2) 주 1~2회 이하(3점) 3) 주 3회 이상 꾸준히(5점)						
	2. 종합건강진단을 얼마나 자주 받습니까?						
	1) 전혀 받지 않는다(0) 2) 2~3년에 한 번(3) 3) 매년 받는다(5)						

테마	설문 진단 도구	평가					
		0	1	2	3	4	5
	3. 건강 보조 식품을 복용합니까?						
	1) 전혀 먹지 않는다(0) 2) 간헐적으로 먹는다(3) 3) 매일 꾸준히 복용한다(5)						
	4. 흡연을 합니까?						
1. 건강	1) 하루 한 갑 이상(0) 2) 하루 반 갑 이하(3) 3) 피우지 않는다(5)						
	5. 스트레스를 얼마나 받습니까?						
	1) 매우 심하게 받는다(0) 2) 자주 받지만 잘 다스리는 편이다(3) 3) 거의 받지 않는다(5)						
	소계 (점)						

2) 관계(Relation)

테마	설문 진단 도구	평가					
		0	1	2	3	4	5
	1. 배우자와 관계는 어떻습니까?						
	1) 없다. 사이가 좋지 않다(0점) 2) 그저 그렇다(3점) 3) 매우 좋다(5점)						
	2. 자녀가 있습니까?						
	1) 없다(0) 2) 1명(3) 3) 2명 이상(5)						
2. 관계	3. 은퇴 후 교류할 만한 가까운 친구는 몇 명?						
	1) 없다(0) 2) 5명 미만(3) 3) 5명 이상(5)						
	4. 성기적으로 참석하는 모임이 있습니까?						
	1) 없다(0) 2) 1개(3) 3) 2개 이상(5)						
	소계 (점)						

3) 경제(Money)

테마	설문 진단 도구	평가					
		0	1	2	3	4	5
3. 경제	1. 노후를 위해 어느 정도 저축 투자합니까?						
	1) 하지 않는다(0점) 2) 5% 미만(1점) 3) 5~9%(2점) 4) 10~14%(3점) 5) 15~19%(4점) 6) 20% 이상(5점)						
	2. 부동산을 보유하고 있습니까?						
	1) 없다(0) 2) 1억 미만(1) 3) 1~3억 미만(2) 4) 3~5억 미만(3) 5) 5~10억 미만(4) 6) 10억 이상(5)						
	3. 금융자산은 얼마나 보유하고 있습니까?						
	1) 없다(0) 2) 2,000만 원 미만(1) 3) 2,000~3,000만 원 미만(2) 4) 3,000~5,000만 원 미만(3) 5) 5,000~1억 미만(4) 6) 1억 이상(5)						
	4. 은퇴 후 예상 월 소득은(연금 포함)?						
	1) 없다(0) 2) 100만 원 미만(1) 3) 100~200만 원 미만(2) 4) 200~300만 원 미만(3) 5) 300~400만 원 미만(4) 6) 400만 원 이상(5)						
	5. 퇴직금은 어느 정도 예상합니까?						
	1) 없다(0) 2) 3,000만 원 미만(1) 3) 3,000~5,000만 원 미만(2) 4) 5,000~7,000만 원 미만(3) 5) 7,000~1억 미만(4) 6) 1억 이상(5)						
	6. 60세 이후에도 일자리를 유지할 수 있는 자신은?						
	1) 없다(0점) 2) 있다(5점)						
	소계 (점)						

4) 여가 활동(Leisure)

테마	설문 진단 도구	평가					
		0	1	2	3	4	5
4. 여가 활동	1. 취미 생활은 몇 가지 정도 합니까?						
	1) 없다(0점) 2) 1~2개(3점) 3) 3개 이상(5점)						
	2. 자기 개발 노력은(어학, 재취업 준비 등)?						
	1) 하지 않는다(0) 2) 1~2가지(3) 3) 3가지 이상(5)						
	3. 여행은 얼마나 자주 합니까?						
	1) 하지 않는다(0) 2) 연 5회 미만(3) 3) 연 5회 이상(5)						
	4. 종교 활동은 합니까?						
	1) 하지 않는다(0) 2) 주 1회(3) 3) 주 2회 이상(5)						
	5. 봉사활동은 합니까?						
	1) 하지 않는다(0) 2) 월 2회 미만(3) 3) 월 2회 이상(5)						
	소계 (점)						

[판정결과]

```
1. 50점 미만 - 당장 시작하지 않으면 위험함
2. 50~60점 - 크게 부족함
3. 71~80점 - 부족한 항목만 보완함
4. 81점 이상 - 훌륭한 노후 준비됨
```

진단 2. 인간관계 부부 진단

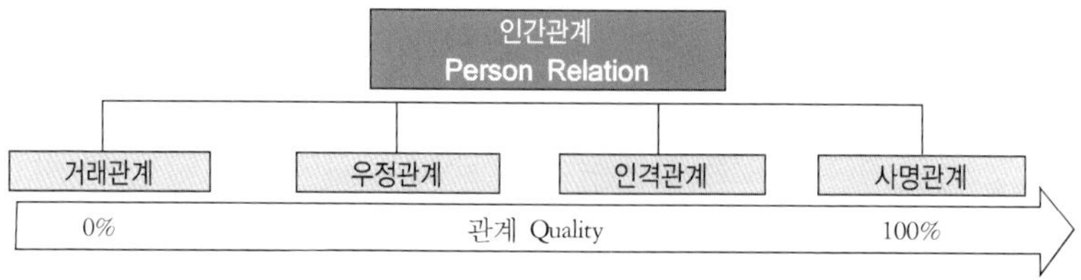

구분	거래관계	우정관계	인격관계	사명관계
특징	1. 법적 2. 업무 3. 물적 4. 직업 5. 계급	친구 선후배 학회 동창회 연인	사제 도제 이웃돕기 가문 멘토링	부모/부부/자녀 신앙－예수님 순국/순교 사상/이념 독립운동/노조
이탈	이익 없으면 이탈	주변 불리한 환경	존중 해제/죽음	사상 전환/배교
형상	독립형	의지형	협력형	일체－한마음
ceo				
상사				
팀원 간				
부부				

* 나는 1:1로 어느 단계에 속해 있는가?

진단 3: 행복한 부부관계 Test

다음 설문 항목 중에서 매우 그렇다－2점, 조금 그렇다－1점, 그렇지 않다－0
점으로 환산하라.

NO	부부 행복지수 진단도구	평가점수		
		2	1	0
1	나는 행복하다고 생각한다.			
2	요즈음 몸이 아프지 않다.			
3	경제적으로 안정되어 있다.			
4	최근에 우환, 사고가 발생하지 않는다.			
5	미래에 대한 희망이 있다.			
6	자녀가 속을 썩이지 않는다.			
7	배우자와 거의 싸우지 않는다.			
8	싸우더라도 바로 화해를 한다.			
9	싸움 후 냉전을 해도 오래 가지 않는다.			
10	부부 잠자리 관계에 만족한다.			
11	배우자의 사랑을 믿는다.			
12	배우자가 나의 의견을 존중한다.			

NO	부부 행복지수 진단도구	평가점수		
		2	1	0
13	서로 격려하며 용기를 준다.			
14	함께 대화하는 것이 즐겁다			
15	일방적으로 비난하지 않는다.			
16	TV를 함께 보거나 사소한 집안일을 함께 하는 것을 즐긴다.			
17	내 자유시간을 배우자와 함께하기를 원한다.			
18	내 배우자는 나에게 가까운 친구이다.			
19	관심사가 달라도 배우자가 흥미 있어 하면 함께 즐긴다.			
20	다시 결혼해도 지금 배우자와 함께하겠다.			
	합계 점수( )			

아주 행복한 상태: 40~30점,　　행복한 상태: 29~20점,
조금 불행한 상태: 19~10점,　　아주 불행한 상태: 9~0점

멘토링
인간존중 경영

초 판 인 쇄 | 2011년 4월 30일
초 판 발 행 | 2011년 4월 30일

지 은 이 | 류재석
펴 낸 이 | 채종준
펴 낸 곳 | 한국학술정보㈜
주　　　소 | 경기도 파주시 교하읍 문발리 파주출판문화정보산업단지 513-5
전　　　화 | 031) 908-3181(대표)
팩　　　스 | 031) 908-3189
홈 페 이 지 | http://ebook.kstudy.com
E - m a i l | 출판사업부　publish@kstudy.com
등　　　록 | 제일산-115호(2000. 6. 19)

ISBN　　978-89-268-2125-1 03320 (Paper Book)
　　　　　978-89-268-2126-8 08320 (e-Book)

이담 Books 는 한국학술정보(주)의 지식실용서 브랜드입니다.